Friedrich Mürdter, Friedrich Delitzsch

Geschichte Babyloniens und Assyriens

Verlag
der
Wissenschaften

Friedrich Mürdter, Friedrich Delitzsch

Geschichte Babyloniens und Assyriens

ISBN/EAN: 9783957001016

Auflage: 1

Erscheinungsjahr: 2014

Erscheinungsort: Norderstedt, Deutschland

Hergestellt in Europa, USA, Kanada, Australien, Japan
Verlag der Wissenschaften in Hansebooks GmbH, Norderstedt

Cover: Foto ©Bernd Kasper / pixelio.de

Verlag
der
Wissenschaften

Geschichte
Babyloniens und Assyriens.

Zweite Auflage des gleichnamigen Werkes

F. Mürdter

revidiert und größtenteils neubearbeitet

Friedrich Delitzsch.

Nebst Karte, Königstabelle und 25 Abbildungen.

Calw & Stuttgart.
Verlag der Vereinsbuchhandlung.
1891.

Vorwort.

Als mir im Frühjahr 1889 von der Verlagshandlung der Auftrag wurde, die schon im Manuskript der ersten Auflage durch meine Hände gegangene „Kurzgefaßte Geschichte Babyloniens und Assyriens" von F. Mürdter, Professor an der Kgl. Realanstalt zu Stuttgart, für eine neue Ausgabe vorzubereiten und zwar, unter möglichster Wahrung des ursprünglichen Umfangs, die Geschichte Altbabyloniens neu zu schreiben, die übrigen Teile aber zu verbessern und zu vervollständigen, nahm ich jenen Auftrag gern an. Ist es an sich schon immer erfreulich, Veraltetes durch Neues ersetzen zu dürfen, so erschien es mir in diesem Falle wie eine Pflicht, allen denen, welche das Büchlein bei seinem ersten Ausgang so freundlich aufgenommen, meinerseits dadurch zu danken, daß ich mich bestrebte, ihnen auch die neuen großen Fortschritte, welche der assyriologischen Forschung obenan auf chronologisch-geschichtlichem Gebiet durch die Auffindung der babylonischen „Königsliste" und „Chronik" seitdem beschieden gewesen sind, rasch und leicht zugänglich zu machen.

Obwohl ich bei meiner Neubearbeitung vorwiegend Chronologie und Geschichte mir angelegen sein ließ und eine gründliche Revision der übrigen Abschnitte, insonderheit der „Kunst und Wissenschaft" behandelnden, aus guten Gründen der Zukunft vorbehielt, war doch die Arbeit eine weit größere, als ich anfangs gedacht. Und als ich, gemäß meiner Gewohnheit zu arbeiten, mit der eigenen, ausschließlich aus den Quellen, unter erneuter Zuratezziehung der Londoner Originale, geschöpften Darstellung fertig war und nunmehr daran gehen sollte, die einschlägigen Arbeiten der Fachgenossen, die wertvollen geographisch-geschichtlichen Abhandlungen A. J. Delattres, Hommels Geschichte Babyloniens und Assyriens und Tieles vortreffliche babylonisch-assyrische Geschichte mittels genauen Studiums mir und diesem Buche zu nutze zu machen, war es hierfür zu spät, sollte anders der Termin des Erscheinens des Buches nicht abermals hinausgeschoben werden. Dagegen habe ich Hugo Wincklers Untersuchungen zur altorientalischen Geschichte (Leipzig 1889), welche die Resultate Delattres und Tieles vielfach berücksichtigen bezw. bestätigen und überdies eine Fülle geistvoller Blicke und neuer Gesichtspunkte enthalten, kräftig ausgebeutet. Diesem Danke, welchen ich, neben Delattre und Tiele, in erster Linie der ausgezeichneten Schrift Wincklers schulde, öffentlich Ausdruck zu geben, fühle ich mich um so mehr gedrungen, als das vorliegende Buch fortwährendes Citieren naturgemäß ausschließt. Etliche chronologische Einzelheiten, in welchen ich von den zur Zeit üblichen Aufstellungen abweiche, werden von mir ziemlich gleichzeitig mit dem Erscheinen dieses Buches an streng wissenschaftlichem Orte zur Sprache gebracht werden.

Der gewaltige und unaufhörliche Zuwachs an keilschriftlichem Quellenmaterial und die sich fort und fort steigernde, auf alle Einzelgebiete sich erstreckende Rührigkeit der assyriologischen Forschung, welch letzterer wir in jüngster Zeit gleich zwei so bedeutende Werke wie P. Jensens Kosmologie und Straßmaier-Eppings „Astronomisches aus Babylon" zu verdanken haben, läßt es mich als ein Wagnis allergrößter Art erscheinen, ein Buch wie das vorliegende, welches alle die verschiedenen Zweige der babylonisch-assyrischen Denkmalforschung zu berühren hat, ebenjetzt und unter der Verantwortlichkeit des eigenen Namens ausgehen zu lassen. Vielleicht darf ich aber doch hoffen, daß die Kritik meiner Fachgenossen in der Lage sein möge, mich mit dem Sprichwort zu trösten: Das Bessere ist der Feind des Guten.

Konstantinopel, Mitte Januar 1891.

Friedrich Delitzsch.

Einleitung.

Schon in früher Jugend werden unsere Augen auf die große vorderasiatische Tiefebene hingewendet, welche vom Euphrat und Tigris durchflossen wird. Sind doch der Euphrat und Tigris zwei der Ströme, welche sich von dem Einen Paradiesesstrom abzweigten, nachdem dieser den Garten Eden bewässert! Und wird doch jene Tiefebene überragt von den Bergen Armeniens mit dem an die Sintflut gemahnenden Ararat, während „im Lande Sinear" selbst jener riesige Turm entstehen sollte, dessen Spitze bis an den Himmel reiche, bis Gott der Herr herniederfuhr und die Sprachen der Menschen verwirrte! Dort am Euphrat finden wir auch die Stätte des ersten Reiches und den Ursitz der Familie des Patriarchen Abraham, dessen Nachkommen für die Verbreitung einer reineren Gotteserkenntnis von so großer Bedeutung werden sollten.

Und mit welchem Interesse lasen wir später von den Wunderthaten und Wunderbauten eines Ninus und einer Semiramis in Ninive und Babylon mit ihren Palästen und hängenden Gärten, lasen wir von Nebukadnezar und dem so schrecklich geendeten Gastmahl Belsazars, sowie von dem tragischen Untergang eines Sardanapal, der nach einem Leben voll weibischer Weichlichkeit wenigstens zum Schlusse den Mannesmut fand, lieber zu sterben, als seinen Feinden in die Hände zu fallen!

Aber wohin sind diese gewaltigen Städte gekommen, welche nach den Beschreibungen der Alten eine so riesige Ausdehnung hatten? Wo lagen sie? So konnte man vor noch nicht allzulanger Zeit fragen, und erhielt kaum eine genügende Antwort. Man wußte wohl ungefähr, wo sie bereinst gestanden, aber ihre genaue Lage kannte man nicht mehr. Vor allem gilt dies von Ninive.

Xenophon, der auf seinem so berühmt gewordenen Rückzug an den Trümmern Ninevēs vorbeikam, sagt uns nur, daß auf jener Stelle eine große, unbewohnte Stadt, Larissa, stand, welche früher von Medern bewohnt gewesen sei. Lucian spricht von Nineve als von einer so völlig zerstörten Stadt, daß selbst keine Trümmer und Ruinen mehr von ihr vorhanden seien. Und wenn man vor etwa fünfzig Jahren einen tüchtigen Geographen gefragt hätte, was er Gewisses über Nineve und Babylon wisse, außer dem, was die Bibel darüber erzählt, so wäre seine Antwort gewiß eine ziemlich kurze gewesen.

Wie gar anders ist jetzt all das geworden!

Schon lange waren den Reisenden in der weiten Thalebene des Euphrat und Tigris allerlei eigentümlich geformte Erdhügel aufgefallen, in denen man beim Nachgraben Scherben von altem Töpfergeschirr, Backsteine mit seltsamen Inschriften u. dgl. fand. Der Erste, welcher einen solchen Hügel in der Nähe des Städtchens Hillah am Euphrat untersuchte, war Rich, der langjährige politische Resident der Ostindischen Kompanie zu Bagdad. Er glaubte — und zwar, wie sich bald herausstellte, nicht mit Unrecht —, daß jener Hügel Überreste des alten Babylon enthalte. Doch waren seine Funde nur geringfügiger Art, zumal da er seine Untersuchungen nicht fortsetzen konnte. Im Jahr 1820 machte er zur Wiederherstellung seiner Gesundheit eine Reise in die kurdischen Berge, und hielt sich auf dem Rückweg einige Tage in Mosul am Tigris auf. Da fielen ihm auf dem andern, linken Ufer des Flusses abermals Hügel auf, ähnlich denen bei Hillah. Er besichtigte sie, mußte aber hierbei leider von den Arabern hören, daß man vor einiger Zeit eine große Steinplatte gefunden habe, auf welcher allerlei Bilder von Menschen und Tieren eingemeißelt gewesen seien, daß der Ulema aber, dem die Sache zu Ohren gekommen, erklärt habe, das seien die Götzen der alten Heiden, worauf die Türken in ihrem Abscheu vor allem Götzendienst die Platte dermaßen zerschlagen hätten, daß kein Stückchen davon mehr aufzutreiben sei. Trotzdem wurde es bereits Rich zur Gewißheit, daß jene beiden künstlichen Erdhügel gegenüber von Mosul die einstige Hauptstadt des assyrischen Reiches darstellten. Auf seiner Fahrt den Tigris hinab landete er auch beim Einfluß des oberen Zab und untersuchte den dortigen Hügel, der von den Arabern Nimrud genannt wird. Auch dort sammelte er einige Backsteine, welche noch im Britischen Museum aufbewahrt werden. Doch war es ihm leider nicht möglich, seine Forschungen fortzusetzen, und so ruhte die Frage wieder längere Zeit gänzlich.

Im Jahre 1842 wurde Emil Botta, der Sohn des bekannten italienischen Geschichtsschreibers, zum französischen Konsul in Mosul ernannt. Der berühmte, zu Anfang des Jahres 1876 in Paris verstorbene Orientalist Julius Mohl munterte Botta auf, die von Rich betretene Bahn zu verfolgen und Nachgrabungen in den Hügeln bei Mosul zu veranstalten. Botta machte zuerst Versuche in der Nähe der auf dem südlichen Trümmerhügel über dem Grab des Propheten Jonas erbauten und von einem muhammedanischen Begräbnisplatz umgebenen Moschee Nebi Junus. Als man ihn dort am Weitergraben hinderte, fing er im Dezember 1842 an, auf dem nördlichen Hügel Kujundschik zu graben, fand aber drei Monate lang nichts als unbedeutende Trümmer, was wohl darin seinen Grund hatte, daß er senkrechte Schachte, statt wagerechte, anlegen ließ, und diese zufällig nicht auf Gemäuer führten.

Da brachte ihm in den ersten Monaten des Jahres 1843 ein Araber aus Khorsabad (sprich Chorsabad, ch wie in unserm „ach"), vier Stunden nördlich von Mosul, Backsteine mit Keilinschriften, und sagte ihm, daß man bei ihnen schon allerlei derartige Dinge gefunden habe. Botta wendete sich sofort dorthin und fing am 20. März an zu graben. Schon nach drei Tagen ward ein Zimmer bloßgelegt, und einige Tage nachher ein anderes. Voller Freude schrieb er am 5. April an Julius Mohl über seine ersten Entdeckungen, und am 2. Mai sandte er diesem ein neues Schreiben mit Zeichnungen von Inschriften und Beschreibungen der Wände eines Zimmers. Er hatte, wie man jetzt weiß, den Palast des Königs Sargon, des Eroberers von Samarien, gefunden, welcher die inneren Wände der Zimmer und Säle mit Gips- oder Alabasterplatten hatte bekleiden lassen, auf welchen seine Kriegs- und Jagdzüge in Basrelief dargestellt waren. Diese Zeichnungen machten ungeheures Aufsehen, und die französische Regierung unterstützte Botta zu neuen Ausgrabungen mit dreitausend Frcs.

Eine Zeit lang aber hinderte ihn der Türken Mißtrauen und Aberglauben an weiteren Arbeiten. Der Pascha Mohammed hatte an die Pforte berichtet, Botta wolle eine Festung mit Gräben bauen, um das Land an Frankreich zu bringen, und verbot jede weitere Nachgrabung. Botta hatte aber bereits an den Gesandten in Konstantinopel geschrieben, und Mohammed Pascha starb bald, worauf weitere Nachgrabungen unternommen werden konnten. Botta entdeckte kurze Zeit nachher mehrere geflügelte Stiere an den Thorwegen des alten Palastes, und die französische Regierung entsandte den Maler Flandin, um die Bilder abzuzeichnen. Im Mai 1844 kam die Erlaubnis von der Pforte, die Einwohner von Khorsabad zu verpflanzen, und die Nachgrabungen konnten nun mit Hilfe vertriebener Nestorianer weiter fortgesetzt werden.

Im Oktober glaubte man, daß nunmehr alles bloßgelegt sei, und Flandin reiste am 11. November mit seinen Zeichnungen nach Paris zurück, wo sie auf Staatskosten herausgegeben wurden. Botta blieb noch auf dem Platze, um die wichtigsten Skulpturen zu packen und nach Frankreich zu senden, wobei er allerhand Schwierigkeiten begegnete. Erst im Dezember 1846 kamen dieselben nach Frankreich, wo die glänzende Sammlung im Louvre zu Paris aufgestellt wurde.

Bottas Nachfolger, der Architekt Victor Place, setzte 1852 die Ausgrabungen in Khorsabad noch eine Zeit lang fort, und fand ein Thor der Stadt, zu welcher Sargons Palast gehörte, mit riesigen geflügelten Stieren, welche auf ihrem Rücken den Thorbogen trugen.

Austen Henry Layard, früher englischer Gesandter in Madrid und später (bis 1880) in Konstantinopel, hatte jene Gegenden schon 1840 besucht und zeigte großes Interesse für die Arbeiten Bottas. Nach der Abreise des letzteren wurde Layard durch die Bemühungen des damaligen englischen Gesandten bei der Pforte, Sir Stratford Canning, in den Stand gesetzt, selbst Ausgrabungen vorzunehmen. Er begann dieselben im November des Jahres 1845 in Nimrud, dem Trümmerhügel der sog. ninevitischen „Südstadt", des biblischen Kalah (Kelach), und entdeckte am 28. d. M. das erste Basrelief. Verschiedene Gebäude, Paläste und Tempel wurden bloßgelegt, in den vier ersten Monaten des Jahres 1846 der sog. Nordwest=Palast Asurnazirpals, welcher die von Salmanasser I. gegründete Stadt 885 neu baute, der Palast des biblischen Tiglathpileser, endlich in Südwesten der sog. Südwest=Palast Asarhaddons, einer der größten bis jetzt gefundenen Paläste.

Noch weiter südlich bei Kileh=Schergat, in den Trümmern der alten Reichshauptstadt Assur, fand Layards Begleiter, Hormuzd

Rassam, im Jahr 1853 die vier in den Ecken des Palastes Tiglathpilesers I. niedergelegten achtseitigen Thonprismen mit je über achthundert eng geschriebenen Schriftzeilen. In Kujundschik aber entdeckte Layard den größten zur Zeit bekannten assyrischen Palast, den 71 Gemächer enthaltenden sog. Südwest-Palast Sanheribs, welcher später von seinem Enkel Asurbanipal umgebaut worden ist, Rassam dagegen Asurbanipals (Sardanapals) eigenen sog. Nord-Palast und in ihm die berühmte „Thontafel-Bibliothek Sardanapals" (1854) mit mehreren Tausenden auf beiden Seiten eng beschriebener Thontafeln. Zwischenein machte Layard auch einen Ausflug nach Babylonien, konnte dort aber nicht viel ausrichten.

Die Erforschung Babyloniens wurde unter Sir Henry Rawlinsons Oberaufsicht von den Engländern Loftus und Taylor (1849—1855) und ziemlich gleichzeitig von einer französischen Expedition unter Fresnel und Jules Oppert (1851 bis 1854) begonnen. Außer den in Tel Sifr unweit von Larsam gefundenen zahlreichen Thontafeln privatrechtlichen Inhalts wurden größere Mengen von Inschriften nicht aus Tageslicht gebracht, wohl aber viele interessante Kunstgegenstände, Schmucksachen und Geräte, und vor allem waren beide Expeditionen reich an wichtigen topographischen Ergebnissen. Neben der erstmaligen wissenschaftlichen Erforschung der Ruinenstätten Babylons und Borsippas ist fast alles, was wir zur Zeit über die Ruinen von Erech, Larsam, Ur, Eridu wissen, diesen verdienten Männern zu verdanken.

Die Arbeiten Layards (1845—1847; 1849—1851) und Rassams (1852—1854) wurden in den Jahren 1873, 1874 und 1876 von George Smith wieder aufgenommen: er war in erster Linie auf die weitere Bergung der Thontafel-Bibliothek Sardanapals bedacht, welche durch seine Auffindung und Veröffentlichung der babylonischen Sintfluterzählung damals in den Vordergrund des allgemeinen Interesses gerückt war. Nach seinem allzufrühen Tode (G. Smith starb am 19. August 1876 in Aleppo) legte das Britische Museum die Fortsetzung der Ausgrabungen abermals in die Hände Rassams, jenes ebenso energischen als mit Land und Leuten in seltener Weise vertrauten Mannes, dessen Name schon von früher her mit den mesopotamischen Entdeckungen ruhmreich verknüpft war, und abermals war reichste Ausbeute seinen von 1877 bis zum Juli 1882 fortgesetzten Arbeiten beschieden. Von dem Tempel Asurnazirpals, welchen Rassam 1878 in Nimrud auffand, und den Bronzethoren Salmanassers II., welche er, ebenfalls 1878, dem Trümmerhügel Balawat (15 engl. Meilen östlich von Mosul, 9 Meilen nordöstlich von Nimrud) entriß, wird weiterhin noch die Rede sein. Der wichtigste Fund, der ihm gelang, bleibt die Entdeckung Sippars unter dem Ruinenhügel Abu Habba im Jahr 1881, die Ausgrabung des von uralters her hochberühmten Tempels des Sonnengottes und die Auffindung des Tempelarchivs, bestehend in einer künstlerisch prächtig ausgestatteten Tafel Nabu=bal=iddinas, mehreren Thoncylindern Nabonids und ca. fünfzigtausend Thontafeln, welche über die dem Sonnengott und seiner Priesterschaft von Hoch und Niedrig während eines langen Zeitraums dargebrachten Abgaben und Geschenke eingehende Kunde geben. Auch die beiden Ruinenhügel Babylons, Babil und Kasr, desgleichen Borsippa und Kutha wurden von Rassam durchforscht und ergaben neue wichtige Resultate.

Inzwischen waren aber auch die Franzosen nicht unthätig geblieben, um auf dem Gebiete, auf welchem sie selbst die Bahnbrecher gewesen, neue Lorbeern sich zu erwerben, und zwar war es der französische Konsul von Basra, de Sarzec, welcher 1875 bis 1880 in Tel Loh, einem sehr großen, obwohl niedrigen Ruinenhügel in der Nähe des vom Tigris zum Euphrat hinüberführenden Kanals Schatt el=Hai Ausgrabungen veranstaltete und durch die von ihm daselbst gefundenen Marmorstatuen hohen kunstgeschichtlichen und paläographischen Wertes und andere Altertümer mehr von neuem das Interesse aller Gebildeten auf Babylonien hinlenkte. Der Name der durch Tel Loh repräsentierten altbabylonischen Stadt lautet ideographisch Sirpurla, doch ist die phonetische Aussprache dieses Ideogramms und damit der eigentliche Name der Stadt leider noch unbekannt (vielleicht Lagas).

Systematische Ausgrabungen wurden seitdem nur noch von einer 1888 ausgesandten nordamerikanischen Expedition unter John P. Peters begonnen, welche sich die Erforschung des Trümmerfeldes von Nippur und die Bloßlegung des dortigen Belstempels zum Ziele gesteckt hat. Auch ihre im Februar 1889 angefangenen Arbeiten scheinen recht erfolgreich zu sein, doch ist Näheres bisher nicht bekannt geworden.

Mit den westländischen Forschern sind nun aber seit den letzten fünfzehn Jahren auch die Bewohner Babyloniens selbst in Wettbewerb eingetreten. Seitdem im Winter 1875/76 arabische

Backsteingräber in dem südlichen Hügel Babylons Dschumdschuma mehr als dreitausend Thontafeln (von 1" bis 1' im Geviert), in Thonkrüge verpackt, fanden, und diese sog. Kontrakttafeln privatrechtlichen nnd merkantilen Inhalts von George Smith 1876 für das Britische Museum erworben wurden, wo sie sich als für die Kultur und Chronologie Babyloniens hochbedeutsam herausstellten, hat der Handel mit babylonischen Altertümern nie wieder aufgehört. Vielmehr wird er bis auf den heutigen Tag in schwunghaftester Weise betrieben und außerordentlich wertvolle Sammlungen babylonischer Thontafeln und Thoncylinder, welche drüben im Auftrage orientalischer Händler von den Eingebornen ausgegraben werden, nehmen fast ununterbrochen ihren Weg nach dem Westen, nach den Museen von London und Berlin, nach nordamerikanischen Städten oder in Privatsammlungen. Einige der wichtigsten Urkunden, welche das Britische Museum in den letzten Jahren zu seiner gewaltigen Sammlung gefügt hat, wie z. B. der Bericht über Nabonids letzte Regierungsjahre und Babylons Einnahme durch Cyrus, sind durch Kauf erworben worden, doch scheint wenigstens in Kujundschik-Ninebe das Britische Museum seine eigenen planmäßigen Ausgrabungen durch Ernest Budge in den letzten drei Jahren wieder haben aufnehmen zu lassen.

Noch können wir aber diesen die Auffindung der Keilschriftdenkmäler behandelnden Teil der Einleitung nicht schließen, ohne wenigstens mit einem Worte des Thontafelfundes von el Amarna in Mittelägypten gedacht zu haben. Auch hier waren es Eingeborene, welche im Anfang des Winters 1887/88 auf den Ruinen der von Amenophis IV. gegründeten Residenz gruben und gegen dreihundert Thontafeln fanden, sämtlich mit babylonischer Keilschrift bedeckt und seitdem als Briefe babylonischer, assyrischer und anderer vorderasiatischer Könige sowie palästinensischer Vasallen und Beamten an den ägyptischen Hof des 15. Jahrhunderts erkannt, Urkunden vielseitigsten Interesses und reich an überraschenden neuen Perspektiven. Mit freudiger Genugthuung dürfen wir hinzufügen, daß weitaus der bedeutendste Teil dieser Tafeln in deutschen Besitz gekommen ist, und nunmehr, so unscheinbar auch das äußere Ansehen der Tafeln sein mag, ein wahres Kleinod der Königlichen Museen zu Berlin bildet.

Aber wie, so werden unsere Leser ungedulbig fragen, war es nur möglich, Schrift und Sprache dieser Denkmäler zu entziffern? Auf diese Frage nach dem Hergange der Entzifferung gebe in gedrängtester Kürze Folgendes Antwort.

Schon zu Anfang des 17. Jahrhunderts berichteten Reisende von seltsamen Inschriften, welche sie auf den Ruinen von Persepolis und anderwärts gesehen, und brachten Zeichnungen von ihnen mit nach Europa. Die ganz unbekannte Schrift mit dem Keil als Grundelement setzte aber allen Entzifferungsversuchen, wie es schien, unübersteigliche Hindernisse entgegen. Erst als zu Ende des vorigen Jahrhunderts genauere Zeichnungen nach Europa gelangten, nahm die Forschung einen neuen, glücklicheren Anlauf, und schon am 14. September 1802 konnte Georg Friedrich Grotefend, damals Kollaborator am Gymnasium zu Hannover, den von ihm entdeckten Schlüssel zur Entzifferung der Keilinschriften veröffent= lichen. Nachdem bereits Münter auf ein Wort aufmerksam ge= macht, das sich auffällig oft in den Inschriften wiederholte, und die Vermutung ausgesprochen hatte, es müsse „König" bedeuten, untersuchte Grotefend zwei kurze Inschriften, welche ebenfalls jenes Wort enthielten und, da sie von den Palast=Terrassen zu Persepolis stammten, unzweifelhaft Bauten angehörten, welche von Achäme= nidenkönigen aufgeführt worden waren. Sie hatten etwa folgende Gestalt:

I. A König — C —
II. B König — A König —

Durch scharfsinnige Kombination brachte er heraus, daß die Keil= Gruppe A den Eigennamen des Darius (Darjwusch), B den des Xerxes (Khschjarscha) und die des Königstitels ermangelnde Gruppe C den des Hystaspes (Vischtasp) enthalten müsse, und seine Entdeckung ist seitdem durch eine Vase mit viersprachiger Inschrift (jetzt in Paris) als so gut wie völlig richtig bestätigt worden: die Vase zeigt in altpersischer Keilschrift die nämliche Zeichengruppe, in welcher Grotefend den Namen des Xerxes erkannt hatte, die erste, mit ägyptischen Hieroglyphen geschriebene Inschrift aber war von Champollion ebenfalls als Name des Königs Xerxes entziffert worden! Eine sichere Grundlage zu weiterer Forschung war nun zwar gegeben, aber das Material, das den Forschern zu Gebote stand, war noch allzu geringfügig, als daß größere und raschere Fortschritte erhofft werden konnten. Doch förderten der französische Gelehrte Eugène Burnouf und der deutsche Chr. Lassen durch ihre im Jahr 1836 erschienenen Werke das Studium der

Schrift und Sprache der alten Inschriften bedeutend, besonders da man mehr und mehr davon abkam, die Sprache der letzteren als mit der des Avesta völlig gleich zu betrachten. Endlich entdeckte Henry Rawlinson die große Behistun-Inschrift. Sie ist in die Felswand des Berges Behistun (im westlichen Persien unweit der Stadt Kermanschah) auf Befehl des Darius Hystaspis in vierhundert Zeilen eingehauen worden, und Rawlinson hat sie mit großer Mühe im Verlauf der Jahre 1835—37 kopiert und 1846 mit Erklärung herausgegeben. Dadurch wurde es ihm und dem Irländer Hincks, sowie dem Deutsch-Franzosen Jules Oppert möglich, das Alphabet der altpersischen Keilschrift festzustellen, während, im Verein mit Oppert, Benfey und Spiegel immer gründlicher die Sprache erforschten.

So war durch Grotefends Genie die Entzifferung der altpersischen Keilschriften möglich geworden, und diese führte nun auch zu der der babylonisch-assyrischen. Schon Carsten Niebuhr hatte die Beobachtung gemacht, daß die Inschriften der Achämenidenkönige in drei verschiedenen Keilschriftsystemen eingegraben seien, von welchen man die vornstehende Reihe als in der Sprache der Achämeniden selbst geschrieben kannte; und Grotefend schloß, daß die zweite und dritte, bedeutend verwickelteren Gattungen wohl nur Übersetzungen der ersten, altpersischen sein würden. Man entdeckte ferner bald, daß die dritte Keilschriftreihe babylonisch sei, während man die zweite, die sich jetzt als susisch erwiesen hat, irrig für medisch hielt. Anfangs legte man diesen Übersetzungen keinen besonderen Wert bei, da man ja ihren Inhalt aus der altpersischen Reihe kannte. Als nun aber durch die Ausgrabungen in Ninewe und Khorsabad eine so große Menge babylonisch-assyrischer Inschriften zu Tage gefördert wurde, da nahm man auch das Studium der dritten Keilschriftgattung mit gesteigertem Eifer auf. Zunächst war es Löwenstern, der sich an die Arbeit machte, doch standen ihm noch zu wenig Materialien zu Gebot, als daß er zu großen Resultaten hätte gelangen können. Und so war in Wirklichkeit de Saulcy der erste, welcher durch seine ernsten und scharfsinnigen Arbeiten den Ausgangspunkt für die Entzifferung der assyrischen Texte festzustellen vermochte. Im Jahr 1849 veröffentlichte er seine berühmten Memoiren, welche die Lesung, Analyse und Erklärung aller damals bekannten Keilschrifttexte dritter Gattung enthielten: er hatte die Sprache als eine semitische erkannt. Es folgte 1851 Sir Henry Rawlinson mit dem Text und der Übersetzung des babylonischen Teils der Behistun=Inschrift: durch diese Inschrift wurde die Zahl der mit Hilfe des altpersischen Originals phonetisch zu bestimmenden babylonischen Eigennamen von zehn auf neunzig gebracht, doch mußte Rawlinson gleichzeitig die Polyphonie der babylonischen Schriftzeichen konstatieren. Es erschienen weiter die wertvollen Arbeiten des irischen Gelehrten Hincks (1849—1852), welcher zuerst scharfsinnig erkannte, daß die babylonisch=assyrische Schrift eine Silbenschrift sei und nicht, wie man bis dahin angenommen hatte, eine Buchstabenschrift mit mehreren Zeichen für jeden einzelnen Buchstaben. Zum Abschluß wurde das Werk der Schriftentzifferung durch Jules Oppert gebracht (1859). Er war es auch, der, nachdem Hincks das Pronomen und Verbum in grundleglichen Schriften behandelt hatte (1854—1856), die erste, über alle Redeteile sich verbreitende assyrische Grammatik veröffentlichte (1860). In Deutschland wurde die junge Wissenschaft der babylonisch=assyrischen Keilschriftforschung durch Eberhard Schrader eingeführt: er prüfte von neuem die Grundlagen der Entzifferung, und auf diesen als zuverlässig erkannten Grundlagen arbeitet jetzt in fast allen zivilisierten Ländern eine verhältnismäßig kleine, aber begeisterte Schar von Gelehrten an dem Ausbau der „assyriologischen" Wissenschaft.

Erster Teil.
Alt-Babylonien.

1. Land und Leute.

Babylonien heißt das Land mit der Hauptstadt Babylon, jene weite prächtige Tiefebene, welche vom Euphrat und Tigris inselartig umflossen wird und von da an, wo beide Ströme am meisten sich nähern (dem sog. Isthmus), bis hinab an das Gestade des persischen Meeres sich ausbreitet.

Heutzutage freilich ist jenes Land nicht mehr der durch Fruchtbarkeit und Schönheit hochberühmte Garten Vorderasiens, der es einstmals gewesen. Wohl umgeben auch jetzt noch Palmen von ungewöhnlicher Schönheit Bagdad und andere Orte und bilden Palmenwäldchen, welche fast ununterbrochen den Lauf der beiden Ströme begleiten, mit ihren schlanken Stämmen und ragenden Wipfeln den malerischen Schmuck der Landschaft. Aber im übrigen ist diese einförmig und öd, das Babylonien unserer Tage gleicht einer Wüste, aus welcher nur Trümmerhügel ernst und einsam emporragen, die Kanäle sind fast samt und sonders versandet, und, von armseligen Dörfchen am Euphratufer abgesehen, bilden einzelne Wanderhirten, welche das spärlich wachsende Gras ihre Herden abweiden lassen, fast über die ganze Ebene hin die einzigen menschlichen Bewohner. Der Süden des Landes vollends bildet zur Zeit der Überschwemmung einen ungeheuren Sumpf, aus welchem baumhohe Gräser hervorragen und zwischen ihnen einzelne unfruchtbare Inseln, auf welchen mehr und mehr zerfallende Ruinen am Horizonte sich abzeichnen.

Wie ganz anders war es in alter Zeit, zwischen 2500 etwa und 500 v. Chr.! Vom Euphrat und Tigris rings umflossen, war Babylonien recht eigentlich ein Geschenk dieser beiden Ströme. In raschem Lauf ergossen sich beide von den Gebirgen Armeniens herab in das Meer, welches wir jetzt den persischen Meerbusen nennen, und lagerten an ihrer ursprünglichen Mündung im Lauf der Jahrtausende und aber Jahrtausende Erdmassen auf Erdmassen ab, welche sich uns jetzt als das Land Babylonien darstellen. Auf diesem angeschwemmten, fetten und fruchtbaren Boden entwickelte sich die älteste oder wenigstens eine der ältesten menschlichen Kulturen. Auch hier galt freilich wie überall das Wort: „Im Schweiße deines Angesichts sollst du dein Brot essen!" Denn alljährlich, wenn der Schnee auf den armenischen Bergen schmilzt, dann schwellen beide Ströme zu gefahrbringender Höhe, dann werden der „pfeilschnelle" Tigris und der langsamer fließende Euphrat aus Segensspendern plötzlich Verderbenbringer, indem sie ebenso gewaltsam wie unregelmäßig ungeheure Wassermassen über ihre Ufer treten lassen und Fluren und Felder, dazu Tausende von Menschen unter ihren Fluten begraben. So galt es denn für die ersten Ansiedler in diesem Lande der „Sintfluten", den Boden, auf welchem sie lebten, wie sich selbst möglichst gegen Wassersgefahr zu schützen, und diesen Zweck erreichten sie zunächst, indem sie die Ströme durch Deiche und Mauern eindämmten. Zugleich aber kamen sie auf den Gedanken, die Ströme und deren Wassermassen zu teilen und diese dadurch nicht allein unschädlicher, sondern auch dem menschlichen Vorteil dienstbarer zu machen, indem man mit Hilfe dieser „Stromteiler" oder Kanäle den von der Überschwemmung nicht berührten Landesteilen das Wasser zuführen und dieses dem ganzen Lande durch alle Jahreszeiten hindurch erhalten konnte. So sehen wir denn schon in sehr alter Zeit ein vielmaschiges Netz größter, großer und kleiner Kanäle, deren Wasser durch Schöpfräder auf den Acker gebracht wurde, über das Land sich breiten, und diese durch Großartigkeit wie durch Kunst bewunderungswürdigen Bewässerungsanlagen mußten natürlich in dem warmen Tieflande die an sich schon üppige Vegetation zu beispielloser Höhe entfalten. Noch zu Darius' Zeit lieferten die Felder Babyloniens neben tausend Talenten einen Tribut an Getreide, welcher ein Drittteil von dem des ganzen Perserreichs betrug, und Herodot bricht, wo er auf die Fruchtbarkeit Babyloniens zu sprechen kommt, kurz ab, weil doch niemand, der nicht selbst dagewesen sei, seinen Worten Glauben beimessen werde. Der Reichtum des Landes an Getreide und Palmen überbot den aller anderen Länder, seine Äcker trugen noch reichere Früchte als die Ägyptens — das Land war Eine unerschöpfliche Kornkammer und Ein Palmenhain zugleich bis hinab an das Gestade des Meeres; dazu gab es Sesam und Äpfel und andere Obstarten in Fülle, während Weizen und Gerste zweihundert-, ja dreihundertfältigen Ertrag gewährten.

Dieses herrliche, fruchtbare Land war natürlich mit menschlichen Niederlassungen, mit Städten und Dörfern übersät. Selbst wenn wir nur die allerwichtigsten Städte des alten Babylonien aufzählen wollen, ist eine nicht unbeträchtliche Reihe von Namen zu nennen, und dabei bleiben noch immer etliche gewiß nicht minder berühmte, welche, wie z. B.

Akkad und Kalneh (1 Mo. 10, 10), noch gar nicht wieder entdeckt oder wenigstens nicht sicher identifiziert sind. Gehen wir von Nord nach Süd, so finden wir zunächst ziemlich in der Mitte des sogen. Isthmus, nahezu halbwegs zwischen Bagdad und Babylon, die uralte Doppelstadt(?) Sippar (Sippar des Sonnengottes und Sippar Anunits, d. i. der Göttin des Morgensterns), einst hart am Euphrat gelegen, der ebendeshalb der „Strom von Sippar" genannt wird, jetzt repräsentiert durch die etwas entfernt vom Euphrat gelegene, einen Raum von zwei englischen Meilen im Umfang bedeckende Ruinenstätte Abu Habba. An der Südgrenze ebenjenes Landstriches aber, dessen wahrhaft paradiesische Schönheit und Fruchtbarkeit noch die griechischen und römischen Schriftsteller mit begeisterten Worten schildern, lag die berühmteste Stadt des Landes, „die hochgewaltige Stadt", die „Gottespforte", die „Wohnung des Lebens", Babylon. Die drei Trümmerhügel Babil, Kasr und Dschumdschuma gehören dem Babylon Nebukadnezars an: Nebukadnezar war es ja, der die von Sanherib von Grund aus zerstörte Hauptstadt neu aufbaute, es wird darum von Babil und Kasr und dem, was unter ihnen begraben liegt, in der Geschichte des neubabylonischen Reiches eingehender die Rede sein. Unweit von Babylon, auf der rechten Euphratseite, lag Babylons Schwesterstadt Borsippa mit dem Nebotempel, genannt „das ewige Haus" (E-zida), und dem den 7 Planeten geweihten Etagenturme, dessen Überreste noch jetzt die imposanteste Ruine des Landes, Birs Nimrud (s. S. 57), bilden. Und gehen wir wieder auf die linke Euphratseite nach dem mittleren Teil Babyloniens, so treffen wir auf der Ostseite des Kanals Schatt en-Nil die Stadt des Gottes Bel, Nippur, von deren einstigen Größe die gewaltige Ausdehnung der Ruinenstätte Niffer Zeugnis ablegt. Das Ruinenfeld liegt jetzt am Nordoftrand weitgeftreckter Sümpfe und wird überragt durch die Trümmer des Tempelturmes Bels (jetzt Bint el-Amir). Auch die Ruinen von Erech, heutzutage Warka, mit den beiden großen Trümmerhügeln Buwarije (der Stätte des Iſtartempels) und Wuswas, sind dermaßen von Waſſer oder von Sümpfen umgeben, daß ſie nur vom November bis März zugänglich ſind. In alter Zeit war die am Nilkanal und zugleich unweit des Euphrat gelegene Stadt (babyl. Uruk, auch Arku) von den prachtvollſten Baumgärten umschloſſen. Einige Meilen südöſtlich von Erech und ebenfalls auf dem linken Euphratufer lag die Stadt des Sonnengottes Larſam (jetzt Ruinen von Senkereh an weitgedehntem Sumpfe), und noch weiter südöſtlich, auf der rechten Euphratſeite, doch nicht unmittelbar am Strome, die Stadt des Mondgottes Ur (Ur Kasdim des A. T.), einſt eine heilige Stadt, ein religiöſer Mittelpunkt Geſamtbabyloniens, jetzt repräſentiert durch die Trümmerſtätte Mugheir (eigentlich el-Mukajjar, d. i. „die mit Erdpech gemauerte"), deren hauptſächlichſter Ruinenhügel die Stätte des uralten Mondtempels bezeichnet (siehe hierüber Näheres im 3. Abſchnitt dieſes I. Teils). Am weiteſten südlich, obschon nicht weit von Ur, lag auf der linken Euphratſeite Eridu (jetzt Abu Schahrein). Bei dieſer Gelegenheit ſei nachdrücklich darauf hingewieſen, daß ſich in altbabyloniſcher und auch noch in aſſyriſcher Zeit, z. B. zur Zeit Sanheribs, die Vereinigung des Euphrat und Tigris zu dem Einen Schatt el-Arab noch nicht vollzogen hatte: vielmehr erſtreckte ſich der perſiſche Meerbuſen ſogar noch zu Sanheribs Zeit mindeſtens bis zum heutigen Korna und die beiden Ströme mündeten in ihn abgesondert, wenngleich nicht weit von einander. Die Stadt Eridu lag hiernach in altbabyloniſcher Zeit, ähnlich wie die Stadt Ur, ziemlich nahe am Gestade des Meeres und es begreift sich deshalb, daß sie gerade dem Gotte der Wassertiefe, dem Gotte Ea geweiht war. Die am meisten in die Augen fallende Ruine all dieser Städte von Nippur bis herab nach Eridu ist stets die des Tempelturmes, welcher auf einer, mit ihren Ecken nach den vier Hauptpunkten der Windrose ausgerichteten Terrasse oder Plattform von durchschnittlich 20′ Höhe, 300′ Länge und 250′ Breite errichtet war und sich jetzt noch in einer Höhe von 70′ (Ur, Larsam), 100′ (Nippur) und 200′ (Erech) erhebt. Der Ruinenhügel Wuswas (Warka) ist gar eine Terrasse von 650′ Länge und 500′ Breite.

Alle diese Städte bestanden schon in der ältesten Zeit Babyloniens und überdauerten sogar das Ende des neubabylonischen Reiches. Ebendeshalb bergen ihre Ruinen Inschriften ältester wie jüngster babylonischer und ebenso nachbabylonischer Könige.

Wer nun aber waren die Bewohner des babylonischen Tieflandes, wer die Gründer dieser Städte von mehr als dreitausendjährigem Bestand?

Soweit wir zur Zeit die Geschichte Babyloniens zurückzuverfolgen vermögen, sehen wir Semiten im Besitz des babylonischen Landes. Die Denkmäler nennen uns keinen gemeinsamen Stammesnamen für jene ersten semitischen Einwanderer, sodaß wir diese babylonischen Semiten kurzweg nach dem ihnen eignenden Volksnamen benennen könnten, so wie wir z. B. von Aramäern reden. Doch dürfen wir mit Sicherheit annehmen, daß sie mit den um den Anfang des ersten vorchristlichen Jahrtausends in der Geschichte Babyloniens hervortretenden Chaldäern (Kasdim) stammverwandt waren: die Eigennamen machen es unzweifelhaft. Ob diese Altchaldäer, wie wir sie einmal nennen wollen, bereits ein anderes, nichtsemitisches Volk vorfanden, das sogen. sumerische oder sumerisch-akkadische Volk, von welchem man annimmt, daß es eine agglutinierende Sprache gesprochen, die babylonische Keilschrift erfunden und die Sprache, Religion und gesamte Kultur der semitischen Einwanderer tiefgehend beeinflußt habe, ist eine Streitfrage, in welcher das allerletzte Wort zwar noch nicht gesprochen ist, welche aber in den letzten Jahren mehr und mehr einer negativen Beantwortung zustrebt. Einstweilen genügt es hervorzuheben, daß auch diejenigen, welche an der Existenz eines sumerischen Volkes und einer nichtsemitischen Sprache festhalten, so viel zugestehen, daß „zu Hammurabis Zeit (um 2250 v. Chr.) die nichtsemitische Urbevölkerung im bürgerlichen Sinne so gut wie ganz in der semitischen aufgegangen war, die nichtsemitische Sprache längst der semitischen gewichen, die Religionen miteinander verschmolzen waren." „Die Verschmelzung der zwei Völker zu einem neuen Volke, das beide Rassenelemente in sich vereinte, aber mit der semitischen Sprache auch einen vorwiegend semitischen Charakter trug, war vollkommen vollzogen. **Ja diese Verschmelzung ist überhaupt schon vorhanden, soweit unser historischer Blick reicht,** zur Zeit eines Sargon von Agade und Naram-Sin, sowie in den Zeiten der Fürsten von Sirpurla" (Winckler). Wie zäh dieser semitische Charakter des babylonischen Volkes jedem fremden Einfluß Widerstand geleistet, zeigt sich in hervorstechender Weise während der Periode der kossäischen Überflutung Babyloniens, von welcher in der „Geschichte" (S. 88 f.) näher die Rede sein wird. Obwohl Könige von kossäischem Geblüt und kossäischen Namen auf dem Throne Babylons sitzen, finden wir nach außen hin keine Spur von Beeinflussung des semitischen Babyloniertums; vor allem bleibt das semitische Idiom die Sprache des Volkes wie der Regierung. Nach innen hin freilich konnte bei der Jahrhunderte hindurch andauernden Berührung und zweifelsohne auch Vermischung der Semiten und Kossäer der Semitismus jener „Altchaldäer" kaum ganz rein erhalten bleiben: am wenigsten rein wohl in Nordbabylonien, wohin sich, da Babylon die Residenzstadt der kossäischen Könige war, der fortwährende Zuzug neuer kossäischer Einwanderer besonders stark gewendet haben dürfte; verhältnismäßig reiner vielleicht bei den Bewohnern Südbabyloniens, weil dieses dem Zentrum der kossäischen Machtsphäre am fernsten lag, obschon auch der Süden des Landes mit Einschluß des ans Meer grenzenden „Meerlandes" von kossäischen Elementen nicht frei geblieben ist. Aber etwa um den Anfang des letzten vorchristlichen Jahrtausends erstand das semitische Element Babyloniens plötzlich in neuer Frische und Kraft, indem zahlreiche semitische Stämme, die Kasdim oder Chaldäer, in Babylonien einwanderten, zunächst im „Meerland" (dem späteren Bit-Jakin) sich festsetzten, von da aus aber fast unmittelbar durch ganz Babylonien sich ausbreiteten und mit den „Babyloniern", mit welchen sie von Haus aus zwar blutsverwandt, denen sie aber durch mehr als zweitausendjährige grundverschiedene Entwicklung entfremdet worden waren, in jenen Kampf eintraten, welcher mit dem Sieg der „Chaldäer" über die „Babylonier" und „Assyrer" zugleich enden sollte.

Im Gegensatz zu den Chaldäern, von deren kriegerischen Tugenden in der Geschichte Assyriens und zu Anfang des III. Teiles die Rede sein wird, waren die „Babylonier" vorzugsweise ein den Werken des Friedens ergebenes Volk. Gleich den meisten alten Völkern und gleich ihren später zugewanderten Stammesgenossen waren gewiß auch die Babylonier von Haus aus mit tapferem, kriegerischem Sinne begabt und die Vermischung mit den Kossäern konnte der

Erhaltung solch kriegerischen Geistes nur günstig sein. Sie durften ohnehin den Kriegsdienst und die Ausbildung der für ihn benötigten Eigenschaften nicht vernachlässigen, denn ihr Land lag offen nach allen Seiten und die Fruchtbarkeit seiner Gefilde reizte fortwährend die benachbarten nomadisierenden Stämme der Sutu und Kutu und Aramäer zu räuberischen Einfällen. Gegen diese mußten die babylonischen Truppen die Grenzen des Landes beschützen, und es darf als gewiß angenommen werden, daß gar manche babylonische Könige, wie z. B. Nebukadnezar I., wohl auch Nabu-bal-iddina, durch Tapferkeit und Kriegstüchtigkeit ausgezeichnete Herrscher waren. Trotz alledem aber bleibt es wahr, daß die Babylonier vorwiegend ein Volk des Friedens und nicht des Krieges gewesen sind. Die Natur ihres Landes brachte das mit sich: es versprach und gewährte der Beschäftigung mit Ackerbau, Baum- und insonderheit Palmenkultur, desgleichen der Viehzucht reichen Lohn, es begünstigte die Entwickelung des Handels im Innern des Landes wie auch nach außen hin in ungewöhnlicher Weise. So entfalteten sich nach und nach in nie rastendem Fortschritte alle Zweige der Kultur, es erblühten in sorgsamer Pflege Künste und Wissenschaften. Berossos erzählt bekanntlich, daß zu der Zeit, da die Chaldäa bevölkernde große Menge stammverschiedener Menschen noch ordnungslos wie die Tiere lebten, aus dem erythräischen Meere, da wo es an Babylonien grenze, ein Wesen mit Namen Oannes erschienen sei, mit dem Leib eines Fisches und einem unter dem Fischkopf hervorgewachsenen anderen Kopfe, mit Füßen gleich einem Menschen und mit menschlicher Stimme; und dieses Wesen, dessen Bildnis noch immer aufbewahrt werde, habe den Menschen die Kenntnis der Schriftzeichen und Wissenschaften und mannigfacher Künste überliefert, habe sie gelehrt, wie man

I. Alt=Babylonien.

fig. 1. „Oannes". Skulptur aus Nimrud.

Städte bevölkert und Tempel errichtet und Gesetze einführt und das Land vermißt, es habe ihnen Säen und Einernten der Früchte gezeigt und überhaupt den Menschen alles überliefert, was zur Sittigung des Lebens dient. Auch habe Oannes über Staatenbildung geschrieben und dieses Schriftwerk den Menschen übergeben. Es kann hier ununtersucht bleiben, ob die Vorstellung von diesem Fischmenschen Oannes anknüpft an babylonisch=assyrische Bildnisse wie das nebenstehende, bei welchem der Fisch gewiß ebenso ein Symbol der Fruchtbarkeit, wie nach neuerer Deutung der in der Rechten dargehaltene, dem in der linken Hand getragenen Gefäß ent=

Fig. 2. Adlerköpfiger Genius.

nommene Palmenblütenbüschel (?) ein Symbol der Befruchtung, Veredelung, der Kultur überhaupt ist (ein ähnlicher Genius der Fruchtbarkeit und Befruchtung ist der so oft auf den assyrischen Skulpturen wiederkehrende geflügelte und adlerköpfige Mensch, Fig. 2) — jedenfalls beweist diese Erzählung des Berossos, daß das babylonische Volk in der Erinnerung fortlebte als ein von Haus aus in eminenter Weise zu den Arbeiten des Friedens berufenes Volk, daß das babylonische Staatswesen als eine von Uranfang an vorgesehene Heimstätte friedlicher Kultur, menschlicher Kunst und Wissenschaft erschien.

Ein anderer hervorstechender Zug innerhalb des babylonischen Lebens ist der übermächtige Einfluß der Priesterschaft. Die Priester, in deren Geschlechtern die Priesterwürde forterbte, waren recht eigentlich die herrschende Klasse des Landes, noch mächtiger als das Königtum. Alles dreht sich um Tempel und Priester: Tempelbauten und -neubauten, Weihgeschenke, Festsetzung und Steigerung der „täglichen Opfer" der Gottheiten, Darbringung der Tempelsteuer, Dotationen für die Priesterschaft bilden das immer wiederkehrende Thema der babylonischen Urkunden verschiedenster Klassen. Diese Vorherrschaft des Priesterstandes über Gebildete und Ungebildete, über das ganze Volk erklärt sich daraus, daß die Priester die Träger der Wissenschaft waren, darunter zweier für das praktische Leben wichtigster Wissenschaftszweige, der Schreibkunst und der Astronomie, sowie der von letzterer unzertrennbaren und auf allen Gebieten dem teils religiösen, teils abergläubischen Volke sich unentbehrlich machenden astrologischen und magischen Weisheit.

2. Religion.

Die Religion der Babylonier war Naturdienst und zwar Polytheismus. Sie verehrten die Natur in allen ihren Teilen, obenan die drei großen Teile des Alls: den Himmel (Gott Anu), die Erde nebst dem, was auf Erden ist (Gott Bel), endlich das, was in und unter der Erde ist, insonderheit die inner- und unterirdischen Gewässer (Gott Ea); vgl. zu dieser Dreiteilung 5 Mo. 5, 8. 2 Mo. 20, 4. Sie erwiesen ferner göttliche Verehrung der Sonne (Gott Samas), dem Mond (Gott Sin) und dem Venusstern (Göttin Istar) sowie den wunderbaren, rätselhaften atmosphärischen Erscheinungen und Kräften, Sturm, Wind und Regen, Donner und Blitz (zusammengefaßt im Gotte Ramman). Auch die übrigen Planeten: Saturn und Jupiter, Mars und Merkur nahmen Teil an göttlicher Verehrung; doch bildeten diese Gestirne sehr möglicherweise nur Attribute der Götter Adar und Marduk, Nergal und Nebo, während diese selbst ursprünglich nicht-sibirische Teile und Erscheinungen des Alls oder besondere Manifestationen (Kräfte, Wirkungen) der bereits erwähnten männlichen Gottheiten darstellten.

Fast eine jede dieser Gottheiten konnte natürlich nach mehreren, zum Teil sehr verschiedenen, ja entgegengesetzten Seiten hin verehrt werden: die Sonne als auf- und untergehende Sonne, als Süd- oder Mittagssonne; der Venusstern als Morgen- und Abendstern, Ramman als Donner- und Blitzgott, u. s. w. Und indem man weiter den Göttern, die man sich durchweg in menschlicher Gestalt dachte (vgl. 1 Mo. 1, 26) und unter menschlicher Gestalt in würdigster, von allem Häßlichen und Grotesken sich fernhaltender Weise darstellte, nach Menschenart Frauen, Söhne und Töchter zugesellte und „Engel" oder „Dämonen", d. h. niedere

Gottheiten ihnen zur Bedienung und Vollstreckung der Gebote beigab, wurde der babylonische Polytheismus zu einem reichen und glänzenden Pantheon voll von Poesie ausgestaltet.

Fast eine jede der großen babylonischen Städte hatte ihre besondere Stadtgottheit: diese war natürlich für die Bewohner der betreffenden Stadt die höchste aller Gottheiten und die Priesterschaft hütete und pflegte ihren Kultus, sich selbst zum Vorteil, in ängstlicher Weise. Indes hielten sich die einzelnen Städte dabei von jeder Intoleranz frei. Wurden einer Stadt andere Städte unterthan, so bekam zwar die Gottheit der siegreichen oder herrschenden Stadt ebenfalls eine gewisse Oberherrlichkeit über die andern Götter, aber es that im übrigen deren eigener Verehrung nicht den mindesten Abbruch; im Gegenteil, die Könige der die Oberherrschaft führenden Stadt konnten nicht sicherer die Zuneigung ihrer neuen Unterthanen gewinnen als dadurch, daß sie sich als Schirmherrn, Verehrer und Förderer ihrer Tempel, Götter und Priester erwiesen. Es geht ein fast kindlich naiver oder vielleicht besser ein sehr aufgeklärter Zug durch die babylonische Religion. Wie die Stadtgötter von Babylon-Borsippa, Merodach und Nebo, oder der Stadtgott von Ur, Sin, mit den höchsten nur erdenkbaren Prädikaten belegt werden, also daß die übrigen Götter nahezu zu einem Nichts herabzusinken scheinen (vgl. Nabonids Anrede an Sin: „Herr der Götter, König der Götter Himmels und der Erde und aller Götter Götter, so da wohnen im Himmel"), so kann jeder andere Gott, wenn er allein angerufen und gefeiert wird, mit den höchsten Titeln bedacht werden und niemand denkt daran, daß sich dadurch die übrigen Götter zurückgesetzt fühlen könnten. Recht charakteristisch ist in dieser Hinsicht auch der Schluß zweier assyrischer Nebo-Inschriften: „Mensch zukünftiger Zeiten! auf Nebo vertraue! auf einen andern Gott vertraue nicht!" Unter diesen Umständen ist es leicht erklärlich, daß es zu einem ganz abgeschlossenen Göttersystem, in welchem die Zahl der „großen Götter" endgültig bestimmt und die Rangordnung aller einzelnen Gottheiten abschließend festgestellt wäre, in Babylonien nicht gekommen ist. Auch die genealogische Bestimmung ist bei mehr als einer Gottheit recht schwankend geblieben. Und gar erst die Priestererzählungen und Legenden sind oft, oft in Widerspruch miteinander, so daß z. B. schwer zu sagen sein wird, welcher Gott von allen Babyloniern insgesamt, von Priestern und Volk Gesamtbabyloniens als der Schöpfer der Menschen betrachtet wurde. Immerhin läßt sich soviel mit Sicherheit aussagen, daß die Götter allerobersten Ranges von der Göttertrias Anu, Bel und Ea gebildet wurden, und daß ihnen als die nächsthöhere die Göttertrias Sin, Samas und Ramman folgte, unter unmittelbarem Anschluß der Göttin Istar, während zur Vollzähligmachung von „zwölf großen Göttern" oder bei Aufzählung der „großen Götter" die Götter Marduk, Nebo, Adar, Nergal u. a. mehr oder weniger regelmäßig zugezogen wurden. Die hier angegebene Rangordnung der Hauptgottheiten spiegelt sich auch wieder in ihren sog. „heiligen Zahlen": Anu hat als seine heilige Zahl die 60, die Grundzahl des babylonischen Sexagesimalsystems, Bel (und ebenso sein Sohn Adar) 50, Ea 40, Sin 30, Samas 20, Istar 15, Merodach 11. Für Ramman findet sich 6, für Nusku, den Feuergott, 10 angegeben. Wie die zwölf Monate des Jahres unter die „Fürsten des Himmels" verteilt waren, lehrt die Tabelle auf S. 69.

An der Spitze der ersten Göttertrias, der drei recht eigentlich „großen Götter", welche in den babylonischen

Texten der älteren Zeit stets zusammen genannt sind und vor allem bei Verfluchungen immer den Anfang machen, steht Anu, der Gott des Himmels. Zum Himmel empor richtet sich das Auge des Menschen, wenn es dem Höheren, Göttlichen zustrebt: im Himmel und jenseits der Himmel hat der Mensch je und je seine Götter gesucht. Am Himmel, dem dem menschlichen Blicke entgegentretenden, sternbesäten Himmel (anū) haftete für den Babylonier in dem Grade der Begriff der „Gottheit", daß Anu, der Gott des Himmels, auch schlechtweg für Gott gebraucht werden konnte. Er heißt „der Vater der Götter". Der Hauptsitz seiner Anbetung war Erech. Eigennamen, mit Anu zusammengesetzt, sind verhältnismäßig sehr selten, und Königsnamen, deren erster Bestandteil Anu wäre, bis jetzt überhaupt nicht bekannt, weder in Babylonien noch in Assyrien. Als Anus Gemahlin erscheint Anatu, ein weiblicher und ziemlich unbestimmter Reflex Anus.

Bel (d. i. „Herr"), der zweite Gott der obersten Göttertrias, nicht zu verwechseln mit Bel oder Merodach, dem Sohne Eas, dem Stadtgotte Babylons, ist der Herr der Erde und dessen, was auf ihr ist, darum „Herr des Landes" und obenan Herr der Menschen. Noch die assyrischen Könige nennen sich als Herrscher über „Bels Unterthanen", über „Bels Menschenwesen" wiederholt „Statthalter Bels." Bei den Assyrern heißt er auch gerne „der Vater der Götter". Nippur, „die Stadt Bels", war die Hauptstätte seiner Verehrung. In der sogen. „Legende von den sieben bösen Geistern" erscheinen Sin, Samas und Istar als seine Kinder, doch ist dies recht eigentlich nur Sin, „der erste Sohn Bels". Ein anderer Sohn Bels ist Adar. Im Verein mit Adar vernichtet „der streitbare Bel" die Menschheit durch die Sintflut. Belit (eine von mehreren, nicht immer leicht zu unterscheidenden Göttinen dieses Namens) ist Bels Gemahlin; sie ist die „Herrin des Landes", die „Herrin der Völker"; bei den Assyrern wird sie auch „die Mutter der großen Götter" genannt.

Ea ist der Gott der Wassertiefe, des Meeres, der Ströme und der unterirdischen Quellen, und als Gott der Tiefe zugleich der Gott der verborgenen und unergründlichen Weisheit. Wo immer eine schwierige Frage unter den Göttern auftaucht, wie z. B. angesichts der von den sieben bösen Geistern drohenden Gefahr, bei der Gefangenhaltung Istars in der Unterwelt, immer ist er derjenige, der um seinen alles entscheidenden weisen Rat von den übrigen Göttern angegangen wird. Insonderheit aber wendet sich sein erster und vornehmster Sohn, der Gott Merodach, immer und überall an ihn, wenn er eines unter Krankheit oder sonst einem Bann stehenden Menschen gewahr wird, und erfährt dann von seinem allweisen Vater die notwendigen Mittel zur Beseitigung des Bannes und sonstigen Bösen. Wie darum sein Sohn Merodach der Patron der Magier ist, so ist Ea selbst der Gott und Schirmherr und Förderer alles Wissens, aller menschlichen Fertigkeiten, Künste und Wissenschaften: er ist der Gott der Gold- und Kupferschmiede, der Metall-, Stein- und Holzarbeiter, der Bildhauer, Steinschneider, Töpfer, Weber, Schiffer, der Gärtner und Ackerbauer; auch als Gott der Ärzte, Beschwörer, Schreiber wird er genannt, und heißt wohl in diesem Sinne „Herr der Menschen" überhaupt. Die Stadt Eridu war ihm geweiht. Seine Gemahlin heißt Damkina (Dauke).

Der oberste Gott der zweiten Göttertrias ist Sin, der „die glänzenden Himmel bewohnende" Mondgott, die „Leuchte (Nannaru) Himmels und der Erde", bei den Babyloniern wie bei den Assyrern dem Sonnengotte fast ausnahmslos vorgeordnet. Der älteste und ehrwürdigste Sitz seiner Verehrung war die Stadt Ur. Auch in Haran, der bekannten Stadt Mesopotamiens, war ein berühmter Tempel des Mondgottes, „das Haus der Freuden" genannt. Sin wird abgebildet als ein Mann, welcher in einem Halbmond steht und eine hohe, ebenfalls mit einem Halbmond gekrönte Mütze trägt. Seine Gemahlin ist Nin=gal, „die große Herrin".

Samas, der Sonnengott, wird „das Licht der Götter", „der Erleuchter Himmels und der Erde" genannt, und Psalmen preisen ihn als das Licht der fernen Enden des Himmels, das Panier der weiten Erde, bei dessen Anblick die Menschen sich freuen, wenn er Riegel und Thür des weiten Himmels öffnet und sein Haupt der Erde zuwendet. Aber sein hauptsächlichster Beiname ist doch „der große Richter Himmels und der Erde". Dies ist das Hauptamt des „Herrn dessen was droben und drunten ist", Recht und Gerechtigkeit zu üben, hineinzuleuchten in die Finsternis, die Verborgenheit und alles offenbar zu machen vor seinem Richterstuhl. Er sieht und zerstört die Anschläge der bösen Mächte und ist der mächtigste Helfer wider allen dämonischen Spuk. Seine Gemahlin ist „die große und geliebte Braut" A=a, „die Herrin (Göttin) der Menschen", „Herrin der Länder". Als Bote dient ihm Bunene, der den Sonnenwagen lenkt und die starken Maultiere, deren Knie nimmer ermatten, an das Joch spannt. Und des Sonnengottes Wink gewärtig, stehen vor ihm die Gottheiten Recht, Gerechtigkeit und Richter. Die Hauptstätten des Sonnenkultus waren Larsam und Sippar („Heliopolis" bei Berossos). Er gilt als Sohn Sins und der Nin=gal, also als Bruder Anunits.

Als dritter Gott der zweiten Göttertrias erscheint zumeist Ramman (d. i. „Donnerer", auch Barku „Blitzgott" genannt, der Addu oder Daddu, Hadad der Syrer, im A. T. irrig Rimmon vokalisiert), mit Vorliebe „der Oberste Himmels und der Erde" genannt. Er ist der Gott der Atmosphäre, des Sturmes, Gewölkes, Donners und Blitzes, aber auch der „Herr der unterirdischen Quellen und des Regens". Er sendet den befruchtenden Regen, kann aber auch durch Platzregen und Überschwemmung und Verschlammung der Kanäle Dürre und Hungersnot herbeiführen. Er gilt als „der tapfere Sohn Anus" und wird gewöhnlich dargestellt mit einem flammenden Schwerte oder dem Donnerkeil in der Hand. Vielleicht darf Sala als seine Gemahlin gelten.

Eine sehr hervorragende Stellung im babylonischen Pantheon nimmt auch Istar ein, welche bei den Babyloniern als Göttin des Venussternes (Dilbat) erscheint, und zwar in doppelter Gestalt: als Göttin des Morgensterns (als welche sie auch die „männliche" heißt), mit dem Namen „Istar der Sterne" oder Anunit, und als Göttin des Abendsterns (als welche sie auch die „weibliche" heißt), mit dem Namen Belit=ilani („Herrin der Götter"). Während Istar als Abendstern die üppig sinnliche Göttin der Ruhe in Armen der Liebe ist, ist sie als Göttin des Morgensterns die kriegerische Göttin, welche aufruft zu Kampf und zu Streit. Ebendarum heißt Anunit „die Herrin der Schlacht", „welche Bogen und Köcher trägt, den Feind niederwirft, den Frevler vernichtet"; sie, die „Herrin der Länder" (auch An=Ri geschrieben), überantwortet in der Schlacht den Frevler der Waffe des Feindes. Anunit gilt als Tochter Sins und der Nin=gal. Obwohl auch Anunit, die Tochter Sins, als Göttin des Venussterns Göttin der Liebe ist (so in der Beschwörungslegende von Istars Höllenfahrt), so ist doch die eigentliche Göttin der Liebe die Göttin des Abendsterns, die Stadtgöttin von Erech, die Tochter Anus und Anatus. Erech und speziell das „Himmelshaus" (E-ana) war der Sitz des unzüchtigen Iſtar- (oder Mylitta d. i. Belit-) Kultus, wie in Übereinſtimmung mit Herodot (vgl. auch Baruch 6,43) babyloniſche Keilſchrifttexte darthun. Iſtar, die Tochter Anus, iſt es, welcher der Held des Izdubar-Epos auf der ſechſten Tafel eine ſo lange Reihe von Liebſchaften vorhält. Der Hauptſitz des Kultus der Anunit war Agane, ihr Tempel hieß E-ulbar. Ein gleichnamiger Tempel befand ſich auch in „Sippar Anunits." Der Gebrauch des Wortes Iſtar für „Göttin" und des Plurals Iſtarati für „Göttinnen" überhaupt führt wahrſcheinlich auf eine urſprünglich viel allgemeinere Bedeutung des Iſtarnamens hin.

Eine nicht minder hervorragende Stellung gebührt begreiflicherweiſe dem Gott der babyloniſchen Hauptſtadt Babylon, dem Gotte Merodach (Marduk). Ja von der Zeit ab, da Babylon die Hauptſtadt Geſamtbabyloniens, der Merodachtempel E-ſagila (oder Bit-ſakkil) babyloniſches Nationalheiligtum geworden, wird Merodach, obwohl er die altheilige Rangordnung der beiden oberſten und vor allem der alleroberſten Göttertrias nicht abzuändern vermag, doch mehr und mehr der „große Herr", der „Herr der Herren", der „Herr (oder König) der Götter", weshalb er auch ſchlechtweg Bel genannt wird (Jeſ. 46, 1. Jer. 51, 44). Die uns zuerſt durch Beroſſos, einem Prieſter am Belstempel zu Babel (um 280 v. Chr.), bekannt gewordenen und jetzt auch in den keilſchriftlichen Originalen vorliegenden Überlieferungen von der Weltſchöpfung, vom Kampfe Bels mit dem Drachen Tiamat u. a. gehen auf die Prieſterſchaft des Belstempels zu Babylon zurück, ſodaß Bel hier überall vom Gott Merodach zu verſtehen iſt. Beroſſos erzählt, „Bel habe die das Chaos beherrschende (repräsentierende) Omorka (ober Tiamat) mittenentzwei gespalten, aus der einen Hälfte die Erde, aus der andern den Himmel gemacht und das Weltganze geordnet. Als er aber das Land unbewohnt und doch fruchtbar sah, habe er einem der Götter befohlen, ihm den Kopf abzuschneiden, mit dem herabfließenden Blut die Erde zu vermengen und Menschen und Tiere zu bilden. Auch habe er Sterne und Sonne und Mond und die fünf Planeten vollendet". Figur 3 zeigt uns den Gott Bel im Kampfe mit dem von den Babyloniern als Drachen vorgestellten Chaos Tiamat; es gelingt ihm endlich, den Drachen zu töten, indem er einen Wirbelwind ihm in den weitgeöffneten Rachen schleudert. Merodach ist der Sohn Eas, und heißt wohl ebendeshalb, weil er die ihm von seinem Vater verliehenen Kenntnisse und Kräfte im Dienste der Menschen verwendet (s. oben unter Ea), „der barmherzige Gott", der „Machthaber über die Gesamtheit der Menschen", der „Herr der Beschwörung", der „Herr des Lebens", der auch die Toten zu erwecken vermag. Andere Epitheta sind: „König der Igigi" (oder Geister des Himmels), „König von Babylon", „König Himmels und der Erde". Was Merodachs ursprüngliches Wesen und Machtgebiet war, hat zuerst P. Jensen erkannt: Merodach ist der Gott der Frühsonne und zugleich der Frühjahrssonne. Der Planet Jupiter war ihm geheiligt. Die Gemahlin Merodach-Bels ist Zer-banit („die Nachkommen-Schaffende"), die „Herrin (oder Königin) von E-sagila".

Der unzertrennliche Begleiter Merodachs ist der Gott von Babylons Schwesterstadt Borsippa, „der erste Sohn E-sagilas", also Merodachs, der Gott Nebo. Sein Tempel hieß in Borsippa (wie auch in Kalah und Ninive) E-zida (oder Bit-kenn). Die Babylonier nennen ihn den Gott, „der

I. Alt-Babylonien.

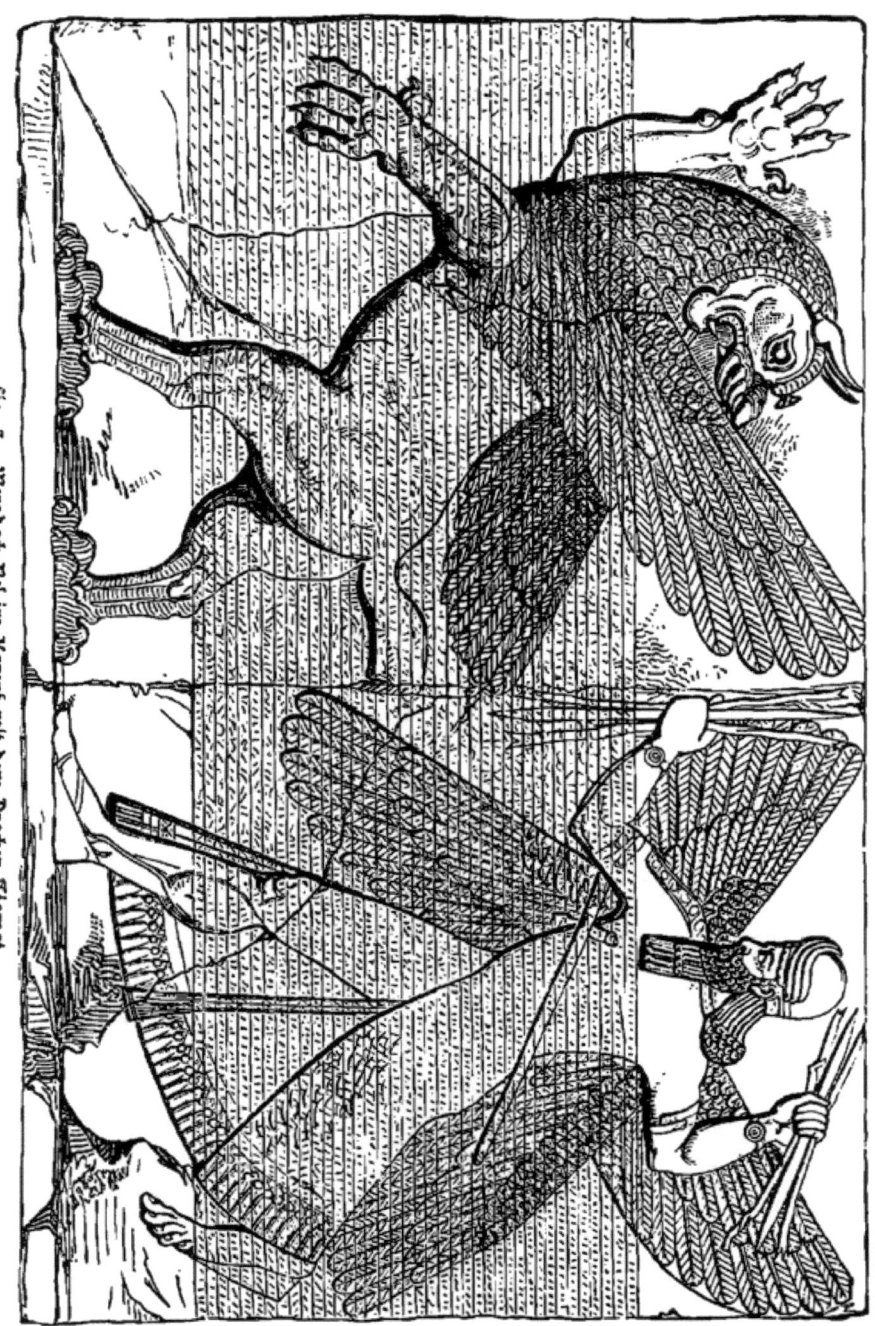

Fig. 3. Merodach-Bel im Kampf mit dem Drachen Tiamat.

die Aufsicht führt über die Gesamtheit Himmels und der Erde", den „Schöpfer der Tafelschreibekunst", den „göttlichen Tafelschreiber von Allem", den „weisen, weitsinnigen" Gott. Er ist der mit hellem Verstand begabte, alles wissende, freundliche Berater und Lehrer der Götter wie der Menschen. All der mannigfache Inhalt der Thontafeln der Bibliothek Asurbanipals ist gemäß den Tafelunterschriften „Nebos Weisheit". Der Planet Merkur war ihm geheiligt, doch mag er an sich kein ausschließlich planetarischer Gott gewesen sein. Der Name Nebos bildet gleich dem Merodachs einen Bestandteil zahlloser Personennamen. Als seine Gemahlin gilt Tasmet; doch wird auch die Göttin Nana (deren Hauptsitz Erech war) wiederholt (manchmal neben Tasmet, „der großen Braut") in naher Verbindung mit Nebo genannt.

A d a r (so liest man zumeist und wohl mit Recht das Ideogramm Nin-ib) wird ideographisch als der „Entscheider" oder der „Herr der Entscheidung" bezeichnet. Er ist höchst wahrscheinlich der Gott der mit ihrer Glut alles verzehrenden und zerstörenden Süd- oder Mittagssonne. Ebendeshalb ist ihm auch der heißeste Monat, Tammuz, geweiht. (Der Feuergott Nusku, welcher ebenfalls als Gott der Südsonne bezeugt ist und nicht minder mit Vorliebe „der Entscheider, mālik [vgl. Moloch], der großen Götter" genannt wird, ist im Grunde eins mit Adar.) Er hat die Beinamen „Herr der Kraft", „starker Gott", „Herr des Kampfes", und gilt als der „Herr des Gebiets und der Grenze". Er heißt schon bei den Babyloniern (nicht nur bei den Assyrern) der Sohn E-saras und da er zugleich als „Sohn des Bel" gilt, so wird E-sara der Name des Belstempels sein (in Nippur? für jenen in der assyrischen Stadt Kalah ist der Name E-sara bezeugt). Bemerkenswert ist, daß Adar und seine Gemahlin Gula, „die Mächtige E-saras", „die große

Herrin", bei den Babyloniern wie bei den Assyrern die besondere Verehrung der Ärzte genossen, dies gewiß aus prophylaktischen Rücksichten: man wollte sich dadurch die Gunst der beiden Gottheiten sichern, damit sie ihren verderblichen Einfluß nicht geltend machten: Gula heißt „die große Ärztin", kann aber auch den Frevler mit Krankheit, z. B. mit Blindheit schlagen. Der Planet Saturn (Kewan) war dem Gotte Adar geweiht. Daß der geflügelte Stier mit menschlichem Haupte und Antlitz, welcher in den assyrischen Bauten eine so große Rolle spielt, sein Sinnbild sei, ist noch unbewiesen.

Nergal ist der recht eigentliche Kriegsgott. Er heißt „der Herr des Kampfes und der Schlacht", „der Herr der Speere und Bogen." Er kann die Waffen zum Sieg führen oder zerbrechen. Auch Nergal ist im Grunde eins mit Adar, dem Gott der alles verheerenden Sonnenglut; er wird einmal geradezu mit dem Ideogramme der Südsonne geschrieben. Der Planet Mars war ihm geweiht. Er gilt auch als „der Machthaber der großen Stadt", d. i. des Totenreiches, der Gräber. Sein Sinnbild ist der Löwenkoloß, welcher sich so oft an den Eingängen der assyrischen Paläste aufgestellt findet und geradezu nergalu genannt wird. Nergal war gemäß der Inschriften (vgl. 2 Kön. 17, 30) der Stadtgott von Kutha, deren Ruinen in der Trümmerstätte Tell Ibrahim etliche zehn englische Meilen östlich von Babylon sicher wiedererkannt sind. Seine Gemahlin ist Laz. (Zwei andere babylonische Kriegsgottheiten waren Zamama — Lesung unsicher —, „der König der Schlacht", „der Allgewaltige unter den Göttern", und die Göttin Ischara, die den Sieg zu verleihen oder zu verweigern vermag.)

Aus der großen Zahl der übrigen Gottheiten sei zum Schlusse wenigstens noch Tammuz hervorgehoben (baby-

2. Religion.

lonisch Dumuzu, Du'uzu), welcher in der babylonischen Mythologie als der Jugendgemahl der Göttin Istar erscheint. Er ist der Sonnengott, der Jahraus Jahrein abnehmen, schwächer und schwächer werden und endlich zur Winterszeit völlig dahinsiechen muß. Wie der Prophet Ezechiel (8, 14) in seiner Vision den Tammuz von israelitischen Frauen beweinen sieht, so bestand auch in Babylonien der Tammuz-Kultus, dem phönikischen Adonis-Kultus entsprechend, in Beweinung des in der Blüte seiner Jugend dahinschwindenden Gottes durch Klagemänner und Klagefrauen. Sein Name ist der nämliche wie der des vierten Monats, in welchen das Sommersolstiz fällt, der Anfang der rückläufigen Bewegung des Sonnengottes.

Es war schon oben von dem naiven bezw. aufgeklärten Zug der Religion der Babylonier die Rede, insofern sie keinen Gott zu kränken oder gekränkt dachten, wenn man ihm einen andern überordnete, oder wenn sie den ebenerst als allerhöchsten Gott gefeierten Gott bei nächster Gelegenheit durch einen andern allerhöchsten Gott ersetzten. Es hat dies seinen inneren Grund wohl darin, daß den Babyloniern jeder einzelne Gott eben „Gott" war und als solcher jedem andern Gott gleichberechtigt, daß sie über der Menge der einzelnen Göttererscheinungen, all der Götter und Göttinnen, niemals das Bewußtsein verloren von dem ihnen allen gemeinsamen und sie alle zu einer höheren Einheit zusammenschließenden Begriffe der „Gottheit". Ebendeshalb konnten auch verschiedene Götter einen und den nämlichen Bereich der Wirksamkeit, z. B. Schlacht und Kampf, haben, ohne daß auch nur der Gedanke eines möglichen Widerstreits unter den Göttern ihnen jemals in den Sinn gekommen wäre. Auf diese Weise scheint sich uns zu erklären, daß in allen Perioden des babylonischen Reiches Personennamen sich finden, wie „Gott (ilu) ist", „Gott mit mir", „Durch meines Gottes Gnade wandle ich", „Wer ist wie Gott?", „Gott ist gut." Es wäre von diesem Standpunkte aus für die Denkenden unter den Babyloniern vielleicht nicht allzu schwer gewesen, sich zu einer reineren Anschauung von Gott emporzuringen, um so weniger als der Gedanke eines „Schöpfers des Alls" (also auch von Sonne, Mond und Sternen) sich oft genug ausgesprochen findet. Aber wir erfahren nichts, etwa durch Berossos, von irgendwelcher Geheimlehre der Priester auf Grund solch reinerer Gotteserkenntnis, und es ist dies auch sonst unwahrscheinlich, schon deshalb weil sich im babylonischen Denken und Vorstellen der Begriff der „Gottheit" sofort wieder wenigstens in zwei sich ergänzende Teile zerlegte, in „männliche" und in „weibliche" Gottheit. So blieb Polytheismus Jahrtausende hindurch die von den Priesterkollegien sorgsamst gehütete, staatlich sanktionierte Religion Babyloniens.

Zur Charakterisierung der sonstigen religiösen Anschauungen der Babylonier vom Verhältnis des Menschen zur Gottheit, von den Eigenschaften der Götter u. dgl. möge die folgende Skizze dienen:

Gleich der ganzen Natur, gleich aller Kreatur ist der Mensch abhängig von den Göttern. Nichts geschieht im Natur- und Menschenleben ohne die Götter, alles ist ihrem Allmachtswort möglich. In einem Hymnus an den Mondgott heißt es:

> Im Himmel wer ist erhaben? Du allein bist erhaben.
> Auf Erden wer ist erhaben? Du allein bist erhaben.
> Dein Wort erschallet im Himmel, so werfen sich anbetend nieder
>   die Engel des Himmels,
> Dein Wort erschallet auf Erden, so küssen die Engel der Erde den
>   Boden.

2. Religion.

Brauſet dein Wort droben dahin wie ein Sturmwind, ſo macht
    es gedeihen Speiſe und Trank,
Ergehet dein Wort über die Erde, ſo wachſen die Pflanzen.
Dein Wort macht fett Stall und Hürde, mehrt die beſeelte Kreatur.
Dein Wort läßt Recht und Gerechtigkeit beſtehen, daß die Menſchen
    Wahrheit ſprechen.
Dein Wort gleicht dem fernen Himmel, der ſich breitenden Erde —
    niemand durchſchaut es,
Dein Wort — wer mag es erforſchen? wer ihm widerſtreiten?

Und ein Hymnus an Merodach enthält die Worte:

Wenn deine Macht ſich offenbart — wer mag entfliehen?
Dein Wort iſt ein erhabenes Netz, das du ausſpannſt über Himmel
    und Erde:
Zum Meere ſenkt es ſich herab und das Meer zieht ſich zurück,
Zum Felde ſenkt es ſich herab und in Trauer ſteht die Aue,
Zur Hochflut des Euphrat ſenkt es ſich herab und Merodachs Wort
    trübt eine Waſſerpfütze.
O Herr, du biſt erhaben, wer mag dir widerſtehn?
O Merodach, unter den Göttern, ſo viele einen Namen tragen,
    biſt du erhaben.

Den Göttern verdankt der Menſch ſein Daſein. Ihre Hand hat die Menſchheit geſchaffen, ſie hält und trägt auch ihr ferneres Leben. Die Geburt jedes einzelnen Menſchen iſt Gottes That, und inſonderheit ſind die Könige Gottes Geſchöpfe. Auf die gnädige Hilfe der Götter iſt der Menſch in allem angewieſen, auf ihre Hilfe allein ſoll er auch vertrauen. „Verlaſſe dich nicht auf Menſchen! ſieh mich an, richte deine Augen auf mich!" — ſpricht die Gottheit zu Aſarhaddon. Die Götter ſchenken den Sieg, verleihen Nachkommenſchaft und rotten ſie aus; ſie können den Beſitz nehmen, das Land unfruchtbar machen, ihr Zornesblick verkehrt Licht in Finſterniß, Glück in Unglück, Leben in Tod. „Wer am Abend noch lebte, iſt am Morgen tot." Jeder einzelne Menſch ſteht unter dem ſpeziellen Schutz einer Gottheit, welche gleichsam bei ihm Wohnung genommen hat, deren „Kind" er ist; und der größte Fluch, der einen Menschen treffen kann, ist der, daß sein Gott oder seine Göttin sich abseits von ihm niederläßt, die göttliche Gnade ihm entzieht und ihn aufgiebt.

Die Götter vermögen alles, sehen alles, wissen alles. Sie greifen wunderbar ein in die Geschicke des Einzelnen wie der Gesamtheit, und offenbaren sich den Menschen, zumeist im Traume, im Nachtgesicht.

Das Merkwürdigste aber in der religiösen Anschauung der Babylonier ist das tiefe Gefühl für Sünde und Schuld und das Bewußtsein der Strafwürdigkeit der Sünde. Die Strafe der Sünde ist „Fluch" oder „Bann" und dieser zieht nach sich Unglück, Elend, Schmerz, Krankheit und Tod.

„Wer seinen Gott nicht fürchtet, wird abgeschnitten wie ein Rohr,
Wer die Göttin Istar nicht achtet, dessen Glieder siechen dahin,
Gleich den Sternen des Himmels geht er ein,
Gleich den Wassern der Nacht schwindet er dahin."

Der Mensch ist sich's bewußt, er merkt es, wenn er wissentlich oder unwissentlich eine Sünde gethan, und forscht nun nach, wann und wo und wie und gegen wen er sich vergangen, um sich dann Vergebung zu erwirken. Auf dem Bett, auf dem Stuhl, beim Essen und Schreiben, auf dem Rücken des Reittiers, beim Besteigen des Schiffes, beim Herausgehen und beim Eintreten in die Stadt und das Haus, auf der Straße, im Tempel, morgens und abends — immer und überall forscht und fragt er, voll Sehnsucht nach Erlösung, Vergebung. Seine Zuflucht ist das Gebet, das inbrünstige Gebet unter Thränen. Er schreit laut: Gott, sei mir gnädig und nimm an mein Seufzen! er brüllt auf seinem Lager wie ein Rind und ächzet wie eine Taube. Zu

2. Religion.

seinem barmherzigen Gott schreit er gleich einer Wildkuh, vor seinem Gott wirft er seufzend sich nieder.

„O daß meines Herrn Zorn sich wendete,
Des mir unbekannten Gottes, der mir unbekannten Göttin Zorn
    sich wendete!
O Herr, meine Missethaten sind viel, groß sind meine Sünden;
O mein Gott, meine Göttin, die ich kenne oder nicht,
Meine Missethaten sind viel, groß sind meine Sünden.
Der Herr in seines Herzens Zorn hat mich angeblickt,
Gott in seines Herzens Grimm mich heimgesucht,
Istar hat wider mich gezürnt und in Schmerz mich gebracht.
Ich habe mich abgemüht, aber niemand faßt meine Hand,
Habe geweint, aber man nahte nicht meiner Seite.
Ich schreie laut, aber niemand erhört mich,
Voll Leids bin ich überwältigt, blicke nicht auf —
Zu meinem barmherzigen Gott wende ich mich hilfesuchend und seufze,
Die Füße meiner Göttin fasse ich unter Thränen.
O Herr, stürze nicht deinen Knecht,
In das Wasser geworfen, fasse ihn bei der Hand!
Die Sünde, die ich begangen, wende zur Gnade,
Die Missethat, die ich verübt, entführe der Wind,
Meine vielen Schlechtigkeiten zerreiße wie ein Kleid!"

Und der Mensch darf auf Gottes Gnade rechnen. Gott ist barmherzig und gnädig; er wendet sich gerne zum Sünder, schenkt ihm Ruhe, erfreut ihn mit seiner Gnade. Die Gottheit nimmt sein Opfer gnädig an und segnet ihn mit langem Leben und reicher Nachkommenschaft.

Die Hauptstätten der Verehrung der Götter sind ihre „Häuser", die Tempel. Von alters her waren diese Tempel glänzend ausgestattet, wenn ihnen vielleicht auch die verschwenderische Ausschmückung mit Gold und Silber und Edelgestein, welche wir in der neubabylonischen Zeit, zur Zeit Nebukadnezars und Nabunaïds finden, noch fehlte. Innerhalb der Tempel war es wieder das „Allerheiligste", die eigentliche Wohnung der Gottheit, welche alle andern

Räume überstrahlte. Dort stand das Götterbild, angethan mit Kleidung und Schmuck von auserwählter königlicher Pracht; dort wurde der Gottheit wohl auch ihr Tisch gedeckt und dieser besetzt mit Speisen und Getränken, wie sie dem Könige zukommen und wie sie der König allein darzureichen vermag.

Die Verehrung der Götter bestand hauptsächlich im Darbringen von Opfern. Das Darbringen der Opfer vor die Gottheit war zwar ausschließliches Vorrecht der Priester, welche den Dienst an den Heiligtümern versahen, aber was immer den Göttern, Tempeln und Priestern gespendet wurde an einmaligen oder regelmäßigen, gesetzlichen und freiwilligen Gaben, galt als Opfer und war als solches den Göttern angenehm. Die Tempelarchive von Sippar und Nippur zeigen, daß über alle Tempeleinkünfte, die größten wie die kleinsten, mochten sie in barem Geld oder in Wolle für die Götterkleider oder in Hölzern und Metallen für Tempelgeräte oder endlich in Vegetabilien und Tieren und Wein für die „Opfer" im engeren Sinne bestehen, von den Priestern mit peinlicher Sorgfalt Buch geführt wurde. Natürlich lag in erster Linie den Königen die Fürsorge für die Tempel und ihre vielköpfige Priesterschaft ob, und die Priester wachten eifersüchtig darüber, daß die „Satzungen" der Götter aufrecht erhalten blieben, ihre täglichen Opfer nicht verkürzt, sondern möglichst gesteigert und durch „freiwillige Gaben" vermehrt wurden. Eine Menge von Festtagen in jedem einzelnen Monat und außerdem große Feste, wie das Neujahrsfest, hielten den religiösen und opferfreudigen Sinn der Babylonier rege. An Tieren, die selbstverständlich makellos sein mußten, finden wir den Göttern zumeist Lämmer und Rinder, doch auch Gazellen, Vögel und Fische dargebracht; zu unblutigen Opfern dienten Brot, Datteln,

Knoblauch und sonstige Gartengewächse, dazu Butter, Honig und Öl; zu Räucheropfern wohlriechende Pflanzen und Hölzer, z. B. Kalmus und Zedernholz, auch Weihrauch; zu Trankopfern endlich Dattelwein und andere, bei den Opfern der Könige vielfach erlesenste, in- und ausländische Weinsorten. Von Menschenopfern (vgl. 2 Kö. 17, 31) ist bislang keine sichere Spur entdeckt; dagegen ist der unzüchtige Kultus der Göttin Istar, von welchem Herodot berichtet, für Erech, „die Wohnung Anus und Istars, die Stadt der Hierodulen," auch monumental bestätigt.

Die Religion der Babylonier war, wie sich leicht denken läßt, durch und durch mit Aberglauben zersetzt. Der Glaube an böse Götter und böse Geister aller Art, „Dämonen" der Wüste, des Meeres, Gebirges und Grabes, Gespenster und Teufel, und an eine Fülle sonstiger unheilbringender Einflüsse und Mächte war allgemein verbreitet, und zur Verhütung und Vertreibung solch finsteren, Krankheit und Unheil bringenden Spukes war ein ganzes Heer von Tagewählern, Vogelschauern, Traumdeutern, Wahrsagern, Zauberern und Totenbeschwörern unablässig beschäftigt. Alle diese Unterabteilungen der Astrologen und Magier aber gehörten mit zu der Priesterkaste. Die Beschwörungsformeln wenden sich oft gleich gegen mehrere böse Einflüsse und Mächte, da man ja nicht wissen konnte, was eigentlich den auf dem Menschen liegenden Bann verursacht habe; z. B.:

„Was immer des Menschen Körper in Banden geschlagen,
Böses Antlitz, böses Auge,
Böser Mund, böse Zunge,
Böse Lippe, böser Geifer (?),
Im Namen des Himmels sei beschworen, im Namen der Erde sei beschworen!"

In Religion wie Aberglauben spielten auch die Zahlen drei und sieben eine Rolle. Den drei Hauptteilen des Alls entsprechend, gab es drei alleroberste Götter; mit einem dreimaligen „heilbringend, heilig" beginnen assyrische Tempelliturgien, und dreimalige Gebete morgens und abends finden sich wiederholt anbefohlen. Besonders aber war die Sieben, die Zahl der sieben Planeten, in Mythologie und Ritus eine heilige Zahl: 7 Thore hat die Unterwelt, am 7. Tage nimmt die Sintflut ein Ende und am 7. Tage darauf beginnt die Aussendung der Vögel; 7 Räuchergefäße werden zum Opfer hingesetzt, 7 mal soll der Kranke eingerieben werden u. s. f. Die Sieben gilt aber gleichzeitig als eine böse Zahl: es giebt 7 böse Geister, und der „Siebente der großen (oder tapferen) Götter" ist ein Erzverderbenbringer. In den babylonischen Fest= und Opferkalendern findet sich bei mehreren Tagen die Bestimmung: „der Hirt der großen Völker soll gebratenes, gekochtes und geräuchertes Fleisch nicht essen, seinen Leibrock nicht wechseln, sich in Weiß nicht kleiden (für den Gang zum Tempel), ein Opfer nicht opfern; der König soll den Wagen nicht besteigen, nicht als Machthaber das Wort führen, am Ort des Geheimnisses soll der Priester nicht orakeln, der Arzt an den Kranken die Hand nicht bringen; einen Fluch zu thun ist der Tag nicht geeignet. Am Abend bezw. am Morgen soll der König eine freiwillige Gabe darbringen, Opfer opfern, so wird seine Händeerhebung Gott angenehm sein." Diese Tage sind im Schalt=Elul der 7., 14., 19., 21. und 28. Obwohl als „günstige" Tage bezeichnet, werden sie doch alle mit einem Ideogramm benannt, das sie als „böse Tage" charakterisiert. Die Vermutung liegt nahe, daß die Babylonier die je siebenten Tage, eben als siebente, unter dem Einflusse der bösen Mächte stehend dachten, weshalb es ihnen geraten schien, an diesen Tagen jedes Werk, das irgendwie von den bösen Geistern abhängig erschien, zu vermeiden. Da nun der babylonische „Sabbathtag" anderwärts ein „Tag der Beruhigung des Herzens" (doch wohl der Götter) genannt wird, also als ein Tag, wo die Götter allem Zorn über Sünde und Böses entsagen, an jenen siebenten Tagen aber alles Fluchen, das die Götter in unmittelbarste Mitleidenschaft zieht, ausdrücklich verboten ist, so hat die Annahme, daß die je siebenten „bösen" Tage bei den Babyloniern eben die „Sabbathtage" waren, noch immer viel für sich.

Die Vorstellungen der Babylonier vom Leben nach dem Tode berühren sich mit den alttestamentlichen sehr nahe. Auch ihnen zufolge geht der Weg der Menschenseele erdwärts wie der des Leibes: der Leib kommt in das Grab, die Seele in den Hades, den tief unterhalb der Oberwelt gelegenen Sammelplatz der diesseits lebendig Gewesenen, nun aber ein aussichtsloses, finsteres und dumpfes Schattendasein Fortführenden. Wie sich die Babylonier den Hades oder, wie sie sagen, das „Land ohne Heimkehr" dachten, lehrt am besten der Anfang der unter dem Namen „die Höllenfahrt der Istar" bekannten Beschwörungslegenden. Dort heißt es von Istar, der Tochter des Mondgottes, die nach dem Land ohne Heimkehr hinabstieg, daß sie gegangen sei

„Nach dem Hause der Finsternis, der Wohnung des Gottes Irkalla,
Nach dem Hause, dessen Betreter nicht wieder herauskommt,
Nach der Straße, deren Hinweg nicht zurückführt,
Nach dem Hause, dessen Bewohner abgeschlossen ist vom Licht;
Woselbst Staub ihre Nahrung, ihre Speise Kot.
Licht schauen sie nicht, in Finsternis wohnen sie,
Gekleidet gleich dem Vogel in ein Flügelgewand.
Über Thür und Riegel liegt gebreitet Staub."

Aus dem Fortgange der Legende ersehen wir, daß die Königin der Unterwelt Allatu ist, die „mächtige" Göttin, und Namtar, der „Bestimmer des (dem irdischen Leben ein natürliches Ziel setzenden) Schicksals" ihr Bote; daß 7 Thore in das Totenreich hinabführen und alle seine Bewohner nackt und bloß durch das 7. Thor eintreten müssen; ferner daß Allatu in dem „großen Lande", das sie beherrscht, Räume zur Verfügung hat, welche in ganz besonderer Weise Orte des Schreckens und der Pein sind. Aus andern Quellen, z. B. aus der 12. Tafel des Izdubar-Epos, welche ebenjene Beschreibung der Unterwelt darbietet, erfahren wir, daß in der Unterwelt alles, woran einst das Herz sich gefreut, gleich einem alten Kleid von Würmern und Staub zerfressen, Allatu von düsteren Gewändern umhüllt, das Totenreich als eine Stätte des Wehklagens vorgestellt wird. Neben Allatu erscheint auch Nergal als ein Herr der Unterwelt: sein schonungsloser Sendbote Isum führt Opfer auf Opfer seinem Reich zu. Ea allein kann eine abgeschiedene Seele aus Nergals Reich zeitweise zur Oberwelt emporführen. Die 12. Tafel des Izdubar-Epos, an deren Schluß Eabanis Geist über das, was er in der Oberwelt geschaut, dem fragenden Izdubar Mitteilung macht, schließt mit den Worten: „Wer den Tod des ..... (gestorben), liegt auf einem Ruhebett, klare Wasser trinkend. Wer in der Schlacht gefallen, dessen Haupt halten Vater und Mutter, während sein Weib über ihn (sich breitet). Wessen Leichnam auf das Feld geworfen wurde, dessen abgeschiedene Seele ist nicht gebettet in die Unterwelt. Der, dessen abgeschiedene Seele niemanden hat, der für sie sorgt, der ißt, in einem Trog zum Essen vorgesetzt, die Überbleibsel des Essens, die man auf die Straße geworfen."

Von einem Unterschied zwischen Frommen und Gottlosen im Leben nach dem Tode hören wir in der babylonischen Litteratur nichts: Kronträger und Herren und Priester und Beschwörer, alle wandern an den gleichen Ort.

2. Religion.

Die Entrückung des Xisuthros mit Frau (und Steuermann) zu den Göttern ist eine Ausnahme.

Die Babylonier (ebenso die Assyrer) begruben ihre Toten, und zwar dienten als Begräbnisstätten teils Gewölbe aus Backsteinen, teils künstlich brainierte Plattformen. Der Kopf des Leichnams ruhte auf einem an der Sonne getrockneten Backstein, neben ihm findet man allerlei Gefäße zu Trank und Speise. (Von den Särgen ist im nächsten Kapitel, S. 59 f., die Rede.) Der größte Fluch, der einen Menschen treffen kann, ist der, daß sein Leichnam unbegraben bleibt, und seine abgeschiedene Seele niemand hat, der Wasser für sie ausgießt.

Zum Schlusse dieses Abschnittes über die Religion finde noch eine kurze Bemerkung über die mythologischen Erzählungen der babylonischen Litteratur Platz, und zwar mit Beschränkung auf die in die Form einer Erzählung gekleideten kosmogonischen Ideen der Priesterschaft vom Merodach-Tempel zu Babylon, sowie auf das große babylonische Volksepos, dessen Held leider noch immer eine unaussprechbare Persönlichkeit ist: der Name ist bis jetzt nur ideographisch geschrieben gefunden (ilu Iz-du-bar) und wird von einigen vorläufig Izdubar, von anderen, welche ihn dem biblischen Nimrod vergleichen zu dürfen meinen, Namrudu (Nimrod) gelesen. Eine ganz neuerdings gefundene Erklärung des Ideogramms scheint das Rätsel noch immer nicht zu lösen.

Von der babylonischen Weltschöpfungserzählung, wie sie uns von Berossos überliefert ist, war bereits S. 30 f. die Rede. Die Keilschrifttafeln bestätigen die aus Berossos zu gewinnende Grundanschauung: es wird ein Chaos, bestehend in Finsternis-bedeckter Wasserflut (mit Namen Tiamat), vorausgesetzt; Merodach, der Gott der Frühsonne, spaltet mit seinem Lichte das Chaos mitten hindurch; aus der einen

Hälfte wird der Himmel, aus der andern die Erde gemacht, und der übrige Schöpfungsverlauf vollzieht sich in zu erwartender folgerichtiger Weise. Natürlich giebt die keilschriftliche Erzählung, welche sich über mindestens sieben Tafeln erstreckte, eine bis ins Kleinste gehende Schilderung der einzelnen Vorgänge. Die Tafeln selbst sind zur Zeit leider nur erst sehr bruchstückweise auf uns gekommen, sodaß unser Wissen noch manche recht fühlbare Lücken aufweist. Die erste Tafel hebt mit den Worten an:

„Zur Zeit da droben keinen Namen trugen die Himmel,
Drunten die Erdfläche einen Namen nicht hatte,
Mischten (?) der Ozean, ihr erster Erzeuger,
Mummu=Tiamat, die Gebärerin ihrer aller,
Ihre Wasser in eins."

Die nächstfolgende Tafel zeigt uns bereits den Gott Merodach auf dem Plan; sie schließt mit den Schlußworten einer Rede Merodachs, in denen er den Göttern die Bedingung stellt, daß wenn er sie rächen und Tiamat gefangen nehmen werde, sie sich allesamt freudig an heiliger Stätte zusammenfinden und seines Mundes Rede, seine Bestimmung der Schicksale als unverbrüchlich, unabänderlich für alle Zeiten anerkennen sollten. Die dritte Tafel erzählt, wie es dem Gott Anšar gelingt, die Götter hierzu zu bewegen. Sie nehmen Merodachs Bedingungen an bei Gelegenheit eines Gastmahls und in Schrecken gesetzt durch die Schilderung von Tiamats furchtbarem Heeresgefolge, den giftgeschwollenen Schlangen, Skorpion= und Fischmenschen und andern mischgestaltigen Ungeheuern, welche unter der Führung Kingus, des Gemahls der Tiamat, zum Kampfe herannahen. Daran schließen sich auf der vierten Tafel die großartig schönen Worte, mit welchen die Götter Merodach die Königsherrschaft über das All nebst Thron und Zepter und einer unwiderstehlichen Waffe übertragen, und die nicht minder großartige, dramatisch belebte Schilderung, wie Merodach, mit mannigfachster kunstvoller Rüstung angethan, gegen Tiamat und ihre Helfershelfer auszieht und nach einem Kampfe voll Schreckens Tiamat von oben bis unten aus zerschneidet und triumphierend seinen Fuß auf sie setzt, während ihre Bundesgenossen, welche ebenfalls in Merodachs allumfassendem Netze gefangen sind, dingfest und unschädlich gemacht werden. Die Tafel schließt mit dem Bau des Himmelsgewölbes aus der einen Hälfte Tiamats und der Herrichtung des Himmelspalastes E=sara mit besonderen Bereichen Anus, Bels und Eas, worauf dann in der fünften Tafel die Einsetzung der Gestirne des Tierkreises, der zwölf Monate, des Mondes und der Sonne erzählt wird. Ein nächstes Fragment behandelt die Erschaffung der Tierwelt, und ein letztes bringt das Endziel der ganzen Tafelserie, nämlich die Verherrlichung Merodachs als des höchsten unter den Göttern (daneben auch die Erklärung seiner hauptsächlichsten Beinamen und einzelner Seiten seines Kultus), noch einmal mit beredten Worten zum Ausdruck.

Das sogen. Izdubar=Epos bildet 12 Tafeln von je sechs Kolumnen, mit durchschnittlich etwa 250 Zeilen auf jeder Tafel. Soweit die uns zur Zeit vorliegenden Bruchstücke Einblick in den Inhalt jener für die babylonische Mythologie hochbedeutsamen und farbenprächtigen Legendendichtung gestatten, läßt sich derselbe in Kürze etwa folgendermaßen zusammenfassen:

Das Epos beginnt (1. Tafel) mit einer nach Inhalt und Form an den Anfang des hebräischen Spruchbuches erinnernden Ankündigung der „Geschichte Izdubars". Vielleicht gehört hierher eine Beschreibung der Leiden, welche über die Stadt Erech infolge einer schweren Belagerung

(wahrscheinlich seitens der Elamiten) hereingebrochen sind. Erech hatte ihren Feinden nicht widerstehen können, selbst Istar, die Stadtgöttin von Erech, konnte „ihr Haupt nicht vor den Feinden erheben".

2. und 3. Tafel. Nun tritt Izdubar auf, der aus der Stadt Marad stammt und dessen Ahn der babylonische Noah gewesen. Er hat sich nach den von ihm vorhandenen Darstellungen bereits durch Besiegung wilder Tiere einen Namen gemacht, und erscheint jetzt als der Held, dem Erech seine Befreiung verdankt. Die Jugend des Volkes ist in so hohem Grade für ihn begeistert, daß besorgte Eltern und neidische Rivalen die göttliche Mutter Aruru bitten, einen Mann zu schaffen, der mit ihm im Kampfe sich messe. Aruru bildet den Ea-bani, einen faunartigen Halbgott, der in der Wüste bei den Tieren haust. Mittelst sinnlicher Verlockungen einer von Izdubar aus Erech mitgenommenen Hierodule gelingt es, ihn nach Erech zu bringen. Statt aber Izdubar zu überwältigen, schließt er mit dem Helden einen Freundschaftsbund; und als er, wie es scheint infolge eines schrecklichen Traumes, in die Wüste zurückkehrt, überredet ihn der Sonnengott, der im ganzen Epos als Schutzgott Izdubars erscheint, in Erech zu bleiben, indem er ihm reiche Belohnungen verspricht.

4. und 5. Tafel. Soweit aus den spärlichen Bruchstücken zu erkennen ist, nehmen die Götter Interesse an der beiderseitigen Freundschaft, indem diese die Ausrottung der feindlichen elamitischen Macht von babylonischem Boden verheißt. In einem von fester Mauer umschlossenen, mit einem Zedern- und Zypressenwald umgebenen Palast wohnt Humbaba, „dessen Gebrüll wie ein Sturm ist, sein Mund Frevel, sein Atem Gifthauch". Izdubar und Ea-bani erbrechen das

Thor, töten Humbaba und nehmen ihm die Krone, worauf Izdubar als König von Erech eingesetzt wird.

6. Tafel. In den gewaltigen Helden und Befreier des Landes verliebt sich die Göttin Istar! Sie bietet sich ihm zur Gemahlin an: „Sei du mein Gemahl und ich dein Weib! Ich will dich fahren lassen auf einem Wagen von Edelgestein und Gold, mit goldenen Rädern und diamantenen Hörnern. Wenn du einziehst in unser Haus unter Wohlgerüchen der Zeder, soll man küssen deine Füße, Könige, Fürsten und Herren sollen sich vor dir beugen und Tribut dir darbringen". Aber Izdubar weist schroff ihren Antrag zurück, indem er ihr vorhält, wie alle, die sie mit ihrer Liebe beglückt habe, ein schnelles und schreckliches Ende genommen. Voll Zornes eilt Istar zu ihrem Vater Anu, klagt ihm den Schimpf, den Izdubar ihr angethan, und verlangt von ihm, daß er den „Himmelsstier" schaffe, durch welchen sie Izdubar hofft vernichten zu können. Anu erfüllt ihr Begehren. Aber Izdubar erschlägt, im Verein mit seinem Freunde, den Stier und beide weihen die Hörner des erlegten Ungetüms dem Gotte Samas, worauf Istar den Fluch über Izdubar ausspricht. — Die 7. Tafel fehlt.

8., 9. und 10. Tafel. Ea-bani ist gestorben, wie es scheint durch ein Insekt löblich verwundet. Izdubar aber, mit einer bösen Krankheit behaftet und voll Angst wie Ea-bani zu sterben, macht sich auf den Weg zu seinem Ahnen Pir(?)-napistim (dem Xisuthros des Berossos), welcher einst Unsterblichkeit erlangte. Unter allerlei Abenteuern durchwandert er die große Sandwüste südlich vom Euphrat und erzwingt von den Skorpionmenschen, welche den Eingang zu dem zwölf Meilen langen, finstern Weg durch das Gebirge Mas bewachen, den Zugang zu den Gewässern des Todes, die das Land der Erdbewohner von dem Aufenthaltsorte Pir-napiſtims trennen. Am Geſtade des Meeres findet Izdubar einen Götterpark, in welchem wunderbare Bäume wachſen, mit Edelſteinen als Früchten beladen, und den Palaſt der Meerkönigin Sabitu. Nach langem Zögern ſtellt Sabitu dem Izdubar einen Fährmann zur Verfügung, der ihn zu den Gefilden der Seligen überzufahren bereit iſt. Am Ufer ſteht der Ahn Izdubars. Er hört die Leidens-geſchichte des Helden an, „ſein Herz wird mit Weh erfüllt, aber Götter und Menſchen können ihm nicht helfen".

11. Tafel. Izdubar fragt nun Pir-napiſtim (Xiſuthros), wie er unſterblich geworden ſei, und dieſer antwortet ihm mit der Erzählung der Sintflut. Die Stadt Surippak am Euphrat — ſo beginnt er ſeine Rede — ſei alt ge-weſen, als die Götter darinnen ihr Herz trieb, eine Sint-flut (abūbu „Sturmflut, Wirbelſturm") anzurichten. Den von Anu, Bel, Adar und dem „Herrn der Nimmerwieder-kehr" gefaßten Plan, die ganze Menſchheit zu vernichten, habe aber der Gott Ea durchkreuzt, indem er ihm, dem Surippakäer, einſt Adrachaſis genannt, den Rat gegeben habe, ein Schiff beſtimmter Größe und Einrichtung zu bauen, allen lebendigen Samen, dazu auch Getreide, ſein Hab und Gut hinaufzubringen und mit Weib, Familie, Geſinde, ſo-wie allen (unter Eas beſonderem Schutz ſtehenden, ſiehe S. 27) Werkmeiſtern das Schiff zu beſteigen. Er ſelbſt habe, dem Befehl nachkommend, das Schiff gebaut und ein-gerichtet, es mit Erdpech beſtrichen und mit allem Nötigen ausgerüſtet, habe dann alles, was ihm befohlen, hinauf-gebracht, am Abend aber, als der von Samas vorher be-zeichnete Zeitpunkt gekommen war, habe er ſelbſt das Schiff beſtiegen, die Thüre feſt verriegelt und „das große Gehäuſe" dem Steuermann Puzur-ſadu-rabu übergeben. Pir-napiſtim erzählt weiter, wie am früheſten Morgen des folgenden

Tages schwarzes Gewölk und Donner bösen Sturm verkündet habe und wie dann die Sturmflut, einem Kriegsheer vergleichbar und begleitet von strömendem Regen, Erdbeben und alles umnachtender Finsternis, vom Meer her auf das Land getreten sei und, ihre Wogen vermischend mit den Regenfluten des Himmels, in Einem Tage das Land und seine Bewohner „zerschmissen" habe, also daß „die Menschen wie Fischbrut das Meer füllten". Am 7. Tage habe das Unwetter sein Ende erreicht, doch habe das wieder durchbrechende Licht zunächst nichts weiter erkennen lassen, als ein weithin sich dehnendes Meer. Da endlich sei das Schiff auf der Spitze des Berges Nizir gelandet, und als nach sechstägigem Warten der 7. Tag herankam, habe er eine Taube und dann eine Schwalbe ausgesandt, die aber beide noch keinen Ruheplatz fanden und zum Schiffe zurückkehrten. Der Rabe, der nach diesen ausgesandt worden, sei nicht wiedergekehrt. Da habe er denn alles nach den vier Winden entlassen und ein Trank-, Speise- und Räucheropfer auf der Spitze des Berges dargebracht, worauf sich die Götter, den süßen Geruch riechend, „gleich Fliegen" um das Opfer geschart hätten. Was nun weiter geschehen, daß Bel von Ea zur Vernunft gebracht worden sei, indem dieser ihn ermahnte, die Sünder und Frevler zu strafen, aber nie wieder eine Sintflut anzurichten, sondern statt dessen mit wilden Tieren, Hungersnot und Seuche die Menschheit heimzusuchen, das sei ihm durch ein Traumgesicht offenbart worden. Endlich habe der Gott Bel selbst ihn nebst seinem Weibe aus dem Schiffe heraufgeführt, sie gesegnet und den Göttern gleichgemacht, und ihn wie sein Weib wohnen lassen „fern an der Mündung der Ströme".

Nach dieser Erzählung heilt Pir-napistim den Izdubar von seiner Krankheit durch ein Reinigungsbad und giebt ihm die Pflanze des Lebens mit („Obschon ein Greis, wird der Mensch wieder jung" ist ihr Name), doch wird sie ihm auf dem Heimweg nach Erech von einem bösen Dämon wieder geraubt.

12. Tafel. In Erech angekommen, stellt Izdubar von neuem Trauerklage um seinen Freund Ea-bani an, den „weder eine Krankheit noch eine Seuche noch die männermordende Schlacht hinweggerafft, sondern die Unterwelt weggenommen" habe. Er wiederholt seine Klage vor Adar (?), dieser bringt sie vor Bel und Bel wieder vor Sin, bis endlich auf Eas Verlangen Nergal, der Herr des Totenreiches, Ea-banis Seele „gleich einem Wind" aus dem Hades emporsteigen läßt. Das Epos schließt mit Wechselreden zwischen Izdubar und Ea-banis heraufbeschworenen Manen: Izdubar fragt und Ea-bani berichtet über das, was er im Hades gesehen (siehe oben S. 44).*)

Daß der Ursprung dieses Volksepos in Erech zu suchen ist und in sehr alte Zeit zurückgeht, darf wohl als sicher gelten; wann es aber zum erstenmal niedergeschrieben und in die uns vorliegende Zwölftafelform gebracht worden ist, bleibt einstweilen noch dunkel.

3. Künste und Wissenschaften.

Die Baukunst der ersten Ansiedler im untern Mesopotamien war in der allerfrühesten Zeit gewiß nicht sehr entwickelt. Ihre ersten Wohnungen mögen Hütten gewesen sein, wie sie teilweise jetzt noch in jenen Gegenden vor-

---

*) Text und Übersetzung der Sintfluterzählung siehe jetzt bei P. Jensen, Kosmologie der Babylonier, Straßburg 1890; für das Izdubar-Epos überhaupt siehe Alfred Jeremias, Izdubar-Nimrod, eine altbabylonische Heldensage, Leipzig 1891.

kommen, Hütten mit Pfosten aus Palmbäumen, die Wände mit Schilf durchflochten und mit Lehm bestrichen. Sehr früh aber gingen sie zu haltbareren, ihrem Zwecke besser entsprechenden Bauten über. Während nun andere Völker zum Stein griffen, als dem dauerhaftesten Baumaterial, fehlte dieser in Babylonien gänzlich. Wohl hätten sie südlich von ihrem Lande, an der Nordostgrenze Arabiens, einen grobkörnigen Sandstein finden können; aber der Transport desselben wäre zu schwierig gewesen. So griffen sie denn zu dem nächstliegenden, in dem Alluviallande in reichster Fülle vorhandenen Material, zum Lehm, und formten diesen in Backsteine, welche dann an der heißen Sonne des Südens getrocknet, oder aber in Öfen gebrannt wurden. Gewöhnlich machten sie es nun so, daß sie zur Hauptmasse des Baues getrocknete Backsteine verwendeten, dieselben dann aber außen mit gebrannten bekleideten, oft bis zu einer Dicke von fast 3 m. Die Backsteine sind teils gelblich-weiß, teils schwarz-blau, teils rot, und gewöhnlich von ziemlich quadratischer Gestalt, 2—3 Zoll dick, 11—15 Zoll lang und breit. Doch finden sich auch dreieckige Backsteine, welche sie an den Ecken verwendeten. Um einem Bau aus getrockneten Backsteinen größere Festigkeit zu geben, legten sie je nach 4—5 Fuß eine Lage von in einander geflochtenem Schilf. Auch brachten sie an solchen Mauern dicke Strebepfeiler von gebrannten Backsteinen an, meist bis zu halber Höhe des Baues. Zur festeren Zementierung dieser Backsteine verwendeten sie entweder Lehm, der mit gehacktem Stroh vermischt war, oder Erdpech, welches sie darüber gossen, und welches die Backsteine so fest verband, daß sie heute noch nur schwer zu trennen sind.

Über die Bauart der babylonischen Tempel läßt sich zur Zeit nicht viel Sicheres sagen. Herodot beschreibt zwar

ben (von ihm ungenau als Heiligtum des Zeus Belus bezeich=
neten) Nebotempel zu Borsippa ausführlich — er sei mit
ehernen Thoren versehen gewesen, habe ein Viereck im Um=
fang von zwei Stadien auf jeder Seite gebildet, eine große
Bildsäule des Gottes, sitzend und ganz von Gold, nebst
goldenem Tisch, Stuhl und Fußschemel habe in ihm ge=
standen und außerhalb des Tempels ein goldener und noch
ein anderer großer Altar —, aber sein Hauptinteresse wendet
sich doch hauptsächlich dem „in der Mitte des Heiligtums"
gebauten Tempelturm zu. Unter diesen Umständen ist es
von Wichtigkeit, aus Rassams Bericht über seine Auffindung
des Sonnentempels zu Sippar zu ersehen, daß dieser Tempel
ein auf einer Terrasse gelegener großer viereckiger Bau war,
von 1500' Länge auf der Südwestseite, und eine Reihe
langer, schmaler Gemächer, die um einen Zentralhof gruppiert
waren, umfaßte. Das eigentliche Heiligtum aber bildete
eine ziemlich in der Mitte sämtlicher Gemächer gelegene
große Gallerie von 100' Länge und gegen 35' Breite, in
welcher die Überreste eines großen, aus Backsteinen gefügten
Opferaltars, nahezu 30' im Gevierte, sich fanden. Ein
kleineres Gemach, in welches aus diesem Tempelraum eine
Thür führte, diente zur Aufbewahrung der wichtigsten
Tempelurkunden.

Die meisten großen Tempel hatten, wie es scheint,
einen Tempelturm (babyl. Ziggurrat), welcher in 3—7 nach
oben hin sich verjüngenden Terrassen etagenförmig aufstieg.
Außen angebrachte Treppen führten zu den einzelnen Ter=
rassen empor. Auf dem obersten Stockwerk befand sich ein
kleines Gemach, welches als Götterwohnung galt. Doch
hatte man mit diesen Türmen wohl auch einen praktischen
Zweck im Auge, nämlich den der Himmelsbeobachtung. Die
Tempeltürme dienten gleichzeitig als Sternwarten. Nach

den Überresten eines der ältesten Tempeltürme, nämlich jenes in Ur (Mugheir), zu schließen, erhob sich dieser auf einer Plattform von etwa 6 m Höhe. Alle hervorragenden Gebäude waren auf solchen Plattformen errichtet: man entging durch sie nicht allein dem Bereich der Überschwemmungen, sondern erhob sich zugleich über die Fieberlüfte wie über die Mückenschwärme, welche die Flußufer und das Überschwemmungsgebiet heimsuchten. Auch fühlte man auf der Höhe dieser weiten Terrassen, zu welchen breite Treppen emporführten, schon kühlere Lüfte. Auf der Plattform stand das erste Stockwerk, 56,6 m lang, 38 m breit, die Ecken genau nach den vier Himmelsgegenden gerichtet, wie wir das bei allen Tempelterrassen (z. B. auch in Erech) und bei den Stadtmauern finden. Noch jetzt etwa 7,7 m hoch, muß es ursprünglich wenigstens 11 m gehabt haben. Es ist mit breiten, getrockneten Backsteinen gebaut und außen mit gebrannten verkleidet; jede Langseite hat 9, jede schmälere 6 Strebepfeiler, alles mit Erdpech zementiert. Auf der nordöstlichen Seite führte eine Treppe, über 2 m breit, auf die Höhe des Stockwerks, wahrscheinlich auch eine auf der südöstlichen. (Reste einer Marmortreppe, welche von der Plattform aus emporführte, wurden nur in Eridu gefunden.) Schmale, schießschartenähnliche Öffnungen sind in die Mauern eingelassen, um der Luft Zutritt zu verschaffen und so das Gebäude trocken zu erhalten. Auf diesem ersten Stockwerk stand ein zweites, nahezu eben so hoch, aber nur etwa 34 m lang, 21,4 m breit, jedoch nicht genau in die Mitte des untern gestellt, sondern etwas gegen Nordwesten gerückt. Nach den Aussagen der Araber soll noch vor fünfzig Jahren auf diesem zweiten Stockwerk ein drittes, viel kleineres mit einer Art Kammer gestanden haben. — Noch besser sind wir über den den 7 Planeten geweihten Tempelturm des

Nebotempels in Borsippa unterrichtet, nämlich durch Herodot im Verein mit den dermaligen Überresten (Ruine Birs Nimrud). Nach Herodot war der Turm fest von Stein, in der Länge und Breite eines Stadiums. Auf diesem Turm habe sich ein anderer, und auf diesem wieder ein anderer, bis zu acht Türmen, erhoben. Auf einer von außen um

fig. 5. Der Trümmerhügel Birs Nimrud.

alle diese Türme ringsherum führenden Treppe mit einem etwa in der Mitte angebrachten Ruhepunkt mit Sitzen zum Ausruhen sei man hinaufgestiegen. In dem letzten Turm sei ein großer Tempel gewesen, mit einer großen wohlgebetteten Ruhestätte und einem goldenen Tisch daneben. Heutzutage beträgt die Höhe der Ruine 46 m, der Umfang ihrer Grundfläche über 700 m. Auch erscheint es nach den gefundenen Überresten wahrscheinlich, daß die einzelnen Stockwerke, von welchen die drei unteren etwas höher waren als die oberen, je mit verschiedenfarbigen Backsteinen oder Metallplatten überzogen waren, den Gottheiten entsprechend, welchen der Turm geweiht war (als Farben von unten nach oben werden angenommen: Schwarz — Saturn, Orange — Jupiter, Rot — Mars, Gold — Sonne, Weiß — Venus, Dunkelblau — Merkur, Silber — Mond).

Der Eindruck dieser Türme, deren Spitze, wenigstens in späterer Zeit, mit einem Kranze blauglasierter Backsteine geschmückt und auch sonst auf das Reichste verziert war, war jedenfalls ein sehr eigenartiger, wohl auch imposanter, wenn auch vielleicht von eigentlicher Schönheit nicht die Rede sein kann. Aus dem Tempelturm von Borsippa wird geschlossen werden dürfen, daß auch die alten Ziggurrat, z. B. von Ur, äußerer architektonischer Verzierung nicht gänzlich ermangelten, und die in den Ruinen der Türme von Ur und Eridu gefundenen blau-emaillierten Ziegel, schön geschnittenen Achat-, Marmor- und Alabasterstücke, kupfernen Nägel u. s. w. dürfen wohl als Beweis dafür gelten.

Was die Bildhauerkunst der alten Babylonier betrifft, so würden für diese in allererster Linie die von de Sarzec in Tel Loh gefundenen Statuen in Betracht kommen: vier stehende Figuren mit Inschriften auf Brust und rechter Schulter und vier sitzende, leider kopflose Figuren, eine größere und drei kleinere, von welch letzteren zwei auf den Knieen einen Plan mit der Zeichnung einer Stadt oder Burg sowie, wie es scheint, einen Maßstab enthalten, alle vier mit langen Inschriften Gudeas, welche das Kleid unterhalb der Kniee sowie den Rücken bedecken. Da indes die Zeit, aus welcher diese von hoher Kunstentwickelung Zeugnis ablegenden Statuen stammen, nicht feststeht, indem die einen diese Kunstdenkmäler für sehr alt, die andern für sehr jung halten, so erscheint es geraten, auf die Entwickelung der Skulptur in Altbabylonien noch nicht näher einzugehen. Nur so viel mag hier bemerkt werden, daß die wenigstens in das zweite Jahrtausend v. Chr. zurückgehende Statue des Sonnengottes zu Sippar, nach deren zu Nabu-bal-iddinas Zeit aufgefundenen Relief-Abbildung Nabu-bal-iddina eine neue Statue, geschmückt mit Gold und Lapis lazuli, anfertigen ließ, nach der uns von letzterer aus Sippar überkommenen Relief-Darstellung auf eine in jener alten Zeit schon sehr weit vorgeschrittene Entwickelung der bildenden Künste hinführt. Wir sehen da den Sonnengott auf einem von Cherubim (?) gestützten Thronsessel sitzen: sein Haupt ist mit der Tiara bedeckt, die linke Hand umfaßt den über die Brust lang niederwallenden Bart, die rechte Hand hält einen Stab und einen Ring, die Füße ruhen auf einem Schemel, der ganze Körper aber vom Hals bis an die Knöchel ist mit einem von Wellenlinien bedeckten Gewebe umhüllt, ein Symbol vielleicht der Ströme des Lebens, welche vom Sonnengott ausgehen. Antlitz, Hände, Füße, Gewandung sind ebenso wie der Thronsessel auf das Sorgfältigste ausgeführt, die ganze Kolossalstatue macht den Eindruck ruhiger Kraft und Ehrfurcht gebietender Majestät.

In der **Töpferkunst** hatten es die Babylonier ziemlich weit gebracht. Dies zeigen ihre Trinkgefäße, ihre Lampen und andern Geräte, welche zum Teil mit schöner Glasur versehen sind. Auch einzelne Tafeln mit modellierten Figuren in halberhabener Arbeit finden sich. Von besonderem Interesse sind die als Särge benützten großen Thongefäße von nahezu 1 m Tiefe. Dieselben haben teils die Gestalt eines großen länglichen Schüsseldeckels und waren zur Bedeckung des Leichnams bestimmt, teils gleichen sie großen Glasglocken und dienten, je zu zweit an ihren offenen Enden in einander geschoben und verkittet, zur Aufnahme des Leichnams. Es scheint, daß die Babylonier schon von ältester Zeit her einzelne Plätze hatten, an welchen sie mit besonderer Vorliebe ihre Toten begruben, und daß diese Plätze bis in sehr späte, selbst nachpersische Zeit fortfuhren, als Begräbnisstätten zu dienen. Ebendeshalb ist die Frage, welcher Zeitperiode die aus den weiten Totenfeldern bei Mugheir, Warka, Tel-el-Lahm, Niffer und anderwärts stammenden Thonsärge zuzuweisen sind, oft sehr verwickelt.

Daß auch die Gravierkunst schon ziemlich weit vorgeschritten war, lehren die weiterhin zu erwähnenden cylindrischen Siegel oder Siegelcylinder. Sie waren meist aus Serpentin, Jaspis, Chalcedon 2c. gefertigt, der Länge nach durchbohrt und mit einer beweglichen metallenen Achse versehen, an welche sich ein Handgriff anschloß, mittels dessen sie über die Thontafeln hingerollt werden konnten. Im Hinblick auf die bis jetzt aufgefundenen, ziemlich rohen steinernen und bronzenen Instrumente erscheint das, was sie mit ihnen zu stande brachten, oft geradezu staunenswert.

In der Metallurgie sehen wir die alten Babylonier noch ziemlich auf der Stufe der Kindheit. Immerhin zeigen ihre Schmucksachen aus Gold, Kupfer, Zinn, Blei und Eisen schon einigen Geschmack. Die Verfertigung der Bronze war ihnen ebenfalls geläufig.

Über die Textil-Industrie, die Spinnerei, Weberei, Wirkerei der alten Babylonier haben wir nach den vorhandenen Nachrichten keine genaue Kenntnis. Doch dürfen wir aus Abbildungen von Königen und anderen Personen schließen, daß diese Industrie bereits sehr entwickelt war. Vgl. auch Jos. 7, 21, wo von einem „schönen babylonischen Mantel" die Rede ist, welcher die lüsternen Blicke Achans reizte.

Auch aus den prachtvoll gestickten Kleidern der assyrischen Könige (s. S. 134) darf wohl für die Entwickelung dieses kunstgewerblichen Zweiges bei den Babyloniern ein vorteilhafter Schluß gezogen werden.

Indem wir weiter zu den Arbeiten der Babylonier auf dem Gebiete der Wissenschaft übergehen, verdient, als die Voraussetzung aller Wissenschaften, die Schreibkunst in erster Linie kurze Besprechung. Die von den Babyloniern erfundene Schrift war von Haus aus lineare und zwar ziemlich rohe Bilderschrift. Infolge der Verwendung weichen Thones als Schreibmaterial und des Gebrauches vierkantigprismatischer, an ihrem Ende rechtwinklig abgeschnittener (hölzerner) Schreibgriffel bekamen die Linien an ihrem Kopfende jene dreikantig-pyramidale Vertiefung, welcher die

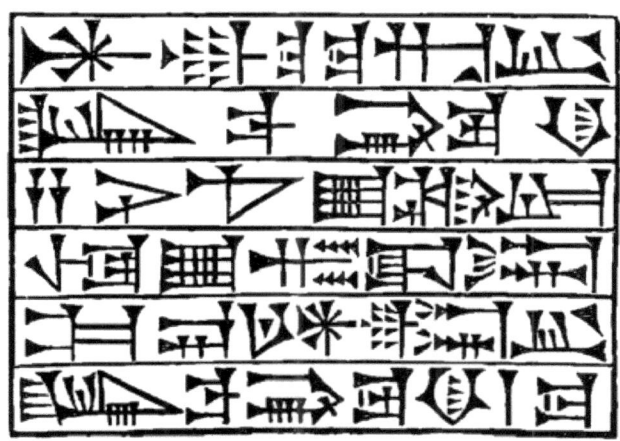

Fig. 6. Keilinschrift mit altbabylonischen Charakteren.
(„Nebukadnezar, König von Babylon, Ausschmücker der Tempel E-sagila und E-zida, erster Sohn Nabopolassars, Königs von Babylon, bin ich.")

babylonisch-assyrische Schrift ihre Bezeichnung als Keilschrift verdankt. Ihrem Wesen nach war diese Schrift ursprünglich rein ideographisch, d. h. die einzelnen Zeichen oder Zeichengruppen bedeuteten ganze Wörter, gleichviel ob diese ein-, zwei- oder mehrsilbig waren, z. B. Haus, Berg, Stern, essen. Aus der ideographischen Schrift entwickelte sich dann weiter eine Silbenschrift, indem man die Bedeutungen der Ideogramme, insoweit sie einsilbig waren, als Zeichen für die betreffenden Silben schlechtweg verwendete: auf diese Weise wurden Zeichen für Silben wie kar, kir, kur, aber auch solche für ka, ki, ku u. s. w. geschaffen. Dieser Schritt der Schriftentwickelung kommt uns jetzt sehr einfach, natürlich und leicht vor. Daß er aber dies letztere für die Babylonier nicht gewesen, zeigt sich daran, daß sie in ältester Zeit unglaubliche Mühe und staunenswerten Scharfsinn daran verschwendet haben, mit Hilfe reiner Ideographie auszukommen. Sie erfanden darum behufs Wiedergabe solcher Wörter, welche in die Unterschiede der Kasus, der Zeiten u. s. f. eingetreten waren, d. h. also von Wortformen, ein fein ausgeklügeltes System von Zeichen-Exponenten, welche den Ideogrammen vor- oder nachgesetzt wurden, um dadurch die Form des Wortes in dem jedesmaligen Zusammenhang zu bestimmen. Obwohl dieses System, in welchem man die „sumerische Sprache", die Sprache der ältesten, vorsemitischen Bewohner Babyloniens, erkennen will, den Zweck jeder wahren Schrift, nämlich unzweideutige Darstellung des in Worte gefaßten Gedankens, auch nicht entfernt erreichte, wurde es doch, wohl gerade wegen seiner Schwerverständlichkeit und Schwererlernbarkeit, also wegen des ihm eignenden geheimnisvollen Charakters, unter allerlei Modifikationen in den Priesterschulen beibehalten, neben dem anderen einfacheren System gelehrt und gelernt, kurzum es blieb ein Stück der sich forterbenden Priesterweisheit.

Das Hauptmaterial, auf welches man schrieb, bildete der Thon, der in mannigfaltigste Form von Backsteinen,

Thontafeln, Thoncylinder, Thouprismen, Thonkegeln gebracht war. Die Backsteine enthalten gewöhnlich nur den Namen und Titel des Erbauers, sowie Namen und Zweck des Gebäudes, zu welchem sie Verwendung fanden. So liest man z. B. auf den Ziegelsteinen aus den Ruinen von Ur häufig die Aufschrift: „Ur-Gur, König von Ur, der Erbauer des Tempels des Mondgottes." Die Thontafeln

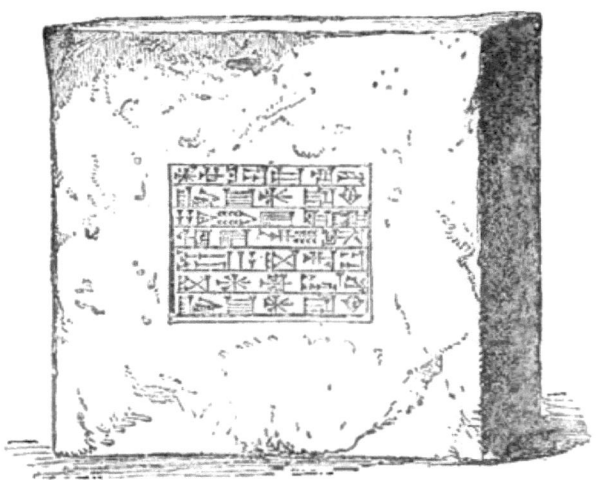

Fig. 7. Backstein Nebukadnezars.

sind von denkbar verschiedenster Länge und Breite und wurden auf beiden Seiten, zumeist sehr eng, beschrieben. Nachdem sie beschrieben waren, wurden sie gebrannt oder auch bloß getrocknet. Zum Unterzeichnen, Siegeln eines juristischen Schriftstücks, eines Kaufs-, Verkaufs-, Mietsvertrags u. dgl., diente das Siegel, von welchem Herodot sagt, daß jeder Babylonier ein solches besessen. Auch diese Siegel hatten mancherlei Form, zumeist jedoch die eines Cylinders aus mehr oder weniger wertvollem Stein, seltener aus Metall. Dieser Siegelcylinder wurde über das noch weiche Thontäfelchen gerollt, und nur wer kein Siegel besaß, begnügte sich mit dem Eindruck seines Fingernagels. Ebenso war es in Assyrien. Besonderes Interesse erwecken babylonische Täfelchen, welche innerlich hohl sind und in ihrem Innern ein zweites kleineres Täfelchen bergen, welches den Inhalt der Außenseite noch einmal in Kürze mitteilt.

Thonprismen, Thoncylinder und Thonkegel waren für die wichtigeren Schriftstücke, für Staatsurkunden, für Königsinschriften u. dgl. vorbehalten. Sie wurden mit Vorliebe von den babylonischen (wie auch assyrischen) Königen zur Verewigung ihrer Thaten benützt, in sorgfältigster Weise beschrieben und dann, zumeist in mehreren gleichlautenden Exemplaren, in die Ecken der Fundamente der Paläste und Tempel eingemauert.

Hartes Material diente wohl ausschließlich zu Inschriften monumentalen Charakters.

Die sehr verwickelte Schrift, vor allem die altheilige, vorwiegend ideographische Priesterschrift samt den in ihr geschriebenen Litteraturwerken, vernotwendigte für Lehrer und Lernende die Abfassung einer großen Zahl von Zeichenlisten, Wörtersammlungen, Texterklärungen u. dgl., und diese gaben weiter die Veranlassung zu systematischen Zusammenstellungen verschiedener Wortklassen, wie z. B. von Tier-, Vögel- und Insektennamen, von Stein-, Baum- und Pflanzennamen, von Stern- und Götternamen, welche uns, über ihren ersten graphischen Zweck hinaus, reiche Belehrung gewähren, indem sie uns in die Kenntnisse, welche die Babylonier auf dem und jenem Wissensgebiete besaßen, einen Einblick thun lassen. Tafeln, welche als sprachwissenschaftlichen Inhalts bezeichnet werden könnten, sind, wenn man die sumerische Sprache preisgiebt, eigentlich nur die sogen. Synonymenlisten.

3. Künste und Wissenschaften.

Die Kenntnisse der Babylonier in der **Medizin** sind nicht bedeutend zu nennen. Zwar finden wir gute und genaue Bezeichnungen der verschiedenen Teile des menschlichen Körpers, sogar auch Kenntnis einiger Eingeweide der Bauchhöhle, aber von eigentlichem anatomischem Wissen und von Heilkunst ist nicht viel erkennbar. Möglich wäre es ja, daß unter den aufgeführten Zauberpflanzen und -steinen sich ein oder das andere vegetabilische oder mineralische Arzneimittel befindet, aber sicher läßt sich dies nicht behaupten. Die ärztliche Kunst lag eben ausschließlich in den Händen der Priester, der Magier, und so blieben Amulete, Beschwörungen, heilige Waschungen, Einreibungen mit allerhand wundersamen Pflanzen und Säften, und sonstiger Hokuspokus am Krankenbette die gebräuchlichsten Mittel der Krankenbehandlung. Eine der vielen uns bekannten Beschwörungsformeln lautet:

„Böse Schwindsucht, arge Schwindsucht,
Schwindsucht, die den Menschen nicht verläßt,
Schwindsucht, die nicht auszutreiben ist,
Schwindsucht, die sich nicht entfernt, schlechte Schwindsucht,
Im Namen des Himmels sei beschworen, im Namen der Erde sei beschworen!"

Wahrhaft Großes haben die Babylonier in **Mathematik und Astronomie** geleistet.

Die Mathematik der Babylonier zeigt eine merkwürdige, geschickte Verschmelzung des Dezimal-Systems mit dem duodezimalen, indem sie die Zahl 60 (Soß) zum höchsten Zehner machten und als nächsthöhere Grundzahl 600 (Ner) und als höchste 3600 (Sar) festsetzten. Die zwei 1854 von Loftus in Senkereh gefundenen mathematischen Tafeln zeigen dementsprechend u. a. die folgenden Gleichungen:

I. Alt-Babylonien.

Soß.	Einer.		Soß.	Einer.
43	+ 21 = 51^2		1	+ 4 = 4^3
45	+ 4 = 52^2		2	+ 5 = 5^3
46	+ 49 = 53^2		3	+ 36 = 6^3
49	+ 36 = 54^2		5	+ 43 = 7^3
50	+ 25 = 55^2		7	+ 32 = 8^3

Und was man dem französischen Metersystem nachrühmt, daß alle seine Längen=, Flächen= und Körpermaße, wie die Gewichte auf einem und demselben Längenmaß beruhen, das findet sich schon bei den Babyloniern. Eine Elle von 525 mm war die Grundlage aller ihrer Maße. Diese Elle wurde in 60 Linien geteilt, welche den 60 Minuten des Grades entsprechen. Diese Elle mit 360, d. h. mit der Zahl der Grade des Kreises multipliziert, gab die Stadie = 189 m, das Maß des Weges. Der Fuß stand im Verhältnis zur Elle wie 3 : 5, faßte also 36 Linien oder 315 mm. Das über diesem Fuß konstruierte Quadrat ist die Grundlage aller Flächenberechnung, und der aus diesem Fuß gebildete Würfel (= 31,5 l) das Grundmaß aller Körpermaße. Das Gewicht eines solchen mit Wasser gefüllten Würfels (= 30,650 kg) bildet das Fundamentalgewicht, das Talent, welches wieder in 60 Teile geteilt wurde (= 510,83 gr), die Mine à 60 Drachmen (= 8,513 gr). — Auch die Einteilung des Kreises in 360 Grade, des Grades in 60 Minuten, und der Minute in 60 Sekunden stammt von den Babyloniern.

Was die Astronomie betrifft, so kann Babylonien unbestreitbar als eine Heimat dieser Wissenschaft bezeichnet werden. Eine große Masse von Keilschrifttexten ist astronomischen Inhalts: wir finden Tabellen über die Aufgangszeiten der Venus, des Jupiter und des Mars, Verzeichnisse der Mondsphasen von Tag zu Tag durch den ganzen Monat u. s. w., und eine Menge von Berichterstattungen über das Aussehen der Sonne, des Mondes und der Sterne, allerdings vielfach mit astrologischen Bemerkungen und Vorhersagungen durchsetzt, bezeugt, wie unermüdlich von den Babyloniern (wie von den Assyrern) der Himmel beobachtet wurde. Sie berechneten Mondfinsternisse und beobachteten Sonnenfinsternisse. Vor allem aber — und dies ist das allgemein Interessanteste — waren es die Babylonier, welche die Ekliptik in zwölf Teile teilten und diese zwölf Teile mit den auch uns noch geläufigen Namen der zwölf Zeichen des Tierkreises benannten. Daß der Tierkreis babylonischen Ursprungs sei, hat man zwar schon früher vermutet und geglaubt, aber im einzelnen bewiesen worden ist es erst ganz neuerdings durch die Arbeiten Eppings, Straßmaiers und Jensens. Wir wissen jetzt nicht allein, daß die Namen Widder, Stier, Zwillinge, Löwe, Ähren (=Stern), Skorpion, Ziegenfisch, Fisch schon lange vor der griechischen Zeit in Assyrien und später in Babylonien für die Bilder des Tierkreises in Gebrauch waren, sondern Jensen hat auch gezeigt, warum der Skorpion, die Ziege mit Fischschwanz u. s. w. der westlich vom Stier befindlichen Reihe von Tierkreisbildern zugehören. In dem babylonischen Mythus von der Weltschöpfung, näher von der Besiegung Tiamats durch Merodach, den Gott der Früh- und Frühlingssonne und Sohn des Gottes Ea (s. oben S. 46 f.), liegt der Hauptsache nach der Ursprung der Zeichen des Tierkreises beschlossen. Das Symbol Merodachs ist der Stier, das seines Vaters Ea der Fisch. In alter Zeit, um 3000 v. Chr., stand die Sonne zu Frühlingsanfang im Stier, in der Zeit vor Frühlingsanfang in den Fischen. Hierdurch ist klar, einmal, daß Stier und Fische, ersterer als Zeichen des Tierkreises, einer der letzteren (wohl der westliche) als Sternbild babylonischen Ursprungs sind, und weiter, daß beider Ursprung in die eben angegebene Zeit zurückreicht. Dazu stimmt, daß die Sonne in ebenjener Periode zur Zeit der Sommersonnenwende im Löwen stand, welcher die glühende Hitze der Sommersonne versinnbildlichte, zur Zeit der Wintersonnenwende dagegen im Wassermann, dem Sinnbild der Regenzeit des Jahres. Auch der Name der Spica oder „Ähre", des Hauptsterns der Jungfrau, geht leicht erweisbar mindestens in gleich hohe Zeit zurück. Als die Babylonier den Tierkreis nun in zwölf Teile teilten und diese mit zwölf Namen zu benennen hatten, knüpften sie an den vorhin genannten Mythus von Merodach und Tiamat an. Der Gott Merodach besiegte Tiamat und die in ihr lebenden, ihr verbündeten mischgestaltigen Ungeheuer: Skorpionmensch, Hippokentaur (s. hierfür Berossos), Ziegenfisch, Fischmensch, Widder u. a. Dementsprechend ließ man Merodach alljährlich seine Heldenlaufbahn beginnen, d. h. im Sternbild des Stiers als Frühjahrssonne stehen, nach vorheriger Überwindung der sinnig in die „Meer- und Wassergegend des Fixsternhimmels", den Bereich Eas, verlegten Tierkreiszeichen des Skorpion (Skorpionschere[n] und Skorpion), Centaur (Schütze), Ziegenfisch, Fisch (gemeint ist der östliche Fisch) und Widder. Für den letzteren schuf man Platz, indem man ihm den Hinterteil des Stiers abtrat, welcher ebendeshalb nur als halber Stier erscheint. Die Benennung der Scheren des Skorpion mit dem Namen „Wage" datiert aus dem letzten vorchristlichen Jahrtausend, als die Sonne zur Zeit der Herbst-Tag- und Nachtgleiche, also zu der Zeit, wo nach babylonischer Redeweise „Tag und Nacht sich wägen, das Gleichgewicht halten", in den Scheren des Skorpion stand.

Auch ein Wort über die Zeitrechnung der Babylonier (Assyrer) finde gleich hier seinen Platz! Die Babylonier

3. Künste und Wissenschaften. 69

rechneten in ihrem bürgerlichen Leben nach Mondjahren (welche ursprünglich etwas mehr als 354 Tage betragen), sie kannten aber auch sehr wohl das wirkliche astronomische Sonnenjahr, das sie auf 365¼ Tage berechneten, und ließen, um ihre aus dem Mondjahr hervorgegangene Jahresberechnung zu 12 Monaten mit je 30 Tagen in Übereinstimmung mit dem Sonnenjahr zu bringen, dem 12., wohl auch 6. Monat gelegentlich einen Schaltmonat folgen. Die Tage des Monats wurden in fortlaufender Reihenfolge von 1—30 gezählt. Als unter der persischen Oberherrschaft die babylonischen Monatsnamen in Vorderasien amtliche Geltung erhielten, kamen sie bekanntlich auch bei den Juden in Gebrauch und sind es bis auf den heutigen Tag geblieben. Die letzte Rubrik der hier folgenden Monats-Übersicht nennt die Gottheiten, welchen die einzelnen Monate bei den Babyloniern geheiligt waren.

Babylonische Monatsnamen	Jüdische	Anfang nach unserem Kalender	Gottheiten
1. Nisanu	Nisan	Mitte März	Anu und Bel
2. Aru (Ajaru)	Ijjar	April	Ea
3. Sivanu	Sivan	Mai	Sin
4. Duzu	Tammuz	Juni	Adar
5. Abu	Ab	Juli	Der „Herr mit der geraden Waffe"
6. Ululu	Elul	August	Istar
7. Tisritu	Tisri	September	Samas
8. Arach-savna	Marchesvan	Oktober	Marduk
9. Kis(i)livu	Kislev	November	Nergal
10. Tebetu	Tebet	Dezember	Papsukal
11. Sabatu	Sebat	Januar	Ramman
12. Addaru	Adar	Februar	Der „Siebente der großen Götter"

Die Monate waren im großen und ganzen so fest an die hier genannten Götter verteilt, daß bei den Assyrern der Gott Asur mit dem Schalt-Adar (Weadar) sich begnügen mußte.

Der Nisan scheint bei den Babyloniern schon seit ältester Zeit der erste Monat des Jahres gewesen zu sein; indes finden sich auch Anzeichen für den Jahresanfang mit dem Herbst an Stelle des Frühlings.

Daß die Babylonier ihren bürgerlichen Tag mit dem Aufgang der Sonne angefangen haben, sagen uns die Alten ganz übereinstimmig. Der babylonische Tag war der Zeitraum zwischen zwei Sonnenaufgängen. Die Nacht teilten sie in drei „Wachen": die „Wache des Aufgangs der Gestirne", die „mittlere Wache" und die „Morgenwache" (vgl. Richt. 7, 19).

Zum Schlusse dieses Kunst und Wissenschaft der Babylonier behandelnden Abschnitts wird in Zukunft auch der babylonischen Rechtswissenschaft eingehender gedacht werden müssen. Denn in der großen Menge privatrechtlicher Urkunden aus der Zeit Hammurabis wie auch aus der neubabylonischen Zeit bis weit hinab über Chrus ist uns reiches Material überkommen zur Erkenntnis der Grundsätze und Handhabung des babylonischen Rechtes in seinen mannigfachen Zweigen. Da indes diese zum Teil sehr schwierigen Studien ebenjetzt erst angebahnt werden, so müssen wir uns auf wenige Andeutungen beschränken. Es genüge darauf aufmerksam zu machen, daß die Babylonier genaue Gesetze hatten in Bezug auf das Eigentum, das liegende, bewegliche wie das lebende (Sklaven), und dessen Kauf oder Verkauf, Er- oder Vermietung, Tausch und Verpfändung, in Bezug auf Darlehen und Zurückerstattung von Geld; desgleichen Gesetze für Eheschließung und Ehescheidung, für Adoption und Erbfolge; ferner, daß für Diebstahl, Verrückung der Grenzsteine, Ehebruch und andere Vergehen harte und härteste Strafen, unter Umständen die Todesstrafe, vorgesehen waren, und daß die babylonischen Tribunale, an deren Spitze ein Oberrichter (Sartenu) stand, über diesen durch zwei Jahrtausende hindurch beobachteten und ebendeshalb als heilig, selbst für den König unverbrüchlich geltenden Gesetzen streng wachten. Um wenigstens Ein konkretes Beispiel anzuführen, so bestimmt das altbabylonische Gesetz: „Wenn ein Weib ihren Mann haßt und spricht: Du bist nicht mein Mann, so wirft man sie in den Fluß", und wiederum: „Wenn ein Mann zu seinem Weibe spricht: Du bist nicht mein Weib, so zahlt er eine halbe Mine Silber". Eine Urkunde aber aus dem 41. Jahr Nebukadnezars lautet (dem Hauptinhalte nach): „Nabu=ach=ibbina sprach zu Dalilessu also: Banat=esaggil, deine Tochter, gieb mir zum Weib. Dalilessu willfahrte ihm und gab die Banat=esaggil, seine Tochter, zur Ehe. Wenn Nabu=ach=ibbina die Banat=esaggil entlassen und eine andere heiraten wird, soll er ihr sechs Minen Silber geben und sie kann gehen, wohin sie will. Wenn die Banat=essagil fremden Umgang pflegt, soll sie durch eisernen Dolch sterben. Die Unabänderlichkeit (dieses Vertrags) haben sie bei Nebo und Merodach, ihren Göttern, und bei Nebukadnezar, ihrem Herrn, beschworen." Man erkennt unschwer, daß jene alten Gesetze, wenn auch nicht ganz nach ihrem Wortlaute, so doch nach ihrem Sinn und Endzweck noch zur Zeit Nebukadnezars volle Geltung besaßen, und die nämliche Beobachtung wiederholt sich bei einer Reihe anderer Fälle.

4. Geschichte.

a) Bis Hammurabi (um 2250 v. Chr.).

Die älteste Geschichte Babyloniens bis zur Zeit Hammurabis ist noch immer mit einem dichten Schleier bedeckt, welcher zwar da und dort etwas gelüftet ist, aber doch nur flüchtige Blicke in jene weit zurückliegende Zeit gestattet. Und dabei haben wir nicht etwa die alleräleste Zeit im Auge, als deren größtes Ereignis die schreckliche Katastrophe der ganz Babylonien verheerenden „Sintflut" in der Erinnerung fortlebte, wie denn die Keilschriftdenkmäler und im Anschluß an sie Berossos Könige Babyloniens vor und nach der Flut unterscheiden, sondern wir meinen jene älteste Zeit, welcher Könige angehören, von denen wir Städte, Bauten und Inschriften besitzen, und deren historischer Charakter ebendeshalb unbestreitbar ist. Aber die Lücken zwischen den einzelnen uns bekannten Königen sind doch noch zu groß, als daß es möglich wäre, für diesen ersten Abschnitt der babylonischen Geschichte mehr als vereinzelte Notizen zu geben.

Die ältesten uns verfügbaren Daten der babylonischen Geschichte führen nach Nordbabylonien. Sie lehren, daß wie im Süden, so auch im Norden Babyloniens von ältester Zeit her Städte existierten und aus diesen Städten, welche alle ihre besonderen Stadtgottheiten hatten, sei es auf friedlichem oder häufiger wohl kriegerischem Wege, größere Verbände oder Staaten sich bildeten. Das Fragment einer Regenten=Chronik Babylons läßt schließen, daß Könige von Babylon, wie z. B. Abil=Kis, in das vierte Jahrtausend v. Chr. zurückgehen; und die Angabe Nabonids, daß Naram=Sin, der König von **Agane**, 3200 Jahre vor ihm (um 550) regiert habe, was für Naram=Sins Vater, Sargon, das

Datum 3800 v. Chr. ergiebt, mag vielleicht nicht peinlich genau sein, aber allzusehr von der Wahrheit wird sie sich auch nicht entfernen.

Sargon (Sarru-kenu d. i. „der wahre, rechte König"), um 3800 v. Chr., wird von Nabonid „König von Babylon" genannt; er wird also diese Stadt mitbeherrscht haben, wie denn eine Vase seines Sohnes Naram-Sin in Babylon gefunden wurde und von Königen Babylons aus dem Anfang des ersten vorchristlichen Jahrtausends berichtet wird, daß sie „im Palast Sargons" beigesetzt worden seien. Aber der Hauptsitz seiner Herrschaft war Agane (Agade). Die Stadt ist bis jetzt noch nicht wieder entdeckt, und nur so viel ist sicher, daß sie in Nordbabylonien und zwar nicht allzuweit von Babylon entfernt lag. Daß sie eins sei mit Akkad, ist unbewiesene Hypothese, und die weitere Annahme, daß sie auch „Sippar Anunits" genannt worden sei, beruht auf einem Irrtum. Sargon ist der Begründer des Tempels E-ulbar von Agane, des Tempels der Anunit, der Göttin des Morgensterns, welcher mit dem bis auf Zabum (um 2340) zurückzuverfolgenden Tempel E-ulbar ebendieser Göttin in „Sippar Anunits" nur den Namen gemein hat. Er baute auch die nordbabylonische, auf dem sogen. Isthmus gelegene Stadt Dur-Sarrukin, ein zweiter Beweis dafür, daß seine Herrschaft nicht auf die Stadt Agane und deren Weichbild beschränkt war. Dies die wirklich historischen Thatsachen, welche für Sargon zu verzeichnen sind. Auf einer astrologischen Tafel, die uns überkommen ist, finden wir an bestimmte Erscheinungen des Mondes Bemerkungen geknüpft, welche die Bedeutung jener Vorzeichen durch Ereignisse aus Sargons und Naram-Sins Regierung erläutern. Auf dieser Tafel nun, welche einem alten babylonischen Werke über Astrologie entnommen sein dürfte, wird von Sargon erzählt, daß er einen siegreichen Feldzug nach Elam unternommen, daß er das Westland besiegt, die „vier Weltgegenden" erobert habe; daß er eine Stadt gebaut habe; daß er wider das Land Kazalla gezogen sei, das sich gegen ihn empört hatte und zur Strafe dafür von Grund aus vernichtet wird; daß die Ältesten seines Landes wider ihn aufgestanden seien und ihn in Agane eingeschlossen hätten, er aber einen Ausfall gemacht und die Empörer geschlagen habe. Auch von einer Besiegung des Landes Subartu ist die Rede, desgleichen davon, daß er über Babylon die Herrschaft gewonnen habe. Alle diese Mitteilungen enthalten nichts, was undenkbar wäre, im Gegenteil: manche von ihnen wird von anderer Seite her bestätigt. Wenn aber ebendiese Tafel erzählt, daß Sargon das Westmeer überschritten, drei Jahre lang im Westen Eroberungen gemacht und Bildnisse von sich aufgestellt habe, so ist es doch recht angezeigt, sich den Charakter jener Tafel als einer astrologischen gegenwärtig zu halten. Auch sonst haben wir Beweise, daß die Gestalt Sargons, welcher als ein großer und gerechter König in der Erinnerung des babylonischen Volkes allzeit lebendig geblieben ist, von Legenden umrankt wurde. Wir meinen die Aussetzungsgeschichte Sargons, welche lautet: „Sargon, der mächtige König, der König von Agane, bin ich. Meine Mutter war fremd (?), meinen Vater kenne ich nicht, der Bruder meines Vaters ..... der Stadt Azupiranu, die am Euphrat gelegen. Meine Mutter, die Fremde (?), ward schwanger mit mir, heimlich gebar sie mich. Sie legte mich in ein Körbchen von Schilfrohr, verschloß mit Erdpech meine Thür, warf mich in den Strom, der nicht über mich wegging. Es trug mich der Strom, zu Akki, dem Wasserträger, brachte er mich. Akki, der Wasserträger, brachte mich freundlich aus Land; Akki, der Wasserträger, zog mich auf als sein Kind; Akki, der Wasserträger, machte mich zu seinem Gärtner. Während ich Gärtner war, gewann mich lieb die Göttin Istar ..... Jahre führte ich die Königsherrschaft. Alle Schwarzköpfigen (d. i. Menschen, speziell Babylonier) unterwarf und regierte ich", u. s. w. Die Legende scheint wenigstens so viel zu bestätigen, daß Sargon, was schon sein Name verrät, den Thron nicht ererbt hat.

Sargons Sohn **Naram-Sin** („Liebling Sins"), um 3750 v. Chr., baute ebenfalls am Tempel E-ulbar von Agane und gründete den Sonnentempel in Sippar: die von ihm in das Fundament des letzteren Tempels gelegte Urkunde wurde erst von Nabonid, dem letzten babylonischen König, wieder ans Licht gebracht. Auf der oben erwähnten Vase nennt sich Naram-Sin mit dem einzigen Titel „König der vier Weltgegenden". Es könnte hiernach scheinen, als habe er die Herrschaft über den ursprünglich von Agane unabhängigen Staat „der vier Weltgegenden" mit der Krone von Agane zu einem unzertrennlichen Ganzen verknüpft. Daß die Herrschaft über die vier Weltgegenden den Besitz von Sippar in sich schloß, läßt sich weder behaupten noch verneinen, da uns als einzige, dem alten Staate der vier Weltgegenden sicher zugehörige Stadt bislang nur Kutha bezeugt ist. Dagegen hatte Babylon nichts mit diesem Staate zu thun. Wenn Sargon und Naram-Sin über Babylon herrschten und wenn Naram-Sin, wie ein von den Amerikanern gefundener Backstein lehrt, auch in Nippur Herr war, so beweist dies nur, daß die durch die Eroberungen des Reiches der vier Weltgegenden erstarkte Dynastie von Agane ihren Machtbereich noch weiter ausdehnte. Die unter Sargon angeführte astrologische Tafel erzählt, daß Naram-Sin gegen Apirak, die Königsstadt Ris-Rammans, gezogen sei, auch daß er vom Lande Makan Besitz ergriffen und seinen König gefangen genommen habe. Auch die Vase Naram-Sins enthält den Landesnamen Makan.

Mit Naram-Sin verlieren wir Nordbabylonien, speziell die Gegend um Babylon und Sippar, für viele Jahrhunderte aus den Augen. Statt dessen tritt Südbabylonien in unsern Gesichtskreis und in den Vordergrund unseres Interesses. Es kann ja wohl als sicher gelten, daß wir für die ältesten uns bekannten Könige von Ur und selbst für die ihnen voraufgegangenen „Issakus" von Sirpurla nicht zu so hohem Datum zurückgelangen, als es uns für Sargon bezeugt ist. Aber ebenso unzweifelhaft bleibt es, daß die Gründung der großen Städte Südbabyloniens in mindestens gleich alte Zeit zurückgeht, wie die der nordbabylonischen. Was aber mehr ist als dies, ist, daß für die Geschichte Babyloniens, seine politische und religiöse Entwickelung der Süden von höherer Bedeutung ist denn der Norden. Vom Süden ging die erste größere Staatenbildung aus, welche ganz Südbabylonien und einen Teil von Nordbabylonien umfaßte; die südbabylonischen Städte und obenan Ur, die Stadt des Mondgottes Sin-Nannar, waren Hauptmittelpunkte auch in religiöser Hinsicht. Den Ruhm der von den Königen von Ur ausgegangenen Gründung des Reiches von Sumer und Akkad verkünden noch die spätesten assyrischen Könige, indem sie in der Reihe ihrer glänzenden Titel obenan den Titel eines „Königs von Sumer und Akkad" nicht missen wollen, und trotz alles Wechsels der Zeiten umfing je und je die südbabylonischen Städte wie Ur, Larsam und Eridu eine gewisse Glorie als heillger Städte.

Auch in Südbabylonien bildeten ursprünglich die einzelnen größeren Städte besondere Gemeinwesen: jede Stadt hatte ihre spezielle Gottheit als Schutzgottheit, der Tempel der Stadt war das hervorragendste Gebäude, und an der

4. Geschichte.

Spitze ihrer Bewohner stand ein „von der Gottheit berufener" König. Fast alle hervorragenden Städte Süd- und Mittelbabyloniens, Ur, Larsam, Eridu, Sirpurla, Erech u. s. f. dürfen wir uns in der ältesten Zeit als solche kleinere selbständige Gemeinwesen denken. Aus Sirpurla besitzen wir sogar noch, dank den Ausgrabungen de Sarzec's, Urkunden einer Reihe von Stadtkönigen (bislang sind uns etwa drei mit Namen bekannt), welche noch völlig unabhängig scheinen und erst allmählich zu Patesis (besser: Issakkus, d. i. „Vertreter", in politischer Beziehung: „Statthalter") der Könige von Ur herabsinken. Schon frühzeitig mußte es dahin kommen, daß eine Stadt zu höherer Macht gelangte vor den ihr benachbarten Städten und Einfluß, Herrschaft über dieselben gewann, was, wie auf S. 24 bemerkt wurde, sich um so leichter vollzog, wenn die Gottheit der durch oder ohne Krieg um ihre Selbständigkeit gekommenen Stadt keine Einbuße an ihren Einkünften erlitt, wenn ihre Tempel sich der Fürsorge auch der neuen Herrscher erfreuen durften.

Die erste Stadt, welche wir zu solch höherer Machtstellung gelangt sehen, war Ur, und zwar zeigen uns die Denkmäler, welche wir besitzen, die Könige von Ur augenscheinlich schon auf dem Höhepunkte ihrer Macht und lassen hieraus auf einen noch bedeutend älteren Bestand der Königsherrschaft und des Reiches von Ur als etwa 2700 oder 2800 v. Chr. mit Sicherheit zurückschließen. Die beiden ältesten uns bekannten Könige von Ur, Ur-Gur und Dungi, sind bereits zugleich „Könige von Sumer und Akkad" („sumerisch" Lugal Kingi-Urdu), d. h. eine große Anzahl der südlichen und nördlichen Städte Babyloniens hat auf seine vollständige Unabhängigkeit Verzicht geleistet und folgt der Hegemonie der Stadtkönige von Ur.

Ur-Gur*) („Mann des Gottes Ea", Lesung noch unsicher), vielleicht um 2700 v. Chr., tritt uns in erster Linie als ein großer Baumeister entgegen. Überall baute er. Er baute in Ur den Mondtempel nebst dessen Tempelturm, desgleichen die Mauer von Ur. Auf Backsteinen jenes (?) Tempels lesen wir: „Dem Gotte Nannar (dem kräftigen, jungen Wildochsen des Himmels), dem ersten Sohn Bels, seinem König, hat Ur-Gur, der starke Held, König von Ur (König von Sumer und Akkad), das Haus hochehrwürdigen Fundaments, das Haus, das er lieb hat, gebaut." In Larsam fand Loftus ein Grab, dessen Backsteine besagen, daß Ur-Gur dortselbst dem Sonnengott seinen Tempel gebaut habe. In Nippur baute er dem Gott Bel seinen Tempel, ebendort auch der Göttin Belit. Endlich baute er der Göttin Istar (An-Ni) ihren unter dem Hügel Buwarieh begrabenen Tempel in Erech. Daß dieses „Bauen" nicht von erstmaligem Gründen jener Heiligtümer zu verstehen ist, ist wohl ohne weiteres klar, aber nicht minder gewiß ist, daß Ur-Gurs Neubauten auch solidere Fundamentierung dieser Tempel in sich begriffen. Die in den Gebäuden Ur-Gurs zu erkennenden Drainierungsarbeiten, bestimmt, die Feuchtigkeit fernzuhalten, bezeichnen ohne Zweifel einen Fortschritt der Baukunst zur Zeit dieses Königs gegenüber den von ihm vorgefundenen Bauten.

Sein Sohn und Nachfolger **Dungi**, „König von Ur, König von Sumer und Akkad", setzte die Tempelbauten seines Vaters fort: er vollendete unter anderm den von seinem Vater unvollendet gelassenen Turm des Mondtempels,

---

*) Das von uns Gur gelesene Ideogramm bezeichnet ebensowohl die Mutter Eas, „die Gebärerin Himmels und der Erde", als den Gott Ea selbst. Der Name bedeutet: „Diener Eas" (vergl. Namen wie Amel-Marduk „Mann (Diener) Merodachs").

restaurierte „der Herrin des Himmels, seiner Herrin, der Göttin Istar (An-Ri) das Himmelshaus" und baute eine große Mauer um dasselbe her. Auch in Tel Id bei Warka, einem noch nicht identifizierten babylonischen Ort, baute er einen Tempel. Unter Dungis Regierung begegnen wir einem Issakku von Sirpurla, welcher, bevor er seinem Vater Gudea in der Issakku-Würde folgte, für das Leben Dungis eine Stiftung machte. Von nicht minder hoher Wichtigkeit ist die Thatsache, daß Dungi auch in Kutha baute, nämlich den Nergal-Tempel, und sich bei diesem Anlaß den Titel „König der vier Weltgegenden" beilegt.

Wenn wir im Vorhergehenden als Regierungszeit Ur-Gurs und Dungis etwa das 28. Jahrhundert v. Chr. annahmen, wodurch die Könige von Sirpurla etwa in den Anfang des 3. Jahrtausends zurückversetzt werden, so ist dies lediglich eine Wahrscheinlichkeitsrechnung, dies deshalb, weil mit Dungi unsere Nachrichten über die Geschichte der Stadt Ur und des Reiches von Sumer und Akkad abbrechen. Da, wo die Originaldenkmäler wieder einsetzen, sehen wir die Herrschaft über Sumer und Akkad in Händen der Könige von Nisin, aber ob und wie viele Nachfolger Dungi gehabt und ob vor Nisin noch andere Städte die Hegemonie führten — diese und manche andere Fragen müssen zunächst noch unbeantwortet bleiben.

„König von Nisin, König von Sumer und Akkad" — diesen Titel führen drei uns bislang bekannt gewordene Könige, nämlich Libit-Anunit, Gamil-Adar und Isme-Dagan, vielleicht um 2500 v. Chr. Alle diese Könige lassen jenen ihrer Haupttiteln noch andere voraufgehen, durch welche sie sich als Oberhaupt, Ausschmücker, (gnädige) Herren u. dgl., also jedenfalls als Oberherren der Städte Nippur, Ur, Eridu und Erech dokumentieren. Die Hervor=

hebung von Ur hat ihren guten Grund. Der Begriff des Königtums „Sumer und Akkad" war von alter Zeit her dermaßen mit der Stadt Ur verwachsen, daß wir in den Inschriften der noch zu nennenden älteren Könige von Sumer und Akkad immer auch und zwar in allererster Linie Ur berücksichtigt finden: die Fürsorge für diese altehrwürdige Metropole Sumers und Akkads war mit der Würde eines Königs von Sumer und Akkad unzertrennlich verbunden. Auffallend ist nur, daß Ur erst an zweiter Stelle genannt, der Stadt Nippur also untergeordnet ist. Mancherlei läßt sich als Grund dieser Eigentümlichkeit der Königsinschriften von Nisin vermuten; jedenfalls bezeugt sie das außerordentlich hohe Ansehen, welches Nippur, die Stadt Bels, sich im Laufe der Zeit errungen. Backsteininschriften Isme-Dagans aus dem Tempel im südlichen Hügel von Ur lauten: „Isme-Dagan, der Ausschmücker von Nippur, das Oberhaupt Urs, die wahre Leuchte Eridus, Herr von Erech, (der mächtige König), König von Nisin, König von Sumer und Akkad, ... Liebling Istars" (An-Ni).

Isme-Dagan war der letzte König von Sumer und Akkad aus der Dynastie von Nisin. Sein unmittelbarer Nachfolger war Gungunum, König von Ur, um 2400. Obwohl wir von ihm zur Zeit nur diesen Einen Titel „König von Ur" kennen, gehörte er doch wahrscheinlich ebenfalls der sogen. **zweiten Dynastie von Ur** an, welche verschiedenen Anzeichen nach Nordbabylonien, speziell vielleicht der Stadt Nippur, entstammte, nach der Besitzergreifung von Südbabylonien (Ur, Larsam, Eridu) aber den Titel „König von Sumer und Akkad" nicht führte, sondern zu dem ihr in Nordbabylonien eignenden höchsten Titel „König der vier Weltgegenden" nur noch den des „Königs von Ur" hinzufügte. Wenn es dabei bleibt, daß Gungunum und die sofort zu nennenden Königsnamen Pur-Sin und Gamil-Sin wirklich niemals mit dem Titel „König von Sumer und Akkad" gefunden werden, so würde dies ein sicheres Anzeichen dafür sein, daß der Städteverband des Reiches „Sumer und Akkad" zu jener Zeit in die Brüche gegangen war; und wenn aus der nachdrucksvollen Weise, mit welcher jene Könige den Gott Bel in den Vordergrund stellen, auf Nippur als ihre Heimat geschlossen werden darf, so würde diese zweite Dynastie von Ur den Zusammenbruch von Sumer und Akkad selbst veranlaßt haben. Es ließe sich annehmen, daß Nippur, welches bis dahin stets zu Südbabylonien gehalten hatte, an Macht und Einfluß immer mehr erstarkend, die Herrschaft über das Reich „der vier Weltgegenden" gewonnen und sich infolge davon von dem südbabylonischen Reiche losgetrennt habe. Nippurs Beispiel folgend, würde sich auch Nisin wieder auf eigene Füße gestellt haben (ein König Isbigirra könnte dieser Periode angehören), und möglicherweise würde auch die Selbständigkeit Erechs, welches sich zur Hauptstadt eines eigenen kleinen Reiches Amnanum gemacht hatte und dessen einer König Sin-gašid hieß, in ebendiese Zeit des Verfalles des Reiches Sumer und Akkad zu verlegen sein. Sei dem indes wie ihm wolle — den uns bekannten Königen dieser nordbabylonischen Dynastie von Ur gelang es allem Anschein nach nicht, den vereinstigen sumerisch-akkadischen Städteverband als einheitliches Ganzes zu beherrschen. Der König Pur-Sin, welcher in Ur, desgleichen in Eridu zu Ehren des Gottes Ea Bauten ausführte, nennt sich: „der Berufene Bels, des Herrn der Erde, das Oberhaupt des Belstempels, der mächtige König, König von Ur, König der vier Weltgegenden." Und Gamil-Sin, welcher chronologisch den weiterhin aufzuführenden Königen am nächsten steht, giebt sich die Epitheta: „Liebling Bels, ein König berufen (?) von Bel, den sein Herz liebhat, der mächtige König, König von Ur, König der vier Weltgegenden."

Das alte Reich „Sumer und Akkad" halbwegs wieder geeint zu haben, ist das Verdienst der letzten südbabylonischen Dynastie, der Könige von **Larsam**, welche der zweiten Dynastie von Ur verwandt gewesen sein dürfte. Die beiden Hauptnamen sind Nur-Ramman („ein Licht ist Ramman") und Sin-idinnam, um 2300. Der erstere, „Hirte von Ur, König von Larsam", nennt sich weder selbst noch nennt ihn sein Sohn „König von Sumer und Akkad", doch scheint dies bloßer Zufall zu sein. Er baute in Ur südlich vom Tempel des Mondgottes ein Heiligtum E-nunmach dem Gotte Nannar. Der letztere, Nur-Rammans Sohn Sin-idinnam nennt sich: „der starke Held, der Ausschmücker von Ur, König von Larsam, König von Sumer und Akkad", „der König der Gerechtigkeit, welcher den Göttern Samas und Tammuz wohlgefällt." Er baute das Haus des Sonnengottes in Larsam, baute auch in Ur zu Ehren Nannars, vor allem aber grub er, nachdem er den „Feind" niedergebeugt und seinem Lande Ruhe verschafft hatte, den breiten Tigris(?)-Kanal und versorgte so die Hauptstadt seines Landes mit unversiegbarem Wasser in Überfluß. Auch sonst ließ er sich die Erneuerung, Verschönerung und Befestigung seiner Hauptstadt angelegen sein.

Der „Feind", von welchem Sin-idinnam spricht, war der Elamit, der nämliche Feind, welchem vielleicht eben unter Sin-idinnams Regierung die „Königsstadt" Nisin zur Beute fiel oder, wie Rim-Sin, der Elamit, sagen würde, welcher durch „die erhabene Waffe Anus, Bels und Eas" Nisin eroberte. Es war die Periode der **elamitischen Invasion**, von welcher wir durch Asurbanipal wissen, daß 1635 Jahre vor der Eroberung Susas durch die Assyrer (c. 650), also 2285 v. Chr., der Elamit Kudur=nanchundi „Hand an die Tempel des Landes Akkad gelegt, Akkad von oben zu unterst gekehrt und die Göttin Nana aus Erech nach Elam fortgeführt habe." Während aber die Anwesenheit der Elamiten in Akkad einem schnell vorübergehenden verheerenden Unwetter vergleichbar scheint, welches vielleicht über Erech ganz besonders grausam hinbrauste, also daß jene Schreckenstage noch lange in Erinnerung und Sage fortlebten, faßten in Südbabylonien die Elamiten festen Fuß. Die Ruhe, welche Sin=idinnam seinem Lande verschafft hatte, war nur von kurzem Bestand. Vielmehr sehen wir schon bald, etwa um das Jahr 2272, die Elamiten unter der Führung Kudur=Mabuks, des Sohnes Simti=silchaks, von Südbabylonien Besitz ergreifen. Kudur=Mabuk war nicht König von Elam, sondern Beherrscher(?) des elamitisch=babylonischen Grenzbezirkes, des elamitischen „Westlandes" Emutbal oder Jamutbal. Er trug auch nicht Verlangen, selbst König von Südbabylonien zu werden. Vielmehr begnügte er sich damit, „zum Dank für die Erhörung seines Gebetes durch Nannar" dem Mondgotte sein Heiligtum E=nun=mach in Ur zu bauen, und machte seinen Sohn unter dem, den Namen der letzten Könige von Ur und Larsam angepaßten, Namen Rim=Sin zum König von Larsam. Dieser **Rim·Sin** (c. 2272—2250), „der erhabene Hirte von Nippur, der Ausschmücker von Ur, König von Larsam, König von Sumer und Akkad", „der Hirte des Rechts, Statthalter Bels", wie ihn teils sein Vater teils er selber sich nennt, war der letzte der „Könige von Sumer und Akkad" älterer Zeit.*) Bestrebt, das alte

---

*) In die Zeit 2270—2250 müßte auch der 1 Mo. 14 erwähnte Zug des Elamiterkönigs Kedor=Laomer gegen die Völker des Jordanlandes und der südlichen Wüste verlegt werden, da neben dem König

südbabylonische Reich nach seinem einstmaligen Gesamt= umfange wieder unter seinem Zepter zu vereinigen, zog er hinauf wider Erech und „die Götter, Anu, Bel, Ea über= antworteten" ihm die Stadt, wie er sich rühmen darf. Aber bald sollte er einem Herrscher gegenüber sich finden, welcher größer und mächtiger war denn er, einem babylonischen Herrscher voll hoher nationaler Begeisterung, der sich zum Ziel gesteckt hatte, die fremden Eindringlinge zu verjagen, der Zerrissenheit Babyloniens ein Ende zu machen und Gesamtbabylonien zu Einem Reiche mit Babylon als poli= tischem und religiösem Mittelpunkte zu vereinen — dieser Mann war Hammurabi, König von Babylon.

b) Von Hammurabi bis zum Auftreten der „Chaldäer" (um 1000 v. Chr.).

Die Geschichte des Stadtkönigtums von Babylon, der Stadt Bel=Merodachs, geht weit in die Zeit vor Hammurabi zurück, doch wissen wir bislang nur, daß diejenige Dynastie, welcher Hammurabi angehörte, die I. Dynastie, wie wir sie auf Grund der „babylonischen Königsliste" zu nennen pflegen, aus Babylon selbst stammte und daß ihr Begründer Sumu=abi um 2400 v. Chr. gewesen. Es scheint ferner, daß Babylon dem Reich „der vier Weltgegenden" gegenüber sich stets als selbständiges Gemeinwesen behauptet hat, ihm weder unterthan wurde noch auch zeitweilig an seine Spitze trat. Auf alle Fälle waren die Könige „der vier Welt= gegenden", welche die sogen. zweite Dynastie von Ur bildeten,

---

von Sinear auch noch der König einer sicher babylonischen Stadt, nämlich Ellasar, genannt ist. Schrader denkt für Amraphel geradezu an Hammurabi und für Ellasar würde Larsam zur Vergleichung sich leicht genug darbieten. Indessen haftet der biblischen Erzählung noch immer mancherlei Bedenkliches an.

4. Geschichte.

sicher nicht zugleich Könige von Babylon. Auch das wird getrost behauptet werden dürfen, daß die Stadt Babel in der Zeit vor Hammurabi keinen erheblichen Einfluß sehr weit über die Grenzen ihres Gebietes, etwa gar über Südbabylonien ausgeübt hat: die von Haus aus gar nicht sehr hohe Stellung Merodachs im babylonischen Pantheon beweist es.

Die Namen der fünf Vorgänger Hammurabis auf dem Thron von Babylon lehrt unsere Königstabelle. Es ist nichts zu ihnen zu bemerken, als daß Sumula-ilu zu Ehren verschiedener Götter große „Mauern", im ganzen sechs, aufführte; daß seit Zabums Zeit (c. 2349—2335) der Sonnen- und der Annunit-Tempel in Sippar zu verfallen begann, Zabum also sie wohl zuletzt neu gebaut und folglich auch über Sippar geherrscht hat, und daß nach dem Namen seines Sohnes Abil-Sin (c. 2335—2317) eine Ortschaft Kar-Dur-Abil-Sin genannt war. Auch von Hammurabis Vater Sin-muballit (c. 2317—2287) haben wir keine nähere Kunde. Verhältnismäßig besser sind wir über seinen Sohn unterrichtet.

Hammurabi (auch Hammum-rabi) regierte nach einer Angabe Nabonids 700 Jahre vor Purnapurias, also etwa 2150. Es ist dies indessen wohl zu niedrig gegriffen; nach den Ansätzen unserer Tabelle dürfte er ungefähr 2287—2232 v. Chr. regiert haben. Hammurabi überkam den Staat Babylon ohne Zweifel in hoher Machtfülle: an Babylons Macht hatte sich, scheint es, der Ansturm der Elamiten unter Kudur-nanchundi gebrochen. Ob er oder schon sein Vater die Herrschaft über das Reich „der vier Weltgegenden" errungen und dieses mit Babylon zu einem politischen Ganzen vereinigt hat, wissen wir nicht. Jedenfalls bildete diese Erweiterung der Herrschaft Babylons die Vorstufe der

Herrschaft über Gesamtbabylonien. Diese letztere gewann Hammurabi auf dem Schlachtfeld, indem er Rim-Sins immer weiterem Vordringen nach Norden ein Halt gebot, Rim-Sin sowie den Beherrscher(?) von Jamutbal besiegte (vielleicht um 2250) und das ganze Land von den fremden Eindringlingen säuberte. Was aber unsere höchste Bewunderung erweckt, ist nicht sowohl, daß Hammurabi den Norden und Süden des Landes unter seinem Zepter vereinte, sondern vielmehr, daß es ihm gelang, das neue Reich auf so fester Grundlage aufzuführen, daß es bald zwei Jahrtausende unerschütterten Bestand hatte, daß er das ganze politische wie religiöse Leben durch Erhöhung Babylons zur Metropole des Landes in neue Bahnen lenkte und daß keine einzige der in alter Zeit hochberühmten und mächtigen Städte des Landes jemals den Versuch machte, an Hammurabis Werk zu rütteln. Das altbabylonische wie das neubabylonische Reich mit der Hauptstadt Babylons ist das persönliche und ausschließliche Werk Hammurabis, welchem ebendadurch der Ruhm eines der größten und edelsten Herrscher des alten Vorderasiens für alle Zeiten gewahrt bleibt. Auch der „edelsten" Herrscher durften wir sagen: denn sobald sein Einigungswerk vollbracht war, bildete die Fürsorge für die Wohlfahrt des ganzen weiten Landes „droben und drunten" seinen einzigen Ehrgeiz. Insonderheit richtete er seine Hauptaufmerksamkeit auf die Sicherung des Landes vor Überschwemmungen, welche gerade zu seiner Zeit in den Gegenden des unteren Tigrislaufes furchtbaren Schaden gethan hatten, desgleichen auf eine geregelte Bewässerung. Sobald „Anu und Bel das Volk von Sumer und Akkad zu beherrschen ihm verliehen" hatten, grub er den Hammurabi-Kanal, „den Segen des Volkes, welcher Wasser in Fülle zuführt dem Volk von Sumer und Akkad", und indem er an den

Ufern dieses Kanals weithin Kornfelder anlegte, schaffte er dem durch seine Hand geeinigten Volke „Speise und Trank und ließ es wohnen in ruhiger Wohnung voll Überfluß." Am Ausgangspunkt dieses Kanals führte er aus großen Erdmassen eine berghohe Mauer auf und benannte sie zur Verewigung seines Vaters Sin-muballit-Mauer. Außerdem erbaute er längs des Tigrisufers eine nicht minder hohe Mauer zum Schutz gegen Überschwemmungen und benannte diesen Wall mit dem Namen des Sonnengottes. Auch die „Mauer" von Sippar erhöhte er. Hammurabi, der „Schützling der großen Götter", sagt von sich selbst aus, daß er die Heiligtümer der großen Götter gebaut habe, und seine da und dort gefundenen Inschriften bestätigen es. Zum Dank für die Übertragung der Herrschaft über Sumer und Akkad baute er der Göttin Istar (An-Ni) ihre „Herrscherstadt" Zari... nebst deren Tempel; er baute Merodach, „der ihn geschaffen, dem großen Herrn, dem Herrn von E-sagila und E-zida" in Borsippa, seiner Lieblingsstadt, E-zida, sein glänzendes Heiligtum; er baute den Tempelturm in der Stadt Kis (einer Stadt „der vier Weltgegenden"?) und in Larsam den Sonnentempel. Auf den Backsteinen des letzteren Gebäudes giebt er sich nur die Titel: „mächtiger König, König von Babylon, König der vier Weltgegenden"; dagegen nennt er sich in den Inschriften aus seinen zu Ehren Istars und Merodachs aufgeführten Bauten: „mächtiger König (König von Babylon), König (des Volkes) von Sumer und Akkad, König der vier Weltgegenden," und außerdem noch den „Berufenen Anus, den Vertreter(?) Bels, den Günstling des Sonnengottes, den Hirten, der Merodachs Herz erfreut, den Liebling des Herzens Istars." Für sich selbst baute Hammurabi in der Nähe des heutigen Bagdad einen Palast, wie beschriebene Bronzeringe, gefunden in Kalwabha, zeigen.

Hammurabis Sohn Samsu-iluna, c. 2232—2197, wandelte augenscheinlich ganz in den Fußstapfen seines Vaters. Auch ihm verdankte Babylonien einen bedeutenden Kanal, der seinen Namen trug. Eine Reihe privatrechtlicher Urkunden sind aus seiner und seines Vaters Zeit datiert, und für die übrigen Könige dieser I. Dynastie, z. B. Ammi-ditana, Ammi-saduga, Samsu-ditana, sind diese Urkunden überhaupt das Einzige, was uns aus ihrer Regierungszeit bislang vorliegt.

Über die II. babylonische Dynastie, c. 2094 bis 1726, fehlen uns zur Zeit noch alle Nachrichten. Wie fest aber der Bau des babylonischen Reiches durch Hammurabi gefügt war, erhellt am klarsten aus einer Betrachtung der unter den Königen der zweiten Dynastie beginnenden kossäischen Invasion und ihres schließlichen Erfolges.

Gleich so manchen andern Stämmen und Völkern mußte gewiß auch den Kossäern, den Bewohnern der nördlich von Babylonien gelegenen medisch-elamitischen Grenzgebirge, die babylonische Tiefebene mit ihren fruchtbaren Gefilden und dem Reichtum ihrer Bewohner als eine äußerst verlockende Beute erscheinen. Doch erklärt sich hieraus allein die überraschende Thatsache wohl noch nicht, daß wir um den Beginn des 17. Jahrhunderts v. Chr. ganz Babylonien plötzlich von Kossäern überschwemmt, ja bereits von ihnen als seßhaften Bewohnern in Besitz genommen sehen. Vielmehr hat es den Anschein, als hätten in jener Zeit droben im Norden von Babylonien große Völkerbewegungen, Völkerverschiebungen stattgefunden, infolge derer die Kossäer zu einer Massenauswanderung gezwungen wurden.*) Daß

---

*) Da die Abzweigung der Assyrer vom nordbabylonischen Stamme in ebendiese Zeit der kossäischen Einwanderung in Nordbabylonien fällt, drängt sich die Annahme einer ursächlichen Verknüpfung beider Völkerbewegungen fast von selbst auf.

dieses von Haus aus äußerst kriegerische Volk innerhalb Babyloniens schnell zu großer Macht, ja zur Herrschaft gelangte, hat nichts sonderlich Befremdendes. Befremdlich könnte weit eher ein Doppeltes scheinen, einmal, daß es ihnen nicht gelang, das semitisch=babylonische Element nach und nach zu verdrängen oder zu absorbieren, daß vielmehr umgekehrt die Kossäer mit den semitischen Babyloniern mehr und mehr verschmolzen; sodann, daß diese mächtige kossäische Bewegung das babylonische Reich als ein politisches Ganzes nicht im mindesten zu erschüttern vermochte. Das Letztere ist, wie bereits bemerkt, ein beredtes Zeugnis der Lebensfähigkeit und Lebenskraft des Reiches Hammurabis; von Ersterem war schon im 1. Abschnitt (auf S. 17 f.) andeutungsweise die Rede. Kossäische Herrscher mit kossäischen Namen folgen sich auf dem babylonischen Thron, kossäische Personennamen finden sich Jahrhunderte hindurch in den Urkunden des öffentlichen Lebens, der Gott Kaffu und andere kossäische Götternamen, wie Sukamuna und Sumalia, „die die Bergspitzen bewohnende Herrin der glänzenden Berge", erhalten als „Gottheiten der Könige" Aufnahme in das babylonische Pantheon, und auch geographische Namen kossäischen Ursprungs, wie Umlias und Karduniaš (letzteres = Babylonien), kommen in Gebrauch, aber trotz alledem und trotzdem, daß sogar noch Assyrern des 9. Jahrhunderts Babylonien als „Kossäerland" erscheinen mochte, blieb der Semitismus des babylonischen Volkes im großen und ganzen und vor allem nach außen hin, also z. B. im diplomatischen Verkehr, unangetastet; und nachdem eine Zeit lang kossäische Könige mit semitisch=babylonischen abgewechselt haben, behauptet sich schließlich doch der Semitismus siegreich auch auf dem babylonischen Thron.

Die Könige der **III. babylonischen Dynastie**, c. 1726

bis 1150, sind größtenteils Kossäer. Eine längere Urkunde (in assyrischer Abschrift) besitzen wir von **Agum** (mit dem ihn von anderen Königen dieses Namens unterscheidenden Beinamen kak-rime), c. 1600 v. Chr. Er war der Sohn des Ursigurumas (?), ein Abkömmling des „großen Agum". Er nennt sich den „glänzenden Sproß des Gottes Sukamuna, den Berufenen Anus, Bels, Eas und Merodachs, Sins und Samas", und legt sich die Titel bei: „König von Kassu und Akkad, König des weiten Landes Babylon, König des Landes Padan und Alman, König des Landes Gutu, König, der die vier Himmelsgegenden sich unterthan machte (?)". Es waren hiernach zu seiner Zeit die vom Dijala durchflossenen Länder zwischen Babylonien und den Südabhängen des medischen Gebirges mit dem Reiche von Babylon vereint. Agum erzählt in jener Urkunde weiter, daß er die Bildnisse des Merodach und der Zarpanit, welche in das ferne Land Chani weggeführt worden waren, nach E-sagila zurückgebracht, beiden Gottheiten kunstvolle Gewänder und Diademe, strahlend von Gold und Edelgestein, gestiftet und ihr Heiligtum unter Verwendung von Zedern- und Zypressenholz prachtvoll erneuert habe.

Etwa in der Zeit der ersten Könige der III. Dynastie vollzog sich in Assyrien die bedeutungsvolle Gründung eines selbständigen assyrischen Königreichs, und es konnte nicht ausbleiben, daß beide Reiche, Assyrien und Babylonien, schon frühzeitig behufs der Abgrenzung des beiderseitigen Machteinflusses in dem weiten Gebiete zwischen unterem Zab und Dijala irgendwie in Beziehung zu einander treten mußten. Die uns überkommene Tafel mit der sogen. „synchronistischen Geschichte" Babyloniens und Assyriens beginnt allerdings erst mit Karaïndas und seinem assyrischen Zeit-

4. Geschichte.

genossen Asur-bel-nisesu, aber es fehlt vorher die ganze Hälfte der Schriftkolumne, woraus zu ersehen ist, daß jene Beziehungen schon bedeutend früher begannen.

Von Karaïndas, um 1480, welcher sich selbst die Titel beilegt: „der mächtige König, König von Babylon, König von Sumer und Akkad, König von Kassu, König von Kardunias," berichtet die synchronistische Geschichte, daß er und Asur-bel-nisesu, König von Assur, bindende Verträge unter einander schlossen und sich das beiderseitige Gebiet eidlich gewährleisteten. In gleicher Weise verständigten sich auch noch Purnapurias, König von Kardunias, und Puzur-Asur, König von Assur, auf friedlichem Wege. Aber schon bald sehen wir die Assyrer sich in die babylonischen Angelegenheiten mischen und es begann eine lange Periode fortwährender Kämpfe, bei denen es den Assyrern wiederholt gelang, die Grenze des Nachbarreiches zu überschreiten und die nordbabylonischen, weiterhin auch die südbabylonischen Städte die assyrischen Waffen fühlen zu lassen.

Purnapurias war nicht der unmittelbare Nachfolger des Karaïndas, vielmehr haben wir zum mindesten zwei Herrscher zwischen ihnen anzunehmen: einen, dessen zweiter Namensbestandteil Sin (der Mondgott) ist, und welcher ein Zeitgenosse des ägyptischen Königs Amenophis III. war, und sodann **Kurigalzu I.**, der Vater des Purnapurias und seinerseits sehr möglicherweise Sohn eines Karacharbe (I.). Dieser Kurigalzu (und nicht der junge, im Krieg mit Assyrien wenig glückliche Kurigalzu II.) ist aller Wahrscheinlichkeit nach der wiederholt als „unvergleichlicher" König (sarru la sanān) zubenannte Kurigalzu; auch Karacharbe (sein Vater) führt diesen Ehrentitel. Wie Kurigalzu mit Assyrien augenscheinlich in Frieden lebte, obschon darauf bedacht, die babylonische Grenze gegen dieses Nachbarreich zu befestigen (die von ihm erbaute Festung Dur-Kurigalzu, heutzutage Akarkuf 20 km westlich von Bagdad, beweist es), so suchte er auch die Freundschaft, welche in jener alten Zeit die Könige Babyloniens und Ägyptens mit einander verband, aufrichtig zu erhalten. Als z. B. die Kanaanäer schwankten, ob sie sich nicht der ägyptischen Bevormundung entziehen und lieber unter den Schutz des weithin durch Vorderasien durch seine Kultur und Macht berühmten, ja tonangebenden babylonischen Reiches stellen sollten, lehnte Kurigalzu ihr Gesuch kurzerhand ab. Ob die in Ur gefundenen Backsteine mit dem Namen Kurigalzus, „Königs von Sumer und Akkad, Königs der vier Weltgegenden" ihm oder seinem Enkel angehören, läßt sich noch nicht bestimmen.

Purnapurias, c. 1440, lebte ebenfalls mit Assyrien sowohl wie mit Ägypten, über welches damals Amenophis IV. herrschte, in Friede und Freundschaft. Ob er es war, der eine Tochter des assyrischen Königs Asur-uballit heiratete, ist noch nicht ganz sicher. Auf Backsteinen des Sonnentempels zu Larsam nennt sich Purnapurias „König von Babylon, König von Sumer und Akkad".

Für Purnapurias' Nachfolger, Karacharbas, Nazibugas und Kurigalzu II., den jüngeren (jüngsten?) Sohn des Purnapurias, siehe die Geschichte Assyriens (S. 144 f.). Unter dem zuletzt Genannten erfocht das assyrische Heer, soweit wir zur Zeit unterrichtet sind, den ersten Sieg über Babylonien.

Sagaraktipurias, kürzer Sagaraktias, nach Nabonids Angaben 800 Jahre vor c. 550, also um 1350, war der Sohn Kudur-Bels und lebte allem Anschein nach mit Assyrien in Frieden. Er riß den Sonnen- und den Anunit-Tempel in Sippar nieder und baute sie, unter Belassung ihres Allerheiligsten, neu wieder auf.

Unter seinen Nachfolgern entbrannten die Kämpfe mit

Assyrien, zumeist wenig glücklich für die babylonischen Waffen, von neuem und dauerten fort, bis es um 1300 Tukulti-Abar I. gelang, die Königsherrschaft über „Sumer und Akkad" mit der assyrischen Königswürde zu vereinen. Indes war diese assyrische Oberherrlichkeit über Babylonien nur eine vorübergehende. Ja, zur Zeit des assyrischen Königs Bel-kudur-uzur (c. 1200) wendete sich der Sieg sogar auf die Seite der Babylonier und viel Land zwischen unterem Zab und Tigris fiel an Babylonien zeitweise zurück. Aber es dauerte nicht lange, so gingen die assyrischen Könige abermals als Sieger aus dem Kampfe hervor. Der babylonische König Zamama-sum-ibbina, der nur 1 Jahr, etwa 1153, regierte, wurde doch wohl wegen seines unglücklichen Krieges gegen Asur-ban I. gestürzt, und **Nebukadnezar I.**, c. 1120, zog gegen Asur-res-isi zweimal zu Felde, wurde aber in der entscheidenden Schlacht geschlagen. Der Sieg des Assyrers mag freilich ein besonders glänzender nicht gewesen sein; wenigstens hören wir nichts von seiner Ausnützung, etwa einem Einfall Asur-res-isis in Babylonien. Was wir sonst von Nebukadnezar I. wissen, lehrt, daß es ihm an Mut und Kriegslust nicht fehlte. Er unternahm, bis an den Euläus vordringend, einen siegreichen Feldzug gegen Elam, schlug die Lulubäer, eroberte das „Westland" und plünderte Kassu, alles Länder und Völker nord- und ostwärts von Babylonien, wie er sich denn selbst als einen Helden rühmt, welcher „Könige unterwarf" und „Könige einsetzte".

Wie Nebukadnezar I., war auch sein Nachfolger **Marduk-nadin-ache**, 1115—1106 (?), einer der ersten sechs Könige der IV. babylonischen Dynastie. Über seine Beziehungen zu Tiglathpileser I. wird bei dem letzteren König die Rede sein. Hier sei nur hervorgehoben, daß wir 1115 als das erste Regierungsjahr Marduk-nadin-aches deshalb angesetzt haben, weil die Dotation, welche er infolge seines über Assyrien im Jahre 1107 davongetragenen Sieges machte, also wohl im Jahre 1106, das Datum seines zehnten Regierungsjahres trägt. Ebendieses Jahr 1106 ist gleichzeitig auch vielleicht sein letztes gewesen, da die Eroberung seiner Hauptstadt Babylon auch den Sturz seines Thrones zur Folge gehabt haben dürfte.

In die Zeit des Endes der IV. und des Anfangs der V. Dynastie fällt, soweit wir bis jetzt zu erkennen vermögen, in Babylonien der Beginn der „chaldäischen" Völkerbewegung. Doch ist die Geschichte der Chaldäer bis zu dem Zeitpunkt, da sie den Sieg über Assyrien davontrugen und das neubabylonische oder chaldäische Weltreich aufrichteten, dermaßen mit der Geschichte Assyriens verflochten, daß wir hier an der Schwelle des ersten vorchristlichen Jahrtausends abbrechen und für den dritten Abschnitt der Geschichte Altbabyloniens, die Zeit von Simmassichu bis Nabopolassar, auf den vierten Abschnitt unseres zweiten Teiles (S. 157 ff.) verweisen.

Zweiter Teil.

Assyrien.

1. Land und Leute.

Assyrien, in den Keilinschriften das Land Assur oder das Land des Gottes Asur, von den alten Geographen auch Aturia genannt, war ursprünglich ein kleiner, größtenteils auf dem linken Ufer des Tigris, zwischen dem 35. und 37.° N. Breite gelegener Landstrich, vom heutigen Bagdad aus in etwa zehn Tagereisen den Tigris stromaufwärts zu erreichen. Erst später begriff man unter diesem Namen ein viel größeres Reich, wie denn Herodot z. B. ganz Babylonien, Plinius ganz Mesopotamien, und Strabo endlich noch das ganze heutige Kurdistan und Syrien dazu rechnet. Allein so weit dehnten die Assyrer selbst den Begriff des Landes „Assur" nicht aus, obschon sie lange Zeit hindurch die Beherrscher jener Länder waren. Das eigentliche Assyrien, das assyrische Stammland war im Norden und Nordosten von den armenischen, insbesondere gordhäischen, Bergen sowie dem Zagrosgebirg, im Südosten vom unteren Zab, im Westen vom Tigris begrenzt. Halb Ebene, halb Gebirgsland war dieser Landstrich von der Natur außerordentlich begünstigt. Die sich nach Süden zu immer mehr erweiternde Ebene hatte keinerlei Mangel an Wasser. Denn außer dem wasserreichen Tigris (assyrisch Diklat oder Idiklat, hebräisch Hiddekel, 1 Mo. 2, 14), welcher das ganze Land an seiner der mesopotamischen Steppe zugewendeten Vorderseite bespült, führten auch seine linken Nebenflüsse, der vom Dschebel-Maklub kommende Choser, weiter südlich der große oder obere Zab und noch weiter südlich der das Zagrosgebirg durchbrechende kleine oder untere Zab, vor allem wenn der Schnee auf den armenischen Bergen schmolz, Wasser in Fülle dem Lande zu. In der also durch Flüsse und außerdem durch Kanäle wohlbewässerten, warmen Tiefebene gediehen Dattelpalme, Mandel- und Apfelbaum, dazu Getreide aller Art. An den Hügeln und Vorbergen des Gebirgslandes ließ sich köstlicher Wein bauen. Die niederen Alpenthäler waren, wie noch heutzutage, von Granat-, Feigen-, Oliven- und Nußbäumen beschattet, die Bergabhänge der mittleren Gebirgsregionen mit schönen Eichen-, Fichten- und Platanenwäldern bekleidet, während die kräftigen Alpenweiden der höheren Regionen zum Weiden von Rindern, Pferden, Schafen und Ziegen einluden.

Die erste größere Niederlassung, welche die einwandernden babylonischen Kolonisten gründeten, war auf dem rechten Tigrisufer gelegen, etwa zwei Drittel Wegs (64 km) von der Mündung des oberen Zab zu der des unteren Zab. Sie benannten den Ort nach dem „heilbringenden, gnadenreichen" Gott Asur, welchen sie sich zu ihrem besonderen Gott genommen hatten, „Stadt des Gottes Asur" und weiterhin Stadt Assur. Von ihr hinwiederum wurde dann das ganze Land Land Assur genannt. Assur war der älteste Sitz assyrischer Herrscher, auch die erste Hauptstadt des assyrischen Königreiches, und blieb dies Jahrhunderte hinburch. Auch als seit Asurnazirpals Regierung die Stadt endgültig aufhörte, Haupt- und Residenzstadt des Landes zu sein, behielt sie eine hervorragende Stellung. Noch zur Zeit der Eroberung Babylons durch Cyrus bestand sie, überdauerte also den Fall Ninedes. Heutzutage wird ihre einstige Stätte bezeichnet durch die Ruinenhügel Kileh-Schergat.

Obwohl nicht die älteste Hauptstadt Assyriens, wurde doch gewiß auch Nineve (Ninua, Nina) schon in sehr früher Zeit der assyrischen Niederlassung gegründet. Die Stadt lag auf dem linken Tigrisufer, dem heutigen Mosul gegenüber, dort wo der Choser, welcher einst mitten durch Nineve hindurchfloß, in den Hauptstrom einmündet. Schon ältere und älteste Könige Assyriens erwähnen Nineve als eine Stadt, in welcher sie Tempel wiederherstellten oder von welcher aus sie ins Feld zogen. Insonderheit war es der der Göttin Istar geweihte Tempel Bit-masmas (auch Bit-Kidimuri genannt?), dessen Gründung noch in die Zeit vor Samsi-Ramman, dem Sohn Isme-Dagans (um 1821 v. Chr.), zurückgeht und dessen immer erneute Wiederherstellung und Ausschmückung eine ganze Reihe von Königen, Asuruballit, Salmanasser I., Tiglathpileser I., Asurnazirpal u. a. m. sich angelegen sein ließ. Nineve wurde ebendieses Tempels wegen gern Istars „Lieblingsstadt" genannt. Auch der Nebo- und Merodach-Tempel, welchen der König Sargon von Grund aus neu baute, war gewiß schon in älterer Zeit in Nineve gegründet worden, ebenso ein Palast und ein Zeughaus. Aber so wie uns Nineve in seinen dermaligen Ruinen überkommen ist mit seinen beiden künstlichen Erdhügeln Kujundschik und Nebi-Yunus und den Überresten seiner gewaltigen Mauer, ist es das Nineve Sanheribs und seiner beiden Nachfolger Asarhaddon und Asurbanipal. Sanherib war es, welcher Nineve völlig umbaute, befestigte

98 II. Assyrien.

und zur Hauptstadt Assyriens erhob, und dies blieb es dann bis zum Untergang des assyrischen Reiches. Der Hügel, auf dessen nördlichem Ende das Dörfchen Kujundschik erbaut ist, hat 800 m Länge und 400 m Breite bei etwa 20 m Höhe. Auf seiner vom Tigris begrenzten südlichen Seite stand, mit

Fig. 8. Kujundschik.

der Front gegen Nordwesten gerichtet, der sogen. Südwest=Palast Sanheribs und nördlich von ihm Asurbanipals sogen. Nord=Palast. Der andere etwa halb so große Hügel Nebi=Junus birgt einen Palast Sanheribs=Asarhaddons.

Beide Hügel liegen an der Westmauer der alten Stadt, so=
daß diese dadurch in drei nahezu gleiche Teile geteilt wird.
Die Umwallung der Stadt ist noch deutlich sichtbar: sie ist
besonders gegen Osten hin sehr stark. Die Länge der öst=
lichen Stadtmauer wird zu nahezu 5 km, die der westlichen
am Tigrisufer zu 4,15 km, die der nördlichen zu 2,14 km,
und die der südlichen zu 1 km angegeben, sodaß die Stadt
ein unregelmäßiges Viereck bildete. In dem Nordwest=Wall
befindet sich ein großes Thor mit kolossalen geflügelten
Stieren, und im südöstlichen ein noch größeres, bis jetzt
nicht näher untersuchtes Thor, durch welches die Kriegsheere
der assyrischen Könige ihre Triumpheinzüge hielten. Zwi=
schen dem Eingang und Ausgang des Thorweges, der bei
der Dicke der Umwallung ziemlich lang war, befanden sich
vier Kammern von je 7 m Breite und 10 m Tiefe, in
welchen sich eine große Anzahl von Soldaten aufhalten
konnte. Wie aus den Maßen der noch erhaltenen Mauer=
reste ersichtlich ist, hatte die Stadt einen ziemlich bedeutenden
Umfang; und wenn wir nun noch die auf der Nord= und
Nordostseite gelegene Vorstadt Ninives, hebr. Rehoboth Ir,
dazunehmen, welcher auch die Inschriften Erwähnung thun,
so begreift sich Ninives Ruhm als einer „großen Stadt".

Die dritte große Stadt Assyriens war Kalah (Kalchu,
Kelach), in gerader Linie etwa 32 km südlich von Ninive,
innerhalb des vom Tigris und der Mündung des oberen Zab
gebildeten spitzen Winkels unweit des heutigen Dorfes Nim=
rud gelegen. Die Ruinenstätte Nimrud ist zwar nur halb
so groß als die Ninives, aber sie war wohl bedeutend
größer als die Überreste sie erscheinen lassen, da ein großer
Teil vom Tigris zerstört worden ist. Die nördlichen und
östlichen Wälle sind mitsamt ihren Türmen noch deutlich
sichtbar. In der südlichen Ecke der Umfassungsmauer erhebt

sich ein 12 m hoher künstlicher Hügel, die einstige Terrasse der assyrischen Tempel und Paläste. Der Tigris, welcher jetzt 1,5 km entfernt fließt, floß in alter Zeit hart an der Westseite dieser aus getrockneten Backsteinen gebauten und mit einer soliden Mauer aus gehauenen Steinen bekleideten Plattform. Außer den S. 4 genannten Palästen finden sich daselbst noch die Ruinen dreier Tempel und die eines größeren, etagenförmig aufsteigenden Tempelturms (assyrisch wie babylonisch Ziggurrat). Die Stadt Kalah wurde von Salmanasser I. um 1300 v. Chr. gegründet, konnte sich aber nicht lange als Hauptstadt des Landes halten. Erst Asurnazirpal (um 880), der die Stadt neu baute und zur Residenzstadt erkor, was sie dann auch bis zu Sargons Zeit verblieb, machte sie zu einer wirklichen Rivalin von Assur und von Nineve.

Als eine vierte Hauptstadt Assyriens ist endlich die von Sargon, dem Eroberer Samariens, gebaute Stadt Dur-Sarrukin (d. i. „Sargonsmauer") hier zu erwähnen, obwohl ihre Bedeutung so gut wie ausschließlich auf die Regierungszeit Sargons beschränkt scheint. Die Stadt bildete ein nahezu regelmäßiges Quadrat, die Ecken gegen die vier Himmelsgegenden gerichtet, jede Seite fast 2 km lang. An der nordwestlichen Mauer stand der große Palast Sargons. Die Stadt lag nördlich von Nineve am Fuße des Dschebel Maklub, 14,5 km von der Nordostecke Nineves entfernt. Heutzutage liegt auf ihren Trümmern das Dörfchen Khorsabad.

Die frühere Annahme, daß die Trümmerhügel von Khorsabad, Kujundschik, Nimrud und Keremles die vier Eckpunkte der „großen" assyrischen Hauptstadt (vgl. 1 Mo. 10, 12) gebildet hätten, ist als irrig schon lange aufgegeben. Wie wir sahen, stellen jene Ruinenstätten verschiedene und durchaus selbständige Städte dar. Auch sagt z. B. Sargon ausdrücklich, daß er seine Stadt nahe bei Ninive gebaut habe. Und während die Mauern und Wälle, welche alle diese Plätze einzeln umschlossen, noch klar erkennbar sind, zeigt sich von Befestigungen, welche sie insgesamt umgeben hätten, nirgends eine Spur.

Außer diesen Hauptstädten erwähnen die assyrischen Keilschrifttexte noch eine Fülle anderer Städte, z. B. Arbela, das heutige Erbil, Tarbiz (jetzt Scherif Khan), Kakzi (jetzt Schemamek) und viele andere. Wir sehen daraus, daß das Land in assyrischer Zeit sehr dicht bevölkert gewesen sein muß, was freilich auch schon daraus geschlossen werden kann, daß jahrhundertelang fast alljährlich zahlreiche Heere aus Assyrien auszogen, um die umliegenden Länder zu unterjochen.

Das Volk der Assyrer gehörte gleich dem der Babylonier zum semitischen Stamm. Schon das Geschlechtsregister 1 Mos. 10 verbindet Assur mit Elam, Aram, Eber und Joktan, und die Assyriologie hat die Richtigkeit dieser Angabe zweifellos gemacht: die Sprache der assyrischen Keilschriftlitteratur ist nächstverwandt mit der hebräischen, aramäischen und arabischen. Auch die Körperbeschaffenheit der Assyrer, soweit wir sie aus den Bildwerken zu erkennen vermögen, ist entschieden semitisch. Die Gesichter haben auffallende Ähnlichkeit mit denen der Juden, Araber und heutigen Chaldäer in Kurdistan. Nur waren die alten Assyrer augenscheinlich größer, muskulöser, kräftiger und breitschultiger als etwa die heutigen orientalischen Juden. Die Assyrer waren von Haus aus eins mit den Babyloniern, sie waren sozusagen babylonische Kolonisten. Ihre Sprache ist die nämliche wie die der Babylonier. Ihre Schrift (Keilschrift) ist deutlich erkennbar aus der babylonischen

Keilschrift hervorgegangen und zu einem guten Teile ihr
gleich. Ihre Religion samt ihrem Göttersystem deckt sich,
einige wenige Punkte ausgenommen, mit der der Baby=
lonier, und auch in der Baukunst zeigen sich die Assyrer
durchweg abhängig von ihren babylonischen Altvordern.

Jesaja nennt die Assyrer ein „wildes Volk", und in
der That waren sie ein Volk unbändigen kriegerischen Geistes,
voll todesmutiger Tapferkeit. Sie waren es und mußten
es werden in dem furchtbar harten und langwierigen Kampf
um die Gründung und Erhaltung des Staates, die schritt=
weise Erkämpfung und Verteidigung des neuen Heimat=
landes im Kampf wider wilde Tiere und grimme Feinde
ringsum. Die Assyrer waren je und je gewaltige Jäger.
Vor allem war es Ein Tier, von dessen selbst durch jahr=
hundertelanges Jagen kaum zu verminderndem, massenhaftem
Vorkommen in der Tigrisebene und der benachbarten Wüste
wir uns kaum mehr einen Begriff zu machen im stande
sind — der Löwe. Noch zur Zeit Asurbanipals hatte sich
in den infolge starker Regengüsse hoch aufgeschossenen Rohr=
dickichten die Löwenbrut dermaßen vermehrt, daß die Hirten
weinten und trauerten ob ihrer zerrissenen Herden. Und
zu dem Kampf gegen die wilden Tiere kamen die immer=
währenden Kämpfe gegen die kampfgeübten, tapferen Berg=
völker der Südabhänge Armeniens und Mediens, welche
zu Raub und Angriff allezeit bereit waren und welche immer
von neuem im Zaum zu halten und unschädlich zu machen
unermüdliche Ausdauer und seltenen Mut seitens der Assyrer
erheischte. Aber ihre Tapferkeit war zugleich mit furchtbarer
Grausamkeit verbunden, sodaß die Propheten die assyrische
Hauptstadt nicht mit Unrecht „die blutige" nennen. Wo
immer ihre Heere hinzogen, verbreiteten sie Zerstörung und
Blutvergießen „gleich den Wassern eines Stroms". Die

lebendig Gefangenen wurden oft durch Verstümmelung langsam zu Tode gemartert, auch Leichenverstümmelung ist nichts Seltenes. Immer und immer wieder lesen wir und sehen wir auf den Reliefs dargestellt, wie Rebellen gepfählt, geschunden, geblendet werden, wie ihnen die Zunge ausgerissen wird und wie sie mit eisernen durch die Unterlippe gesteckten Ringen dem König vorgeführt werden. Daneben lesen wir

fig. 9. Der Großkönig blendet einen Gefangenen.

allerdings auch sehr oft von Begnadigungen. Die Assyrer machten gern Gefangene. Ein außerordentlich beliebtes Mittel, die Existenz ungehorsamer und zu immerwährender Auflehnung geneigter Stämme und Völker zu vernichten, war ihre Verpflanzung in andere, zum Teil sehr entlegene Teile des Reiches. Es scheint, daß die Assyrer die Ersten waren, welche dieses Mittel anwendeten, um die Wiedererhebung eines Landes zu verhindern. Gegen gefangene Frauen und Kinder scheint ihr Verfahren ein menschlicheres gewesen zu sein; man sieht sie auf den Abbildungen nie gefesselt, oftmals auf Maultieren reitend oder auf Wagen fahrend.

Als besondere Schattenseiten im Charakter der Assyrer wird von den Propheten Israels ihr **Stolz** hervorgehoben, sowie ihre Treulosigkeit. Und der erstere besonders wird von ihnen als die Ursache ihres künftigen oder schon eingetretenen Falles erklärt (Jes. 10, 7—14; 37, 24—28; Ez. 31, 10. 11; Zeph. 2, 15). Dieser Stolz, der freilich bei einem Volke erklärlich ist, das in den Künsten des Friedens so Großes geleistet und alle umliegenden Länder seiner Herrschaft unterworfen hat, tritt uns auch in den assyrischen Keilschriften überall entgegen: alle Völker betrachten sie als weit unter sich stehend; sie sind die Weisen, die Tapfern, die Mächtigen, welche den Widerstand wegfegen gleich der Sintflut, ihre Könige sind die „Unvergleichlichen, Unwiderstehlichen", und ihre Götter hoch erhaben über die Götter aller Nationen.

Außer Jesaja ist es besonders Nahum, welcher den Assyrern den Vorwurf der **Treulosigkeit** und **Lüge**, sowie der Gewaltthätigkeit macht, der von ihrer Hauptstadt sagt, sie sei „mit Lüge und Gewaltthat angefüllt". Allein es ist das gerade kein Zug, der dem assyrischen Charakter in besonderem Maße eigentümlich gewesen wäre, sondern einer, der wohl allen Völkern ihrer Zeit zur Last fällt, die mit andern in Kämpfe verwickelt waren.

Ganz unrichtig, wenigstens für die ältere Zeit, ist dagegen der Charakterzug, welchen die Griechen und Römer den Assyrern beilegten, nämlich **Lust zum Wohlleben und Sinnlichkeit**. Sie schöpften diese ihre Ansicht aus den Nachrichten des Ktesias, welche sich jedoch in fast allen Stücken als unrichtig erwiesen haben. Von den meisten ihrer Könige wissen wir, daß sie kriegerische, mannhafte Leute waren, welche keine Strapazen fürchteten und fast ausnahmslos Jahr um Jahr zu Felde lagen. Da giebt es nicht viel Raum zum Wohlleben. Wohl zeigt sich, als die Macht der Assyrer sich mehr und mehr ausdehnte und die Beute so vieler Länder in ihren Hauptstädten zusammenströmte, auch ein Fortschritt im Luxus, der nach und nach die kriegerischen Assyrer entnervt und ihrer alten Tapferkeit beraubt haben könnte. Aber im großen und ganzen war das nicht der Fall. So bleibt das richtige Sinnbild des assyrischen Volkes jenes, welches der Prophet Nahum gebraucht, indem er spricht: „Wo ist nun das Raubnest der Löwen und die Weide der jungen Löwen, woselbst die Löwin mit ihren Jungen sicher wandelte, und niemand durfte sie scheuchen? O du Löwe, der du raubst, bis deine Jungen genug haben, und würgest für deine Löwinnen, der du deine Höhle füllest mit Raube, und deine Nester mit dem, was du zerrissen hast!"

In geistiger Beziehung sind die Assyrer keine Bahnbrecher gewesen. Sie erhielten die Grundlagen ihrer Kultur von den Babyloniern. Doch haben sie in vielen Stücken ihre Lehrmeister weit überholt, und sind selbst wieder zu Lehrmeistern für die vorderasiatische und europäische Welt geworden. Denn auch den Ägyptern sind sie in manchen Stücken voraus gewesen: in Kunst und Schrift hat sie keines der alten Völker übertroffen; ihre Religion ist ernster und weniger sinnlich als die ägyptische; in der Kriegstüchtigkeit und im Militärwesen stehen sie in vorderster Reihe. Nur mit Bezug auf Großartigkeit und Dauerhaftigkeit ihrer Baudenkmäler stehen die Ägypter höher als die asiatischen Völker. Aber diesen einen Punkt ausgenommen, erweist sich das zweite Sinnbild, welches Ezechiel für Assyrien gebraucht, als völlig entsprechend: „Siehe, Assur war wie ein Cedernbaum auf dem Libanon, von schönen Ästen und schattigem Wald und großer Höhe, und zwischen den dicht=

verschlungenen Zweigen ragte sein Wipfel empor. Er wurde höher an Wuchs denn alle Bäume im Felde, und seine Äste wurden immer stärker und verlängerten sich. Alle Vögel des Himmels nisteten unter seinen Zweigen, und unter seinem Schatten wohnten alle großen Völker. Also stand er gar schön in seiner Größe und mit seinen weit ausgebreiteten Zweigen; denn seine Wurzeln hatten viel Wasser. Ja, er war so schön als kein Baum im Garten Gottes."

2. Religion.

Daß die Religion der Assyrer mit der der Babylonier in allem Wesentlichen übereinstimmte, wurde bereits S. 102 bemerkt. Wir fügen noch bei, daß die Assyrer sogar die Namen der Tempel der einzelnen Gottheiten, wie E-sara, E-ziba, E-sitlam, von Babylonien herübernahmen, heben aber im übrigen nur den Hauptunterscheidungspunkt des assyrischen Göttersystems vom babylonischen hervor. Dieser besteht darin, daß an die Spitze des Pantheons ein neuer Gott trat, der Gott nämlich, welchen die Assyrer zur Festigung, Kennzeichnung und Sanktionierung ihrer Zusammengehörigkeit, ihrer staatlichen Einheit als ihren besonderen Gott sich erkoren, Asur, der Nationalgott des assyrischen Volkes. Er wurde allen Göttern Babyloniens, selbst Anu, Bel und Ea, vor- und übergeordnet, und nur Bel sehen wir mitunter mit Asur in gleiche Linie gestellt, z. B. in dem bei mehreren assyrischen Königen verschiedener Perioden wiederkehrenden Titel „Statthalter Bels, Priester (wohl auch Issakku, vgl. oben S. 77) Asurs". Ähnlich finden sich die Assyrer als „Unterthanen Bels", Assur als „Land Bels", Ninive als „Stadt Bels" bezeichnet. Auch sonst trat der neue Gott in keinerlei gegensätzliches Verhältnis zu den alten

2. Religion.   107

Göttern: diese behielten in den Augen der Assyrer nach wie vor ihre Realität, und ihre Verehrung blieb völlig unangetastet. Die höchste Rangstellung indes erhielt Asur, „der große Herr", er wurde „der König aller Götter". Er ist es, der die Könige Assyriens zur Herrschaft beruft, ihr Reich vergrößert, ihnen den Sieg verleiht über die Feinde, der ihr Leben schützt und verlängert, ihre Nachkommenschaft vermehrt und alle ihre Herzenswünsche erfüllt. Die assyrischen Truppen sind die „Truppen Asurs", ihre Feinde die „Feinde Asurs". Was immer Herrscher oder Unterthanen thun, geschieht in seinem Dienst: seines Namens Glanz und Schrecken zu verbreiten, seiner Waffe unwiderstehliche Macht den Völkern ringsum zu offenbaren, ist ihre Mission. Asurs

fig. 10. Standarte mit dem Bilde Asurs.

Sinnbild ist ein geflügelter Kreis, in welchem häufig auch sein Bild eingeschlossen ist, nämlich ein Mann mit einer gehörnten Kappe, der eben einen Pfeil abschießt, oder die

Hand zum Schlagen ausstreckt. Durch dieses Bild bezeichnen die Assyrer ihren Schutzgott als den Ewigen und Allgegenwärtigen, als den Mächtigen und Weisen. Jenes Sinnbild findet sich überall auch als Zeichen der königlichen Würde. Es ist auf die Kleider des Königs gestickt, auf seinem Siegel eingegraben und über seinem Bilde eingemeißelt. Und zwar ist diese Abbildung verschieden je nach dem Gegenstand, welchen das Bild darstellt. Ist der König im Krieg, in der Schlacht, so begleitet ihn Asur mit gespanntem Bogen; kehrt er siegreich heim, so trägt er ihn in der Linken und streckt die Rechte wie grüßend aus. Zeigt aber das Bild den König in Geschäften des Friedens, so erscheint auf demselben gewöhnlich nur der geflügelte Kreis.

Als die Gemahlin Asurs gilt Belit. Diese Belit ist aber keine andere als die „Herrin der Länder, die Bewohnerin von Bit-Masmas", d. i. die Göttin Istar (speziell die Göttin Istar von Nineve). Istar, „die Mutter der großen Götter", ist zugleich „Asurs geliebte Gemahlin". Von alters her wurde der Göttin Istar in Assyrien ganz besonders hohe Verehrung geweiht. In der Aufschrift eines am Portal ihres Tempels in Kalah gefundenen Löwen feiert sie Asurnazirpal als göttliche Herrin des Landes, als die große Herrin, die Erste Himmels und der Erde, die Königin aller Götter, die Starke, deren Wort schwer wiegt unter den Göttern, deren Geburt die der übrigen Göttinnen weit überragt, als das helle Glanzgestirn, das gleich Samas, Istars leiblichem Bruder, die Enden Himmels und der Erde zusamt überschaut, als die Erstgeborene Anus, die Größte der Götter, als die Herrin des Kampfes und der Schlacht, die Siegesverleiherin, das vollkommene, riesige Licht, deren Name erschallt in allen Landen, die Lebensspenderin, die barmherzige Göttin, die Bewohnerin des Tempels E-sara

2. Religion.

in Kalah. Zu Sanheribs und seiner Nachfolger Zeit tritt neben der Göttin Istar von Nineve in besonders hervorragender Weise die Göttin Istar von Arbela hervor. Diese ist ebenfalls „Göttin des Kampfes", „Herrin der Schlacht", wird aber bei Asurbanipal als Tochter Bels oder Asurs (und leibliche Schwester Merodachs) bezeichnet. Sie erscheint dem assyrischen Seher mit Köchern rechts und links aufgehängt, den Bogen neben sich haltend und das scharfe Schlachtschwert aus der Scheide ziehend. Auch die Göttin Istar von Nineve erteilt kriegerische Befehle. Überall also ist die assyrische Istar die kriegerische, männliche Istar, der babylonischen Anunit entsprechend.

Neben Asur und Istar erfreuten sich auch die Götter Adar und Nergal, die Götter der Jagd und des Krieges, besonderer Verehrung. Bei Asurbanipal werden als die zwölf großen assyrischen Gottheiten oft genannt: Asur, Belit, Sin, Samas, Ramman, Bel, Nebo, Istar von Nineve, die Götterkönigin von Kidmur, Istar von Arbela, Adar, Nergal und Nusku. Als lehrreich für die in feierlichen, monumentalen Kundgebungen der assyrischen Könige übliche Zusammenstellung und Zubenennung der höchsten assyrischen Gottheiten mögen hier die Eingänge der Inschriften auf dem schwarzen Obelisk Salmanassers II. und auf der, den Ausgrabungen des Berliner Orient-Kommitee zu Sendscherli in Nordsyrien zu verdankenden, Asarhaddon-Stele, errichtet zur Verherrlichung seines Sieges über Ägypten, Platz finden.

Der Obelisk Salmanassers II. (860—824 v. Chr.) beginnt mit den Worten:

„Asur, der große Herr, der König über die Gesamtheit der großen Götter; Anu, der König der Igigi und Anunnaki (der niederen Götterwesen Himmels und der Erde), der Herr der Länder; Bel, der Erhabene, der Vater der

Götter, der Schöpfer [des Alls?]; Ea, der König der Wassertiefe, der Bestimmer der Geschicke; Sin, der König der Krone (bezw. Mondscheibe), der Glanzausgießende; Ramman, der Starke, Riesige, der Herr des Überflusses; Samas, der Richter Himmels und der Erde, der Regierer des Alls; Merodach, der Entscheider der Götter, der Herr der Gesetze; Adar, der Held der Igigi und Anunnaki, der allgewaltige Gott; Nergal, der Vollkommene, der König im Streit; Nusku, der Träger des glänzenden Zepters, der entscheidende Gott; Belit, die Gemahlin des Bel, Mutter der großen Götter; Istar, die Erste Himmels und der Erde, vollendet in Heldenerscheinung."

Und die Siegesstele Asarhaddons (681—668 v. Chr.) hebt an mit der Nennung folgender „großer Gottheiten": „Asur, der Vater der Götter, der lieb hat mein Priestertum; Anu, der Starke, Erste, der Berufer meines Namens; Bel, der hohe Herr, der Einsetzer meiner Regierungsjahre; Ea, der Weise, Kluge, der Bestimmer meiner Bestimmungen; Sin, die glänzende Leuchte, welcher mir günstige Vorzeichen sendet; Samas, der Richter Himmels und der Erde, der Entscheider meiner Entscheidung; Ramman, der hochgewaltige Herr, der ausziehen läßt meine Heere; Marduk, der Herr der Igigi und Anunnaki, der Vergrößerer meines Königtums; Istar, die Herrin des Kampfes und der Schlacht, die mir zur Seite geht; der „Siebente der tapferen Götter", der meine Feinde unterwirft."

3. Regierungsform und Hof.

Das assyrisch-babylonische Wort für „König" ist šarru, d. h. der „Strahlende". Es kommt von dem nämlichen Wortstamm, von welchem der Glanz der Gestirne, der Glanz der aufgehenden Sonne šarūru genannt wird. Der Glanz des assyrischen Königs, des „großen Königs, des mächtigen Königs, des Königs des Alls, Königs von Assur", wie sich die assyrischen Könige zu nennen pflegen, blendet die Feinde und wirft sie zu Boden, aber mit freundlichem, belebendem Lichte leuchtet er den treuen Unterthanen des Königs. Wiederholt nennen sich assyrische Könige die „Sonne ihres Landes". Der assyrische König verdankt seine Berufung auf den Thron den Göttern, er ist König von Asurs Gnade. Schon im Mutterleib wird er von den Göttern zur Herrschaft über Assur ersehen und bereitet, wie denn Asurbanipal von sich sagt: „Ich bin Asurbanipal, das Geschöpf Asurs und Belits, dessen Namen Asur und Sin seit fernen Tagen zur Königsherrschaft berufen und im Leibe seiner Mutter zur Herrschaft über Assyrien erschaffen haben." Der König genießt die denkbar höchste Verehrung seiner Unterthanen, sie nahen ihm persönlich wie schriftlich in unterthänigster Ehrerbietung und der Götter Segen auf ihn herabflehend, aber von göttlicher Verehrung kann darum nicht die Rede sein. Der assyrische König ist der Gottheit vergleichbar, sein Palast, sein Throngemach wird dem Allerheiligsten der Gottheit verglichen, eine große Kluft ist zwischen dem König und seinen „Dienern" befestigt. Aber wie die Götter zugänglich sind jedwedem Menschen, der mit Gebet und Flehen ihnen naht, so sind auch die assyrischen Könige erreichbar einem jeden ihrer Unterthanen. Der rege schriftliche Verkehr, in welchem wir wenigstens zu Sanheribs und Asurbanipals Zeit Assyrer der verschiedensten Lebensstellung mit dem „König, ihrem Herrn" stehen sehen, die ziemlich ungezwungene Art, mit welcher jedermann eine Mitteilung, eine Bitt- oder Gnadengesuch, eine Rechtfertigung oder Anklage dem König unmittelbar vortragen durfte, giebt dem assyri-

Fig. 11. Assurbanipal auf der Jagd.

schen Königtum, obschon es unumschränkte Selbstherrschaft war, doch zugleich ein gewisses patriarchalisches Gepräge. Ein Hauptpunkt, in welchem sich das assyrische Königtum vom babylonischen unterschied und welches zur inneren Festigkeit der assyrischen Monarchie nicht wenig beitrug, war, daß der König gleichzeitig oberster Priester war. Er errichtet die Tempel, bestimmt Opfer und Tempelabgaben, setzt die Priester ein: die Priesterschaft, die überhaupt in Assyrien eine weit weniger hervorragende und einflußreiche Stellung einnahm als in Babylonien, ist durchaus abhängig vom König, dem „Statthalter Bels, dem Priester Aſurs". Bei allen Abbildungen von Opfern und Gebetsverrichtungen ſehen wir darum den dienſtthuenden Prieſter hinter dem König.

Der aſſyriſche Staat war Militärſtaat, Militärmonarchie. Die Armee ſpielt im aſſyriſchen Staatsweſen die erſte Rolle. Die meiſten aſſyriſchen Könige waren ſelbſt in erſter Linie Soldaten, zur Führung der aſſyriſchen Truppen von den Göttern erſehen und für dieſen ihren Beruf von früheſter Kindheit an erzogen, im Gebrauche der Waffen geübt und durch die Löwenjagd an todesmutige Tapferkeit gewöhnt. Die militäriſche Stufenleiter begann mit Vorgeſetzten über zehn und über fünfzig Mann, ſtieg dann empor zu den Offizieren (šakū) und den über größere Heeresabteilungen geſetzten Oberſten (rab kiṣir, etwa unſerem Major oder Oberſt entſprechend), weiter zu den Generälen (rabšakē und šudšakē), und gipfelte im Turtan, welcher ſeinerſeits einen Vice-Turtan gehabt zu haben ſcheint, da eine Beamtenliſte einen Turtan zur Rechten und einen zur Linken des Königs unterſcheidet. Der Turtan führte die Armee, wenn der König nicht ſelbſt auszog, und war des Königs rechte Hand in allen militäriſchen Dingen. Doch blieb der König wie der oberſte Kriegsherr, ſo auch, wenn irgend möglich, der oberſte Heerführer. Immer und überall iſt der König bei ſeinen Truppen: er zieht mit ihnen, alle Strapazen teilend, durch die Wüſte, er überſteigt ihnen voran, einem Hannibal gleich, die ſchneebedeckten Höhen und Päſſe Armeniens. Er iſt ſeinem Heere ein Vorbild in Ausdauer und Unerſchrockenheit, er teilt mit ſeinen Generälen unzweifelhaft auch nicht geringe ſtrategiſche Kenntniſſe: denn die durch Jahrhunderte hindurch auf den verſchiedenſten Kriegsſchauplätzen und unter allen nur erdenklichen Terrainverhältniſſen gewonnenen, er=

probten und immer erweiterten praktischen Kenntnisse in Truppenbeförderung, Truppenführung, Schlachtordnung, Belagerung u. s. w. erbten gewiß von einer Generation auf die andere und machten so allmählich die assyrischen Könige und Feldherrn zu Meistern der Kriegskunst. Das Heer bildet

Fig. 12. Bogenschützen, Streitwagen, Reiter, Gefangenentransport.
Von den Bronzethoren des Palastes Salmanassers II. in Balawat.

den Gegenstand unausgesetzter Fürsorge. In Bekleidung, Bewaffnung, Ausrüstung aller einzelnen Waffengattungen, in Herstellung immer wirksamerer Angriffsmittel zur Berennung der feindlichen Burgen und immer praktischerer

Hilfsmittel zur Überschreitung von Flüssen und Sümpfen und was dergleichen mehr ist, wird unablässig dem Besseren nachgestrebt. Ist's da ein Wunder, daß das assyrische Heer weithin durch Vorderasien im Rufe der Unbesiegbarkeit stand, daß das assyrische Reich einer der mächtigsten Militärstaaten war, den die Welt gesehen? Der Prophet Jesaia beschreibt das Nahen der assyrischen Heeressäulen nach persönlicher Anschauung mit den Worten: „Siehe! eilend und schnell kommen sie daher. Und ist keiner unter ihnen müde oder schwach, keiner schlummert noch schläft, keinem geht der Gürtel auf von seinen Lenden und keinem zerreißt ein Schuhriemen. Ihre Pfeile sind scharf und alle ihre Bogen gespannt. Ihrer Rosse Hufe sind wie Felsen geachtet und ihre Wagenräder wie ein Sturmwind. Sie brüllen wie Löwen, sie brausen und erhaschen den Raub und bringen ihn davon, daß niemand erretten kann." Jeder waffenfähige Mann Assyriens mußte die Waffen tragen, obschon zwischen den regulären „Truppen" und dem allgemeinen „Landesaufgebot" unterschieden wurde. Die Kerntruppen bildeten natürlich die Bewohner des Stammlandes; unter sie wurden die gefangen fortgeführten fremdländischen Soldaten geschickt verteilt, sodaß die Disziplin nicht gelockert werden konnte. Die erlesenste Truppe von allen aber war die Leibwache des Königs.

Das assyrische Reich war durchweg militärisch organisiert. Die lediglich tributären Vasallenstaaten Assyriens lassen wir hier außer Betracht: sie behielten zumeist ihre Einrichtungen und Gesetze, auch ihre regierende Dynastie bei, mit der Verpflichtung natürlich, den Großkönig als Oberherrn anzuerkennen, einen jährlichen Tribut zu zahlen und im Kriegsfall Hilfe zu leisten. Aber die Kernprovinzen des Reiches, die Städte und Distrikte Ninive, Kalah, Arbela

u. s. f., desgleichen die schon seit langer Zeit Assyrien einverleibten Provinzen wie z. B. Gozan, Tuschan, Arapcha, waren Statthaltern unterstellt, und ebenso erhielten die dem assyrischen Reich von Zeit zu Zeit neu angegliederten Provinzen ihre Statthalter von Ninive aus. Es waren dies zumeist höhere Offiziere, welche zugleich den Oberbefehl über die ihnen zur Aufrechthaltung der Ordnung mitgegebene Truppenzahl führten. Über alle diese Statthalter, welchen hauptsächlich auch die Erhebung der Abgaben in Geld und Naturalien oblag, war wieder Ein Statthalter, der Statthalter, wir würden vielleicht sagen, Generalpräfekt gesetzt. Er war der höchste Verwaltungsbeamte des assyrischen Reiches.

Eine Anzahl sonstiger höchster Würdenträger am assyrischen Hofe ist uns durch den sogen. Eponymenkanon bekannt geworden. Die Assyrer hatten von alters her die Einrichtung, die einzelnen Jahre mit dem Namen bestimmter Persönlichkeiten zu benennen. Während die Babylonier nach den Jahren des jedesmaligen Königs rechneten und datierten, wohl auch das eine und andere Jahr nach einem besonders wichtigen Ereignisse bezeichneten, hatten die Assyrer eine Art Archontat: der König und nach ihm die höchsten Hof- und Reichsbeamten gaben (wie es in der römischen Kaiserzeit mit den Konsuln der Fall war) je einem Jahr (limu d. i. Periode) ihren Namen. Diese Namen der sogen. „Eponyme" wurden, zum Teil mit Beifügung der Titel sowie der hervorragendsten Ereignisse des betreffenden Jahres, in Listen zusammengestellt, und solche Eponymenlisten sind uns in mehreren Exemplaren aus der Bibliothek Asurbanipals überkommen. Sie verzeichnen die Jahre von c. 911—666 v. Chr. in so gut wie ununterbrochener Reihenfolge und bilden, seitdem sie von Sir Henry Rawlinson im Jahre 1862 entdeckt wurden, eine der hauptsächlichsten Grundlagen für die Chronologie der alten vorderasiatischen Welt. In älterer Zeit bis zu Tiglathpileser III. pflegte der assyrische König seinem 1., spätestens 2. vollen Regierungsjahr seinen Namen zu verleihen. Seit Tiglathpileser III. kam dieser Gebrauch ab und die Könige übernahmen das „Archontat" in irgend einem beliebigen Jahr ihrer Regierung. Dem König folgte der Turtan, der Palasthauptmann, der Rabbilub (noch unbekannter Deutung) — die beiden letzteren auch in umgekehrter Folge —, der Großvezier und Generalpräfekt. Für diese Würdenträger war das Archontat ein Vorrecht ihres Amtes. Wenn wir dagegen neben und nach ihnen auch die Statthalter von Nisibis und Rezeph, von Kalah, Ninive, Arapcha und vielen anderen Städten und Provinzen, wohl auch einmal einen Rabsake als Eponym finden, so haben wir darin eine Auszeichnung der jeweiligen Person des Statthalters oder Generals, eine Art Ordensauszeichnung in Anerkennung besonderer Verdienste um das Reich zu erblicken.

In anbetracht des Umstandes, daß innerhalb des weiten assyrischen Reiches verschiedene Sprachen geredet wurden und darum fremdsprachige Schriftstücke erledigt, königliche Erlasse in fremde Sprachen verdolmetscht werden mußten, waren am königlichen Hofe besondere Kanzleien zu diesem Zwecke errichtet: neben dem „assyrischen" wird uns z. B. ein „aramäisches" Sekretariat namhaft gemacht.

Zu seiner persönlichen Bedienung hatte der König eine Menge von Dienern: die Söhne der assyrischen Aristokratie oder der „Häupter" versahen Pagendienste, vor allem aber waren es Eunuchen, welche nicht allein als Haremshüter Verwendung fanden, sondern auch eine Anzahl niederer Hofchargen bekleideten; die Reliefdarstellungen zeigen uns Eunuchen als königliche Bogen= und Köcherträger, als Fliegen=

abwehrer, Sonnenschirmhalter u. s. w. Über sie alle war ein oberster Eunuch (im A. T. Rab=saris genannt, Luther: „Erzkämmerer") gesetzt. Priester und Magier endlich verschiedenster Klassen, Beschwörer, Vogelschauer, Hofastronomen und =astrologen, Ärzte, dazu allerlei Musiker vervollständigten das Heer der Hofbeamten.

Unter den Frauen des Königs, zu welchen vielfach Töchter und sonstige Anverwandte der Könige der umliegenden Länder zählten, erfreute sich „die Palastdame" oder „die Königin", d. h. diejenige der Frauen, welche dem König den ersten Sohn, den zukünftigen Thronfolger geboren, einer bevorzugten, über die übrigen Haremsbewohnerinnen hoch emporragenden Stellung. Sie hatte Einfluß auf die Entschließungen des Königs, bewegte sich mit vollkommener Freiheit, wie sie denn z. B. das Recht hatte, zeitweilig wenigstens auch außerhalb der Residenz zu wohnen; sie hatte ihren eigenen Großvezier, genoß königliche Ehren und Auszeichnungen und wurde auch nach dem Tode des Königs in ihrer Eigenschaft als „Königin=Mutter" in hohen Ehren gehalten.

Die Rechtspflege darf als eine wohlgeregelte bezeichnet werden. Ungehorsam zwar, Empörung wider den König wurde unter allen Umständen in strenger militärischer Weise bestraft und die oft grausame Strafe vom König oder dessen Generälen ganz nach Belieben bestimmt. Aber im übrigen wurde Recht und Gerechtigkeit nach klaren, unumstößlichen Gesetzen gehandhabt, denen sogar der König trotz seiner autokratischen Gewalt sich beugte. Als Sargon die Ortschaft Magganubba am Fuße des Berges Musri zu seiner Königsstadt umbaute, kaufte er die hiezu benötigten Ländereien jener Ortschaft den betreffenden Eigentümern für Geld ab, und wer kein Geld wollte, durfte sich ein gleich=

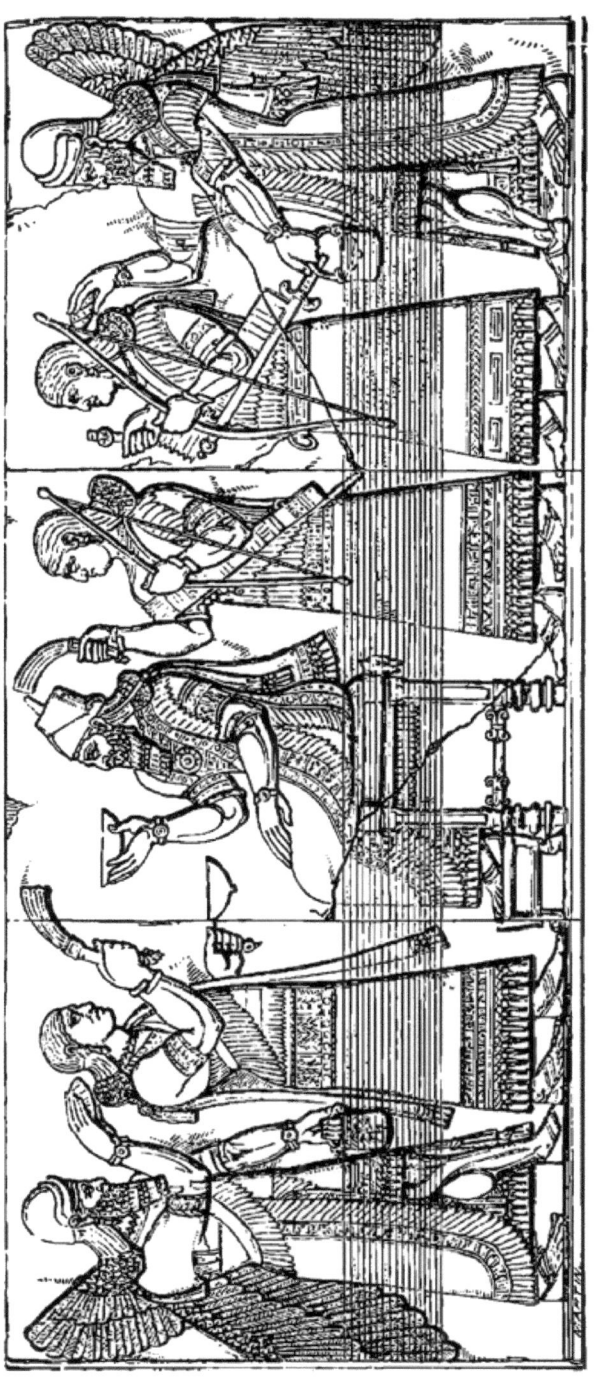

Fig. 13. Der König in feierlicher Umgebung von Eunuchen; rechts und links Genien mit dem Symbol der Befruchtung.

wertiges Grundstück wo immer er wollte wählen. Gerade in Bezug auf die Eigentumsverhältnisse war die Gesetzgebung sehr genau. Verkäufe und Vermietungen von liegenden Gütern wurden in feierlichster Form vollzogen, im Beisein mehrerer Zeugen, welche in die weiche Thontafel ihr Siegel, oder wenn sie keines besaßen, ihren Fingernagel eindrückten, desgleichen im Beisein eines rechtskundigen Beamten, der das Protokoll aufnahm und durch Namensunterschrift beglaubigte. Meist mußte eine bestimmte Summe als Faustpfand hinterlegt werden, welche im Falle des Kontraktbruches dem Tempelschatz der Göttin Istar zufiel.

Wie bei allen alten Völkern hatte auch bei den Assyrern der Gläubiger das Recht, einen zahlungsunfähigen Schuldner als Sklaven zu behalten, und zwar meist auf Lebenszeit. Wir finden wenigstens nirgends eine gesetzliche Bestimmung, welche solchen Sklavendienst auf eine bestimmte Anzahl von Jahren beschränkt hätte. Der Verkauf eines Sklaven unterlag den nämlichen Formalitäten wie der eines Güterstücks, wie man aus den noch vorhandenen Verkaufsurkunden ersehen kann.

4. Künste und Wissenschaften.

Bei allen Völkern des Altertums standen die Assyrer in dem Rufe, sehr geschickte Baumeister zu sein. Und dieser Ruf war wohl verdient. Sie haben ihre Lehrmeister in der Baukunst, die Babylonier, allem Anschein nach weit übertroffen. Eigentümlich bleibt nur, daß sie trotz ihres entschiedenen Verständnisses für Architektur bezüglich des Materials nicht von der Weise ihrer Lehrmeister abgingen, sondern den Backstein beibehielten, obwohl sie Bausteine genug in der Nähe hatten, wie denn Assyrien selbst in dem harten Muschelsandstein ein treffliches Baumaterial lieferte. Noch unerklärlicher ist es, daß sie auch ihre Terrassen auf gleich mangelhafte Weise konstruierten wie die Babylonier, nämlich aus Erde und an der Sonne getrockneten Backsteinen. Denn wenngleich diese Terrassen ebenso wie die Palastmauern behufs größerer Festigung mit behauenen Steinen bekleidet wurden, so konnte es doch nicht ausbleiben, daß die Terrasse sich senkte, die Pflasterungen und Mauern Risse bekamen und den Einsturz drohten. Ebendeshalb hören wir auch in Assyrien von so oftmaliger, meist nach verhältnismäßig kurzer Zeit nötiger Reparatur von Palästen und Tempeln.

Wie in Babylonien, waren auch in Assyrien alle wichtigeren Baulichkeiten, also obenan Tempel und Paläste, auf künstlichen Plattformen oder Terrassen errichtet, welche, wenn irgend ein Fluß da war, sich am Ufer dieses Flusses senkrecht erhoben und auf ihrer Oberfläche entweder mit sehr großen Backsteinen oder mit Steinplatten gepflastert waren, welche manchmal prachtvolle Ornamente zeigen. Der Aufgang zu einer solchen Terrasse lag immer gegen die Stadt hin, sodaß ein etwa eindringender Feind diese zuerst erobert haben mußte, ehe er in den Palast gelangen konnte. Der letztere wurde meist in einer Ecke der Terrasse gebaut, sodaß man von ihm aus außer stets frischer Luft auch noch eine weite Aussicht genoß.

Die Hauptbestandteile der Paläste waren Höfe, große Hallen und kleinere Gemächer. Die meist viereckigen Höfe sind, soweit man sie bis jetzt aufgedeckt hat, 40—76 m lang und 27—50 m breit, gewöhnlich gepflastert, und wurden wohl auch zu großen Versammlungen benützt. In die äußeren Höfe trat man, wenn der Aufgang zur Terrasse erstiegen war, durch einen Thorweg ein, welcher z. B. in

Sargons Palast wahrhaft großartig war. Innerhalb des über 6 m breiten Thorwegs stand auf jeder Seite, dem Eintretenden das Gesicht zukehrend, ein kolossaler geflügelter Stier mit Menschenkopf, nahezu 6 m hoch, und an den Mauern, welche sich links und rechts an dieses Thor anschlossen, je zwei etwas kleinere Stiere von 4,5 m Höhe, welche dem Herannahenden die Seite zuwandten. Hinter

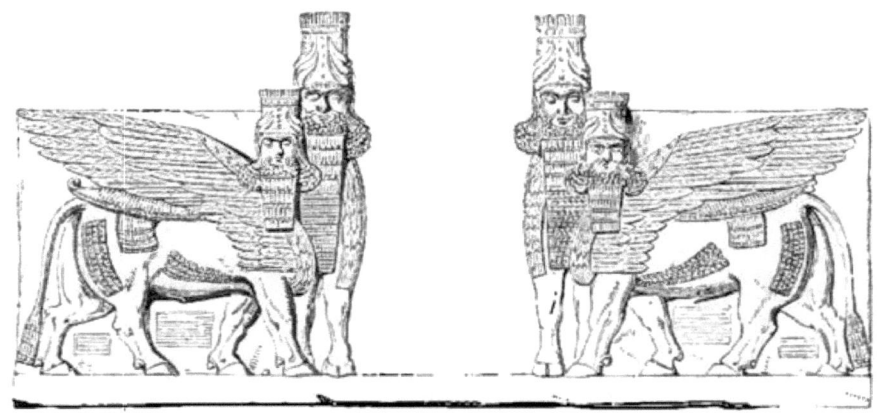

Fig. 14. Stierkolosse am Portal des Palastes in Khorsabad.

den beiden letzteren befand sich die auf S. 48 abgebildete riesige Figur des den Löwen (?) erwürgenden Izdubar. Ähnliche Thore führten auch von den Höfen in den eigentlichen Palast.

Sehr merkwürdig sind die großen Hallen, deren sich gewöhnlich mehrere in jedem Palaste befanden. Sie sind im Verhältnis zu ihrer Länge ziemlich schmal, oft 48—50 m lang bei 12 m Breite; in dem Palast Sanheribs findet sich sogar eine solche von 55 m Länge bei der angegebenen Breite. Nur in dem Palast Asarhaddons wurde der Versuch gemacht, größere Breite zu schaffen; dies führte aber zur Auf=

stellung von Säulen in der Mittellinie des Saales. Denn die genannte geringe Breite hatte offenbar ihren Grund in der Unmöglichkeit, den Saal zu bedecken, wenn man ihn breiter machte. Die Deckbalken wurden nämlich querüber gelegt, und 12 m lange Balken ließen sich zur Not schon beschaffen.

Diese Hallen nun waren mit Backsteinen gepflastert, die Seitenwände aber mit 3—4 m hohen Gips- oder Alabasterplatten bekleidet, auf welchen eine Menge Figuren in halberhabener Arbeit ausgehauen waren. Oberhalb dieser Platten befanden sich emaillierte Backsteine mit prächtigen Farben. Die ganze Höhe der Halle mag 5—6 m betragen haben. Um diese großen Hallen her lagen sodann die kleineren Gemächer, teils Quadrate, teils längere Rechtecke bildend, manchmal ebenso verziert wie die Hallen, manchmal vergipst oder mit glatten Steinplatten bekleidet. Die Zahl dieser kleineren Gemächer ist oft sehr groß: in dem Palast Sanheribs wurden bis jetzt 71 Gemächer aufgedeckt, und dabei ist ein großer Teil des Ganzen noch unberührt. Die Wände sind überall rechtwinklich aneinander stoßend und parallel, nirgends zeigt sich ein spitzer Winkel oder eine Kurve; im übrigen aber findet sich keinerlei Regelmäßigkeit in der Anlage der Gemächer.

Die Frage, ob die assyrischen Paläste zwei- oder nur einstockig waren, hat verschiedene Beantwortung erfahren, da bis jetzt nur Reste der ersten Stockwerke aufgedeckt wurden. Layard und Fergusson haben sich entschieden für das erstere ausgesprochen. Allein die von ihnen angegebenen Gründe erscheinen nicht zwingend, zumal da man bis jetzt gar keine Spur von Treppenanlagen gefunden hat, welche in die oberen Stockwerke geführt hätten. Freilich erklärt sich auch Rassam mit Bestimmtheit dahin, daß nach seinen

124 II. Assyrien.

Fig. 15. Inneres eines assyrischen Palastes. Rekonstruiert nach Layard.

Beobachtungen die meisten Königsbauten der Assyrer mindestens zwei Stockwerke hatten. Botta dagegen, der Entdecker der Sargonsstadt, behauptet mit gleicher Bestimmtheit, daß wenigstens die Gebäude in der Ruinenstätte Khorsabad nur einstockig gewesen seien.

Die weitere Frage, welche Bedachung die assyrischen Paläste gehabt haben, wird eben so verschieden beantwortet. Flandin glaubt, daß die Hallen und Zimmer oben mit Backsteinen gewölbt waren, und schließt es aus der Masse von Schutt, welcher die untern Räume bis zu 15—20 Fuß Höhe anfüllte. Botta erklärt sich gegen diese Annahme mit aller Entschiedenheit. Er sagt, diese Gewölbe wären für die Grundmauern zu schwer gewesen, und die Zahl der Backsteine, welche man innerhalb der Gemächer finde, sei viel zu geringfügig, als daß sie hätten ein Gewölbe bilden können. Auch liegen diese Backsteine nie in der Mitte der Gemächer, sondern an den Seitenwänden, zum Beweis, daß sie von dem obern Teil dieser herabgefallen seien. Dagegen zeuge die große Menge von Holzkohlen und Erde, welche sich stets in diesen unteren Räumen finde, dafür, daß dieselben flache Holzbedachung gehabt haben, die mit Erde bedeckt war, welche an ihrer oberen Fläche möglichst wasserdicht gemacht wurde. Wenn wir hören, daß die Assyrer gutes Bauholz von überall her, vom Amanus, Hermon und Libanon, bezogen, für welches sie doch eigentlich, wenn es sich um lange Balken handelte, keine andere Verwendung hatten als die Bedachung, so scheint uns die Annahme eines ebenen, flachen Daches wahrscheinlicher als die andere.

Zur Erhellung der Räume dienten entweder — und dies ist die Ansicht der meisten, welche mit dem Orient bekannt sind — sogen. Louvres (Oberlichter), d. h. Öffnungen, welche auf dem flachen Dache angebracht waren, wie man sie jetzt noch in Armenien findet, oder aber Fensteröffnungen, die sich oben an den Seitenwänden befanden.

Über die assyrischen Tempelbauten läßt sich zur Zeit noch ebensowenig Näheres aussagen wie über die babylonischen. Es scheint, daß die assyrischen Tempel etwas prunkvoller waren als jene. Das eigentliche Tempelgemach bildete ein längliches Viereck mit einem daranstoßenden quadratischen Nebengemach. Dieses Nebengemach ist immer mit Einem Stein gepflastert, dessen Bearbeitung und Herbeischaffung bedeutende mechanische Geschicklichkeit voraussetzt. Denn man hat einen solchen von 6,4 m Länge, 5 m Breite und 0,3 m Dicke gefunden, der also wohl 30 Tonnen oder 30 480 kg gewogen haben muß. Da in Sippar sowohl wie in Balawat (Assyrien) dieses an den Tempelraum stoßende kleine Gemach als Aufbewahrungsort der wichtigsten Tempelurkunden, sozusagen als Tempelarchiv diente, wird die frühere Ansicht, daß in ihm das Götterbild aufgestellt war, vielleicht aufzugeben sein. In der Cella des von Rassam im Jahr 1878 aufgefundenen Tempels Asurnazirpals in Kalah stand nach Rassams interessantem Bericht ein weniger hoher als breiter Marmoraltar, zu welchem drei Stufen emporführten, und rings um ihn her Marmorstühle, wahrscheinlich für die Priester bestimmt. In dem eigentlichen 150' langen und 90' breiten Tempelraum, welcher einst von Säulen getragen war, fanden sich, in vollster Verwirrung zwar, aber doch als ein deutliches Kennzeichen der einstigen Pracht, viele buntglasierte, schön bemalte Ziegel, zum Teil mit reicher Vergoldung, dazu Stücke von marmornen Dreifüßen. Hinter dem Altar war ebenfalls ein viereckiger Raum. Auch in Assyrien finden wir bei den Tempeln häufig einen sogen. Tempelturm oder Ziggurrat.

Von Privathäusern sind in Assyrien ebensowenig

4. Künste und Wissenschaften.

Überreste vorhanden, als in Babylonien, sodaß wir uns von ihnen kein bestimmtes Bild machen können. Denn die Abbildungen von Privathäusern, welche auf den Steinplatten der Paläste abgebildet sind, sind eben keine assyrischen, sondern fremde — es sind Häuser belagerter und eroberter Städte.

Die Bildhauerkunst der Assyrer ist der der Babylonier weit überlegen. Zwar ihre ganzen Figuren, ihre Statuen, sind immer noch plump und schwerfällig, meist von vorn nach hinten zu schmal, während die andern Dimensionen gewöhnlich richtig sind. Nur die Bildsäule des Königs Asurnazirpal, die in Nimrud gefunden wurde und jetzt im Britischen Museum sich befindet, ist von diesem Fehler ziemlich frei, auch sonst mit vieler Sorgfalt ausgearbeitet. Dagegen waren die Assyrer Meister in der halberhabenen Arbeit, dem Basrelief, welches sie überall anwendeten, wo es galt, ihre Könige und deren Heldenthaten zu verherrlichen, die Sitten und Gebräuche ihres Landes darzustellen u. s. w. Da sehen wir Kriegsbilder, Schlachten, Belagerungen, Verwüstung eines feindlichen Landes, See-Expeditionen und Triumpheinzüge mit Trophäen und Beute; religiöse Szenen, teils aus dem wirklichen Leben, teils aus der Mythe; Prozessionen von Tributträgern; Jagd-Darstellungen allerlei Art; Szenen aus dem gewöhnlichen Leben, den Transport der riesigen Löwen und Stiere, Landschaften, Gärten u. s. w. Es ist merkwürdig, wie sichtbar die Fortschritte sind, welche die Assyrer in dieser Kunst gemacht haben. Während ihre Basreliefs aus dem 10. Jahrhundert v. Chr. noch ziemlich steif und schwerfällig sind, zeigen die Arbeiten aus der Regierungszeit Sargons, Sanheribs schon bedeutend feinere Arbeit. Der Hintergrund wird reicher, die Pflanzen- und Tierformen sind natürlicher, besonders die Pferde oftmals sehr schön. Unter Asurbanipal aber erreichte die assyrische

Skulptur ihre Glanzperiode: die Basreliefs machen sich immer freier von den hergebrachten Formen und mit feinem Verständnis für die Gestalten der Tiere paart sich eine außerordentliche Pünktlichkeit und Genauigkeit in der Ausführung

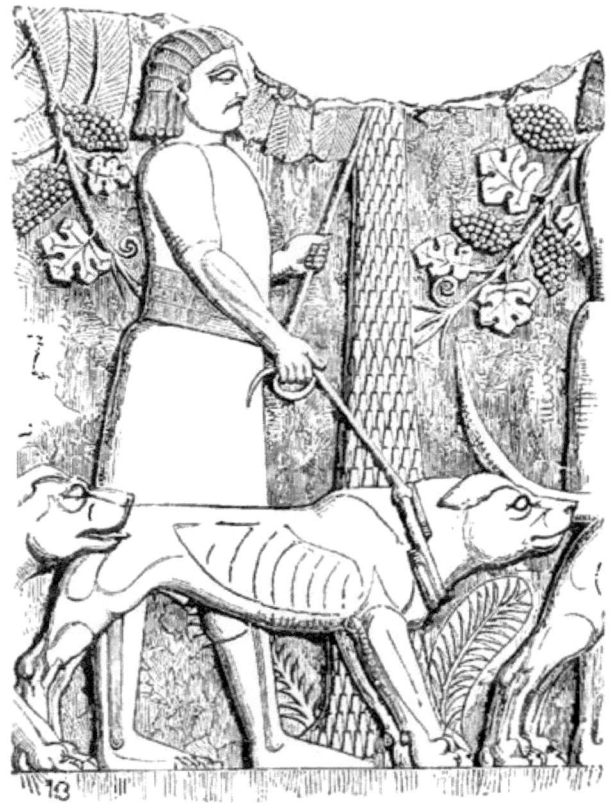

Fig. 16. Aus einer Jagdszene.

der menschlichen Figuren. Als Beweis für das Gesagte genügt es, auf die im Britischen Museum befindlichen Basreliefs aus dem sog. Löwenzimmer Asurbanipals hinzuweisen, welche den assyrischen König auf der Löwenjagd darstellen.

4. Künste und Wissenschaften.   129

Da sehen wir die Löwen und Löwinnen in allen nur denkbaren Stellungen und Zuständen: wir sehen sie verwundet am Boden sich krümmen, sehen sie unter den Rädern von Asurbanipals Streitwagen liegen und wütend mit den Zähnen in die Naben und Speichen greifen, und vor allem ist es eine verwundete, sterbende Löwin, welche durch die kaum zu übertreffende Naturwahrheit ihrer Darstellung höchstes kunstgeschichtliches Interesse erweckt hat.

Fig. 17. Löwenjagd des assyrischen Großkönigs.

Einige assyrische Skulpturen zeigen auch Bemalung einzelner Teile, z. B. der Haare, des Bartes, Kopfputzes, der Sandalen und Waffen, des Geschirres der Pferde, der Vögel, Blumen u. dgl., und zwar findet sich hauptsächlich rot, blau, schwarz und weiß angewendet, meist Mineralfarben.

Von gegossenen Figuren aus Metall finden sich fast nur Tiere, z. B. Löwen, welche aber nicht, wie man früher wohl gemeint hat, zum Durchziehen der Seile oder als Gewichte zur Befestigung der Zelte verwendet wurden. Vielmehr waren diese von Layard gefundenen kupfernen Löwen (sechzehn an der Zahl) wirkliche Gewichte, wie der

Umstand beweist, daß sie vom größten bis zum kleinsten in regelmäßiger Folge an Größe abnehmen. Auch Basreliefs zu Verzierungen an Stühlen und andern Gerätschaften wurden gefunden, desgleichen getriebene Arbeiten in Kupfer,

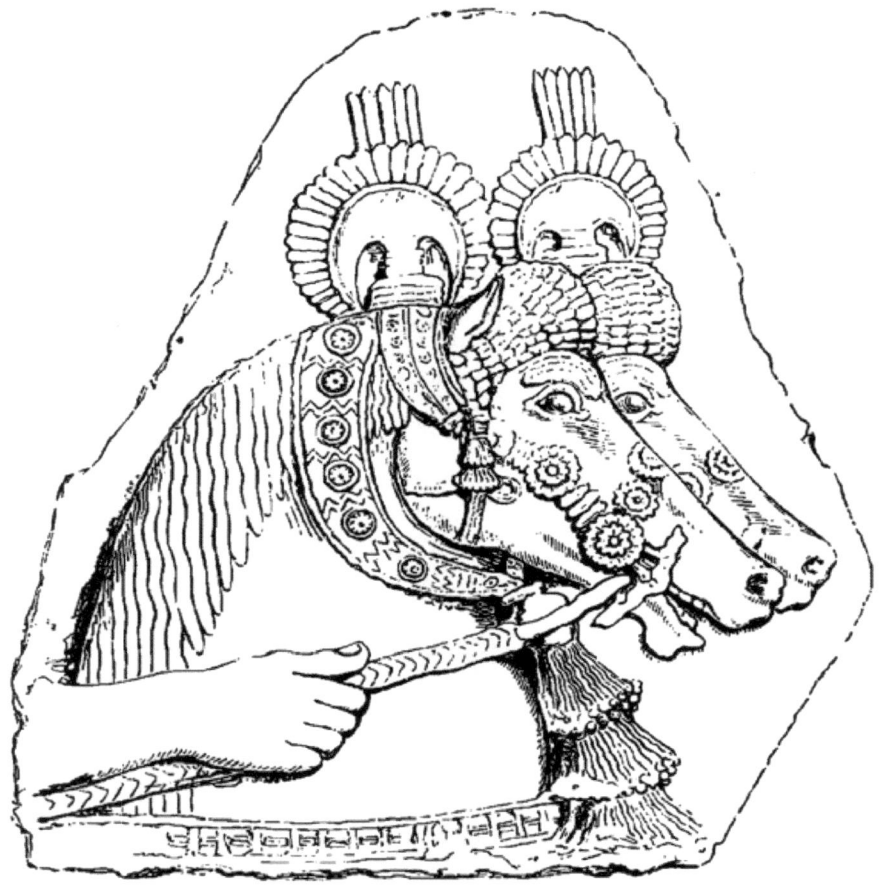

fig. 18. Pferdeköpfe auf assyrischen Basreliefs.

besonders aus späterer Zeit. Man vermutet, daß die letztern zum größten Teil von ägyptischen und sidonischen Arbeitern gefertigt worden seien, welche von Sargon und seinen Nach=

folgern als Gefangene nach Affyrien geführt wurden. Ebenfo waren Ohrringe und andere Schmucksachen aus Gold und Silber nichts Seltenes bei den vornehmen Affyrern, sie bekunden viel Geschicklichkeit und Geschmack in der Ausführung.

Ihre Arbeiten aus Elfenbein, die man gefunden hat, zeigen, so weit sie nicht wirklich ägyptisches Fabrikat sind, entschieden ägyptischen Geschmack.

Fig. 19. Gegossener Löwe als Gewicht.

Ihr Farbensinn zeigt sich am besten in ihren emaillierten Ziegeln, von welchen man eine große Menge gefunden hat. Sie dienten zu den Wandverkleidungen oberhalb der großen Basreliefplatten in den Gemächern der Paläste, und zeigen oftmals prachtvolle Ornamente, besonders in hellgrün, hellgelb, dunkelbraun und weiß. Auch dunkelblau und glänzend rot kommen oft nebeneinander vor. Doch benützten sie selten mehr als fünf Farben, gewöhnlich nur drei oder vier, z. B. rot, weiß, gelb und schwarz; oder dunkelgelb, schwarz=

braun, weiß und hellgelb; oder gelb, blau, weiß und braun; oder gelb, blau und weiß auf blauem Grund; oder weiß und gelb auf olivengrünem Grund. Nirgends aber zeigen sich harte Gegensätze. Die Backsteine wurden etwas gehärtet, ehe man sie bemalte und emaillierte, was dann immer nur auf Einer Seite geschah, wobei sie ein Silikat von Soda und Bleioxyd anwendeten. Dann erst wurden sie nochmals der Einwirkung des Feuers ausgesetzt, und zwar so, daß immer die bemalte Seite oben sich befand.

Die Zeichnungen auf ihren Intaglios und Gemmen sind meist etwas steif, die Ausführung aber sehr fein. Sie finden sich hauptsächlich auf Siegel=Cylindern von Serpentin, Jaspis, Chalcedon, Agat, Shenit, Quarz und Lapis lazuli, und enthalten meist religiöse oder Jagdszenen. Oppert glaubt, daß sie die genannten Steine benützten, weil sie ihnen eine gewisse Zauberkraft zuschrieben, welche den Menschen vor manchem Unheil bewahren könne.

Die Töpferarbeiten der Assyrer sind denen der Ägypter ähnlich; doch sagt Birch, daß sie feiner in Bezug auf das Material, glänzender in der Farbe, nicht so massiv und zu einem Gebrauch bestimmt waren, der teilweise in Ägypten nicht bekannt war. Ihre Gefäße sind nicht viel verschieden von den babylonischen, oftmals schön verziert und bemalt.

Einen außerordentlich feinen und reinen Thon verwendeten sie auch zu Cylindern und Tafeln, welche bei ihnen den Papyrus und das Pergament ersetzen mußten. Trotzdem daß sie die ersteren aushöhlten, um sie leichter und tragbarer zu machen, sind sie doch sehr fest, manchmal unglasiert, manchmal mit einer Quarzglasur oder einem weißen Überzug versehen, erstere meist von hellem Gelb oder leichtem Rot.

Ihre Glasarbeiten vergleicht Botta mit den venetianischen und böhmischen. Sie bestanden aus kleineren und größeren Flaschen und Schmuckgegenständen. Doch hat Layard auch eine schöne Röhre gefunden, welche auf ihrer äußeren Fläche mit Honigwaben ähnlichen Zellen verziert ist. Merkwürdig sind auch plankonvexe Linsen aus Glas, wie man deren eine in Nimrud gefunden hat. Man glaubt, daß sie bei der überaus kleinen Schrift als Vergrößerungsgläser gebraucht worden seien.

Die Hausgeräte der Assyrer, Tische, Stühle u. s. w., sind gewöhnlich mit Geschmack ausgeführt, teilweise sehr schön ornamentiert, besonders die Stühle der Könige.

Ihre Stickereien und Webereien müssen, so weit man sie aus den Skulpturen beurteilen kann, sehr geschmackvoll gewesen sein. Die oberen Teile der königlichen Kleider sind meist ganz gestickt mit menschlichen und tierischen Figuren, mit der Zeichnung des sogenannten Lebensbaumes, mit Jagdstücken und Rosetten.

Diese Erzeugnisse des assyrischen Kunstgewerbes mögen uns zur Besprechung ihres Handels überleiten. Von Profanschriftstellern der alten Zeit hören wir nur sehr wenig über diesen Punkt. Herodot sagt, daß „assyrische Waren" in sehr alter Zeit von den Phönikern nach Griechenland gebracht und dort an die Bewohner verkauft worden seien. Ebenso spricht er von einem zu seiner Zeit auf dem Euphrat geführten Handel zwischen Armenien und Babylon. Und auch Strabo waren die Hauptmärkte jener Zeit in Thapsakos am Euphrat und Opis am Tigris wohl bekannt. Dagegen sagt der Prophet Nahum von Ninive, daß es „voll Menschen sei wie ein Teich voll Wasser und voll von Kaufleuten, mehr denn der Sterne am Himmel"; und Ezechiel berichtet, daß unter andern auch „die Kaufleute aus Assur" nach Tyrus gekommen seien und mit köstlichen Stoffen, mit purpurblauen und buntgewirkten Tüchern und mit Kisten voll Zeugen, die sie fest und wohlverpackt auf seine Märkte führten, gehandelt haben. Die Inschriften der Könige haben sich so sehr mit deren Kriegszügen zu befassen, daß sie zu Berichten von Handelskarawanen keinen Raum finden.

Fig. 20. Assyrische Königstrachten.

Die Lage des Landes war für den Handel außerordentlich günstig. Von Nordwest und Südost war Assyrien durch den Tigris und Euphrat zu Wasser zugänglich, und der Weg vom Mittelmeer nach dem indischen Ozean ging am bequemsten über Damaskus und von dort aus an den Euphrat. Wahrscheinlich gingen auch durch Assyrien mehrere Karawanenstraßen. Bekannt ist eine vom Urumia=See über den Keli=schin=Paß an den großen Zab nach Nineve; sodann eine von Ekbatana über den Banneh-Paß nach Suleimanieh, Arbela und Nineve. Von dieser letzteren Stadt gingen vorzüglich zwei Wege nach Westen: einer an den Sindschar-Hügeln hin zum Chabur, nach Tiphsach (Thapsakos) an den Euphrat und von dort südlich nach Tadmor und über Damaskus nach Phönikien; ein zweiter mehr nördlich am Mons Masius hin nach Haran und von dort über Biredschik nach dem oberen Syrien und Kleinasien. Vergl. zu dem Gesagten 1 Kö. 5, 4 einer- und Ez. 27, 23 andererseits. Daß von Nineve auch mehrere Straßen gegen Norden führten, beweist eine Reihe von Spuren assyrischer Niederlassungen.

Welches waren nun die Hauptartikel ihrer Ein- und Ausfuhr? Soweit wir aus den Inschriften und sonderlich aus den gefundenen Gegenständen selbst schließen können, führten sie ein: Gold, Zinn, Elfenbein, Blei, Steine verschiedener Art, Perlen. Von Gold ist allerdings in den Ruinen wenig mehr zu finden; daß es aber in großer Menge vorhanden war, erhellt aus allem, was wir von Assyrien und besonders vom Hofe wissen. Allein die Verwüster der Paläste haben eben gethan nach Nahums Weissagung: „So raubet nun Silber, raubet Gold; denn hier ist der Schätze kein Ende, hier ist aller köstlichen Kleinodien Herrlichstes beisammen." Da wir von Goldminen innerhalb des assyrischen Landes nichts hören, so muß es von auswärts bezogen worden sein, zumeist wohl, wie in altbabylonischer Zeit, aus Ägypten. Das Zinn, welches die Assyrer hauptsächlich zur Fabrikation der Bronze benützten, bezogen sie ohne Zweifel von den Phönikern, welche es in England und auf den Scilly-Inseln holten. Elfenbein wurde von den Assyrern in großer Menge verarbeitet, und obwohl sie es, wie das Gold, auch als Tributzahlung von unterworfenen Völkern erhielten, müssen sie es doch auch sonst noch eingeführt haben. Übrigens ist zu beachten, daß es wenigstens noch zu Tiglathpilesers I. Zeit in Mesopotamien selbst Elefanten gab, deren Elfenbein auch den ägyptischen Königen der älteren Zeit einen Zug nach dem „Lande zwischen den Strömen" wert erscheinen ließ. Die Assyrer waren große Liebhaber schöner Steine. Da aber nur einzelne Edelsteine als in Babylonien vorkommend bezeichnet werden, so mußten sie die andern einführen. Selbstverständlich spielen auch in den Aufzählungen der Tributgegenstände und Geschenke der unterwürfigen Fürsten und Länder Edelsteine eine große Rolle. Die Perlen, welche man in den Ohrringen der Assyrer findet, stammten ohne Zweifel aus dem persischen Meerbusen; die dortigen Perlenfischereien wurden ja auch dem Nearch, dem Flottenkommandanten Alexanders, gezeigt. Auch im Buch Hiob (28, 18) geschieht bekanntlich der Perlen Erwähnung. So ließen sich noch mancherlei Artikel anführen, welche zwar nicht ausdrücklich genannt werden, mit welchen die Assyrer aber doch wohl versehen sein mußten und die sie ebendarum aus andern Ländern auf dem Wege des Handels erhalten haben werden. Anders war es mit dem Zedernholz: dieses holten sich die assyrischen Könige zumeist entweder selbst vom Amanus-Gebirg und vom Libanon oder sie erhielten es von den phönikischen und hettitischen Königen als Tribut.

Aber was hatten sie nun selbst als Tauschartikel gegen diese von ihnen eingeführten Waren? Daß die Phöniker „assyrische Waren" nach Griechenland brachten, haben wir oben von Herodot vernommen; er sagt aber nicht, welcher Art sie gewesen. Die andern Profanhistoriker schweigen völlig über diesen Punkt, und wir sind deshalb darauf angewiesen, aus einzelnen Andeutungen und Aussprüchen des Alten Testaments Schlüsse zu ziehen. Ez. 27, 23. 24 wurde bereits angeführt; aus dieser Stelle erhellt deutlich, daß die Assyrer die Produkte ihrer Webereien auch ausführten. Von ihren Glaswaren und Metallgefäßen hat man bis jetzt noch nichts außerhalb der Grenzen ihrer Herrschaft gefunden; denn Cypern, wo dergleichen entdeckt wurde, stand ja eine Zeit lang unter assyrischer Oberherrschaft. Dagegen haben wir Andeutungen, daß sie Spezereien ausführten. Horaz spricht von assyrischer Narde, Virgil von assyrischem Amomum und Tibull von assyrischen Wohlgerüchen im allgemeinen.

Der Ackerbau der Assyrer, welche, gleich den Babyloniern nach Herodots Angabe, hauptsächlich Waizen, Gerste, Sesam und Hirse gepflanzt haben werden, muß ein sehr ausgedehnter gewesen sein. Dazu war aber nach der Lage und Beschaffenheit des Landes eine reiche Bewässerung notwendig. Und diese haben sie auch nach allem, was wir wissen, herzustellen gewußt. Man hat nicht allein Ruinen von unterirdischen Kanälen gefunden, z. B. in der Nähe von Nimrud, sondern es zeigen sich auch überall Spuren von oberirdischen Wasserleitungen, welche von den verschiedenen Strömen aus über das Land sich verzweigten. Die Keilinschriften erwähnen wiederholt der Kanalbauten assyrischer Könige; Asur-ban, Asurnazirpal und vor allem Sanherib ließen sich die Bewässerung des Landes angelegen sein. Dies bezeugen auch die großen Wehre, welche man im Tigris gefunden hat, aus gehauenen Steinen gebaut, die mit eisernen Klammern zusammengefügt sind. Diese Wehre dienten nicht, wie Strabo meinte, zum Schutz der Städte vor feindlichen Flotten, sondern zum Stauen des Stromes, um sein Wasser über das Land zu leiten und so dasselbe fruchtbar zu machen. Aus einzelnen Andeutungen ist auch zu schließen, daß sie selbst auf höher gelegenen

Plätzen Wasser-Reservoirs anlegten, die sie wohl vom Fluß aus mittelst Händearbeit füllten, um dann das fruchtbringende Naß von dort aus weiter zu leiten. Ihre Pflüge waren, den noch vorhandenen Abbildungen nach, sehr einfach, ähnlich denen, welche jetzt noch bei den Türken und Arabern in Gebrauch sind.

Außer den Kornfrüchten pflanzten die Assyrer den Weinstock in verschiedenen Teilen ihres Landes, z. B. in Nineve selbst, in den königlichen Gärten. An manchen Stellen scheint er auch wild gewachsen zu sein. Bei dieser Gelegenheit sei ein Relief mitgeteilt, welches den König und seine Gemahlin darstellt, wie sie auf prächtigen Polstern im Garten ruhen und dabei aus kostbaren Schalen trinken; über ihren Häuptern ranken sich Weinreben an den Bäumen empor (S. 139).

Von Fortschritten, welche die Assyrer in den **Wissenschaften** über die Babylonier hinaus gemacht hätten, läßt sich vorerst nicht viel sagen. Die meisten und wichtigsten wissenschaftlichen Litteraturwerke, welche uns bis jetzt aus der berühmten Bibliothek Asurbanipals überkommen sind, geben sich als Abschriften altbabylonischer Originale.

Nur auf Einen Punkt, über welchen die assyrischen Skulpturen Licht verbreiten, mag hier noch etwas näher eingegangen werden, nämlich auf die Kenntnisse der Assyrer in der **praktischen Mechanik**. Ein Relief aus Kujundschik (S. 141) zeigt uns, wie sie einen ihrer kolossalen Stiere, der ganz fertig ausgearbeitet ist, an seine Stelle befördern. Der manche Tonnen schwere Koloß steht auf einem hölzernen Schlitten, der vorn bootartig aufwärts gebogen ist. An diesem sind auf beiden Seiten aufrecht stehende Balken befestigt, so hoch als das Bild, welche wieder durch Querbalken mit einander verbunden sind. An dem

4. Künste und Wissenschaften.

Fig. 21. König und Königin im Lustgarten.

oberen Ende der senkrechten Balken sind starke Taue angebracht, und auf jeder Seite geht eine Anzahl Männer, welche an ihnen ziehen, wenn der Stein sich nach der entgegengesetzten Seite neigen sollte. Neben ihnen gehen andere, welche Stangen tragen, an denen oben feste Gabeln sich befinden. Mit diesen stützen sie das Gerüste an dem mittleren Querbalken, sobald der Stein auf ihre eigene Seite sich neigen will. Am vordern und hintern Ende des Schlittens sind starke Taue sehr kunstreich angeknüpft, sodaß der Knoten sich nicht lösen kann. An diese Taue sind eine Menge Männer mittelst Schleifen angespannt, welche über ihre eine Schulter und unter der andern durchgehen, sodaß sie gleichsam mit ihrem ganzen Körpergewicht ziehen können, und nicht auf die Kraft ihrer Arme allein angewiesen sind. Links und rechts vom Schlitten sehen wir eine große Anzahl Männer, welche dünne Walzen tragen, die sie vor dem Schlitten unterlegen und hinten wieder wegnehmen, wenn derselbe darüber hingerollt ist. Um die Vorwärtsbewegung noch weiter zu erleichtern, sieht man hinten am Schlitten starke Hebel eingesetzt, denen hölzerne Keile als Unterstützungs= und Drehungspunkte dienen. Und da sie wußten, daß um so weniger Kraft erforderlich ist, je weiter vom Unterstützungspunkt dieselbe angewendet wird, so waren an dem äußersten Ende der Hebelstange, das man mit dem Arm allein nicht erreichen konnte, Seile angebracht, an welchen die Männer zogen. Es scheint, daß sie auf diese Weise ihre kolossalen Stiere und Löwen mittelst geneigter Bahnen auf die Terrassen und an ihre Standorte beförderten. Wir finden auf den Basreliefs wohl auch einfache Krahnen, um Wasser in die Höhe zu schaffen; aber etwas unsern neueren Hebemaschinen Ähnliches hat man noch nicht entdeckt. So ist es wohl nicht anders möglich,

4. Künste und Wissenschaften.

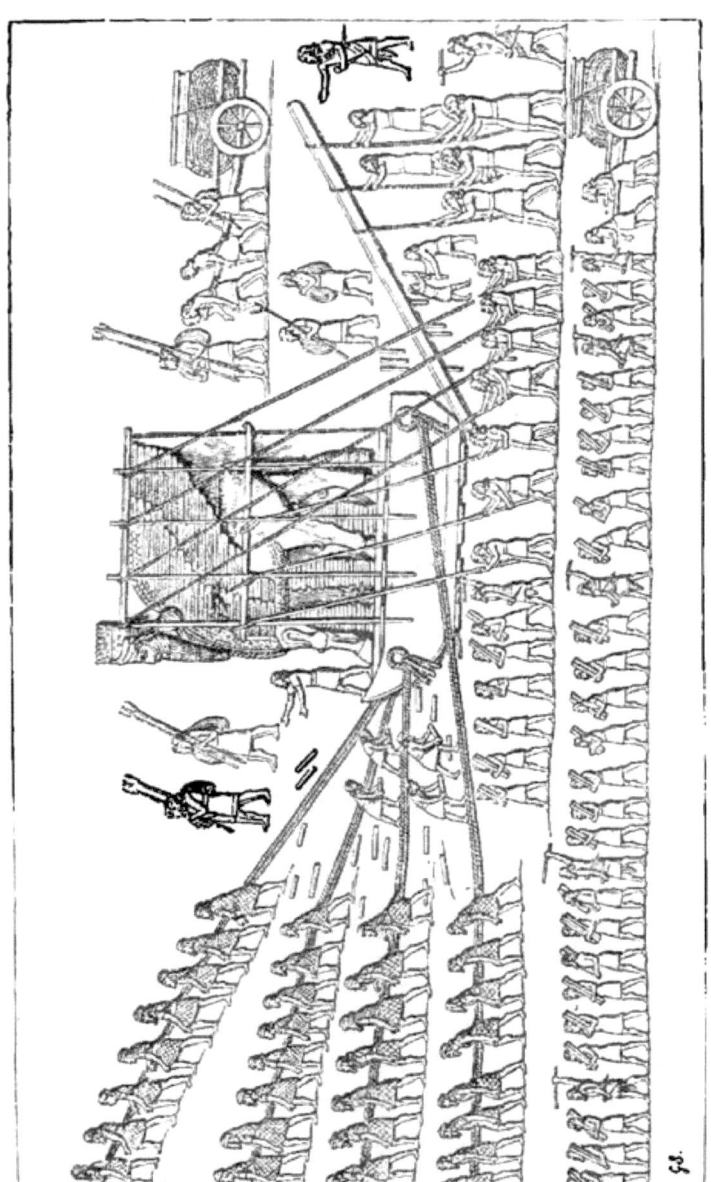

Fig. 22. Fortbewegung eines Stierkolosses.
Nach einem Basrelief teilweise restauriert (nach Layard).

als daß sie auf die angegebene Weise ihre Lasten in die Höhe schafften.

Wir ersehen aus allen diesen Darlegungen, daß die Assyrer in Künsten und Gewerben und deren Anwendung auf das Leben den alten Ägyptern jedenfalls gleichstehen. Eine gegenseitige Einwirkung beider Nationen läßt sich nur in einzelnen unbedeutenderen Fällen nachweisen. Was aber die schönen Künste, d. h. zunächst die Bildhauerarbeiten betrifft, so sind die Assyrer den Ägyptern und ebenso den asiatischen Völkern bei weitem voraus, besonders wenn wir die Erzeugnisse der späteren Zeit in Betracht ziehen. Ja, man wird sagen dürfen, daß die Assyrer in der Behandlung des Basreliefs zu Asarhaddons und Asurbanipals Zeit nahezu auf der Höhe angekommen waren, welche die Griechen zwei Jahrhunderte später erreichten.

5. Geschichte.

Bevor wir in diesen Abschnitt eintreten, müssen wir den Leser bitten, sich der mannigfachen Bilder zu entschlagen, welche die Phantasie der alten Historiker und ihrer Abschreiber vor unsere Augen gezaubert hat. Denn alles was wir von Ninus und Semiramis, von ihren Helden- und Kriegsthaten gelesen und gehört haben, ist in das Reich der Fabel zu verweisen; die assyrische Geschichte kennt weder den Ninus noch die Semiramis der Sage, ebensowenig einen weibischen Schwächling, der dem Sardanapal gliche. Was Ktesias und seine Abschreiber von diesen Persönlichkeiten erzählen, sind Götter- und Heldensagen, die jener aus persischem Munde vernommen und auf die genannten Personen übertragen hat.

5. Geschichte.

Ursprung und Anfang des assyrischen Reiches verliert sich nicht in dem Maße in das geheimnisvolle Dunkel vorhistorischer Zeit, wie es sonst bei den alten Reichen der Fall ist. Mag man 1 Mos. 10, 11 f.: „aus jenem Lande (nämlich Sinear) zog Nimrod aus nach Assur und gründete Nineve und Rehoboth Ir und Kalah und Resen" so oder anders („aus jenem Lande zog Assur aus" u. s. w.) übersetzen — die in diesen Versen ausgesprochene Grundanschauung, daß die Assyrer von den Babyloniern ausgezogen, ist, wie schon S. 101 f. hervorgehoben wurde, durch die Denkmalforschung allenthalben bestätigt worden.

Um welche Zeit die Abzweigung der Assyrer von dem babylonischen Stamm stattgefunden, läßt sich naturgemäß ganz genau nicht feststellen, jedenfalls geschah dies noch geraume Zeit vor 2000 v. Chr. Die ältesten uns zur Zeit bekannten assyrischen Herrscher, die sich aber noch nicht „König" nennen, sondern „Issakku (d. i. wohl Stellvertreter, keinesfalls Priester) des Gottes Asur", sind Isme-Dagan („Erhört hat Dagon") c. 1840 v. Chr. und sein Sohn Samsi-Ramman („meine Sonne ist Ramman"), welcher den Anu- und Rammantempel in der Stadt Assur gründete, nach Tiglathpilesers I. Angabe 641 Jahre vor Asur-ban (der den baufällig gewordenen Tempel niederreißen ließ), also 1821 v. Chr. Auch der Istartempel in Nineve ward durch Samsi-Ramman „erneuert". Andere assyrische Issakkus sind: ein zweiter Samsi-Ramman, Sohn des Igur-kapkapu, der Erbauer des Asurtempels in Assur; ferner Challu und sein Sohn Irisum, welche ebenfalls in Assur residierten oder wenigstens Bauten aufführten. Daß diese assyrischen Issakkus in einem Abhängigkeitsverhältnis zu den Königen Babyloniens standen, läßt sich weder mit Sicherheit behaupten noch abweisen.

Der Beginn des selbständigen assyrischen Königtums fällt, wie schon in der Geschichte Altbabyloniens (S. 90) bemerkt wurde, etwa in die Zeit der ersten Könige der III. babylonischen Dynastie, die wir einstweilen als die „kossäische" bezeichneten, also etwa in die Jahre 1700—1600 v. Chr. Als ältester assyrischer König wird uns Bel-kapkapu genannt, mit der gleichzeitigen Bemerkung, daß er noch vor dem gewiß gleichfalls sehr alten König Sulili gelebt habe. Der erste uns zur Zeit bekannte assyrische König, über den wir bestimmtere Kunde haben, ist Asur-bel-nisesu („Asur ist der Herr seiner Völker") c. 1480 v. Chr.

Die Selbständigmachung Assyriens als eines Königreiches mußte Assyrien natürlich sofort in politische Beziehungen zu seinem Stammland Babylonien bringen. Anfangs friedlicher Natur gingen diese Beziehungen frühzeitig in kriegerische über.

Unter Asur=bel=nisesu, dem Zeitgenossen des babylonischen Königs Karaïndas, desgleichen unter Puzur=Asur („Geborgen in Asur"), dem Zeitgenossen des Purnapurias, einigten sich beide Staaten friedlich über die gegenseitigen Grenzen (s. S. 91), und das friedliche Verhältnis bestand auch noch unter Asur=nadin=ache („Asur ist's, der Brüder schenkt"), c. 1420, dem Zeitgenossen von Amenophis IV. (wie ein neuerdings aufgefundener Brief von Asur=nadin=ache an diesen ägyptischen Pharao lehrt). Als aber unter seinem Sohn **Asur-uballit** („Asur hat das Leben geschenkt"), welcher seine Tochter Muballitat=Serua seinem babylonischen Mitkönig (Purnapurias? oder ein zweiter Karaïndas?) zur Frau gegeben, die Kossäer wider deren Sohn Karachardas, jedenfalls weil er von assyrischem Geblüt war, sich empörten, ihn töteten und statt seiner einen gewissen Nazibugas von unbekannter Herkunft zum König über sich erhoben, da war der erste Streitfall gegeben, welcher eine assyrische Einmischung in die babylonischen Angelegenheiten notwendig machte oder wenigstens rechtfertigte. Seinen Enkel zu rächen und die seiner Tochter angethane Schmach zu sühnen, rückte Asur-uballit in Babylonien ein, tötete den Nazibugas und setzte den jungen (jüngsten) Sohn des Purnapurias, Kurigalzu II., auf den Thron seines Vaters. Aber Kurigalzu durfte, gerade weil er eine Kreatur des assyrischen Königs war, mit den Assyrern nicht lange Freundschaft halten, wollte er anders vor seinen kossäischen Stammesgenossen Gnade finden, und so sehen wir ihn denn mit Asur-uballits Sohn*) und Nachfolger Bel-nirari ("Bel ist mein Helfer"), c. 1380, in Krieg. Belnirari besiegte ihn bei der Stadt Sugagu, und die Hälfte des Gebiets zwischen dem Lande Subaru (ein Land, gegen welches schon Asur-uballit einen siegreichen Feldzug unternommen hatte) und Karduniaš, d. i. Babylonien, also etwa das Gebiet nördlich von der am Dijala gelegenen nordbabylonischen Stadt Me-Turnat, fiel an Assyrien. Die Steintafel Ramman-niraris I. erwähnt diesen Sieg als einen Sieg über die „Kašši" d. i. über die Kossäer.

Bel-niraris Sohn Pudi-ilu (c. 1360) befestigte und erweiterte die assyrische Herrschaft in den neugewonnenen Ländern, indem er die östlich vom unteren Zab und Dijala gegen Elam hin wohnenden Stämme der Kutu und Sutu u. a. besiegte. Der Dijala, welcher aus zwei in den Zagros-Ketten entspringenden Flüssen, dem Holwan und Schirwan, entsteht und wenig unterhalb von Bagdad in den Tigris mündet, führte bei den Babyloniern und Assyrern den

---

*) Daß Asur-uballit Vater des Bel-nirari, dieser der Vater des Pudi-ilu und dieser der Vater Ramman-niraris I. gewesen ist, lehren Backsteinlegenden aus Kileh-Schergat und eine ebendaher stammende große beschriebene Steintafel Ramman-niraris I.

Namen Turnat; daher der ebenerwähnte Stadtname Me-Turnat, d. i. „Turnats-Wasser". Sonst wissen wir noch von Pudi-ilu, daß er einen Sonnentempel baute, wahrscheinlich in Assur.

Sein Sohn **Ramman-nirari I.** (c. 1345) hatte ebenfalls mit den Stämmen und Ländern Kutu, Lulumu und Subaru zu thun (jedenfalls siegreich, denn er rühmt sich, „alle Feinde droben und drunten zerschmettert" zu haben) und besiegte außerdem den babylonischen König Nazi-Marad(?)das bei Kar-Istar-Akarsallu, worauf er die Grenzen des Reichs abermals in südöstlicher Richtung erweiterte.

Ihm folgte sein Sohn **Salmanasser I.** (c. 1330), keilschriftlich Sulman-asared („der Gott Sulman steht an der Spitze"). Backsteine aus Kileh-Schergat tragen die Inschrift: „Palast Salmanassers, Königs von Assur, Sohns des Ramman-nirari, Königs von Assur." Daß auch er ein Eroberer war, erfahren wir von Asurnazirpal, welcher in seinen Annalen erzählt, daß im J. 882 jene Assyrer, welche der König Salmanasser, sein Vorfahr, in Ortschaften unweit der Stadt Dambamusa als eine Art Militärkolonie angesiedelt hatte, sich samt ihrem Stadtobersten Chulai empört hätten, und gegen Dambamusa, eine Residenz des assyrischen Königs, heranrückten, um sie wegzunehmen. Jene Ortschaften, namens Kinabu, Tela u. s. w., lagen am Oberlauf des Tigris, etwa in der Nähe des heutigen Diarbekr, woraus wir sehen, daß Salmanasser die Grenzen des assyrischen Reiches ziemlich weit gegen Nordwesten hinausrückte. Aus diesem Grunde verlegte er vielleicht auch seine Residenz von dem südlich gelegenen Assur mehr nordwärts in die Stadt Kalah, deren Erbauer er ist. Auch diese Thatsache berichtet Asurnazirpal, indem er sagt: „Die alte Stadt Kalah, welche Salmanasser, König von Assur, der Große, mein Vorfahr, gebaut hatte, war verfallen und heruntergekommen, ich habe diese Stadt neu aufgebaut." Die Wahl dieses Platzes zur Haupt- und Residenzstadt war eine sehr glückliche, sofern dieselbe gegen Westen durch den Tigris, gegen Süden und Südosten durch den obern Zab hinreichend geschützt war, und fast mitten in der fruchtbaren Landschaft des mittleren Tigris lag. Salmanasser I. restaurierte auch den Istartempel in Ninewe und erweiterte das große Heiligtum E-chursag-kurkura, „das Haus des Länderberges", in der Stadt Assur. Der Gott Asur selbst wird ein Bewohner dieses letzteren Tempels genannt.

Salmanassers I. Nachfolger war sein Sohn **Tukulti-Adar I.** („mein Beistand ist Adar"). Daß auch er in nordwestlicher Richtung kriegerisch thätig war, geht daraus hervor, daß er an der Quelle des Flusses Subnat (heutzutage Sebbeneh-Su), der oberhalb von Diarbekr gegenüber der Stadt Arghana in den Tigris mündet, ein Bildnis seiner Majestät in die Felsen einhauen ließ, natürlich zur Verherrlichung seiner Kriegsthaten. Das Wichtigste indes aus seiner Regierungszeit ist, daß er Babylonien und zwar, wie es nach dem ihm von Ramman-nirari III. beigelegten Titel „König von Sumer und Akkad" scheint, ganz Babylonien — vorübergehend wenigstens — unter assyrische Gewalt brachte. Wir besitzen in einer auf Sanheribs Befehl angefertigten Kopie die Aufschrift eines Lapis-lazuli-Siegels des Königs Tukulti-Adar, welches er selbst als „Eigentum (?) des Landes Kardunias" bezeichnet. Diese Aufschrift lautet: „Tukulti-Adar, König des Alls, Sohn Salmanassers, Königs von Assur. Eigentum des Landes Kardunisi. Wer meine Schrift, meinen Namen ändern wird, dessen Namen und Land mögen Asur und Ramman vernichten." Sanherib, der diese Aufschrift mitteilt, bemerkt dazu: „Dieses Siegel war a u s

Assyrien nach Akkad .... (ša ri ik ta din).*) Ich, Sanherib, König von Assur, habe nach 600 Jahren Babel erobert und aus dem Schatze Babels es herausgenommen." Wie und wann dieses Siegel nach Babylon kam, ob unter Tukulti-Adar selbst oder einem seiner Nachfolger, läßt sich mit Sicherheit noch nicht bestimmen. Gewiß ist nur, daß er nach dieser Nachricht mindestens 600 Jahre vor Sanheribs Eroberung Babylons (der ersten im J. 702 oder — so Winckler — der zweiten im J. 689), also um 1302 oder 1289 regiert haben muß. Ob sich Tukulti-Adar bis zum Ende seiner Regierung als König von Babylon behauptet habe, und ob einer oder mehrere seiner Nachfolger auf dem assyrischen Thron gleich ihm „König von Sumer und Akkad" gewesen seien, wissen wir nicht, doch darf das Letztere getrost als wenig wahrscheinlich bezeichnet werden.

Um das Jahr 1210 v. Chr. sehen wir Assyrien und Babylonien von neuem in heftigen Kämpfen. Welcher der beiden Könige, deren Namen mit Ramman beginnt, ob Ramman-sum-iddina oder Ramman-sum-uzur (diese Lesungen der beiden Namen sind die einzig berechtigten) der Zeitgenosse Bel-kudur-uzurs („Bel, schütze die Grenze!") von Assyrien (c. 1210) gewesen ist, steht noch nicht fest. Doch wissen wir, daß sie mit einander gekämpft haben, und zwar scheint es, daß die Assyrer geschlagen wurden und Bel-kudur-uzur in der Schlacht fiel, worauf (sein Sohn?) Adar-pal-esara in sein Land zurückkehrte. Als aber der Babylonierkönig mit großer Truppenmacht zum Angriff auf die Stadt Assur selbst vorrückte, schlug er das babylonische Heer siegreich zurück und zwang es zur Heimkehr. Ebendeshalb rühmt Tiglathpileser I. diesen seinen Urur-

---

*) Leider nicht ganz zweifelloser Bedeutung. Winckler: „es war geschenkt, gestiftet (?) worden".

großvater Adar-pal-esara als Schirmherrn seines Landes, „welcher die Heere Assyriens mit fester Hand leitete." Eine Einbuße an Gebiet jenseits des Zab scheint übrigens doch für Assyrien die Folge jenes unglücklichen Kriegszuges unter Bel-kudur-uzur gewesen zu sein, da unter Asur-dan sogar die Stadt Zaban wieder in babylonischem Besitze erscheint.

Adar-pal-esaras Sohn, **Asur-dan I.** („Asur ist Richter"), c. 1200—1150, wird von seinem Urenkel Tiglathpileser I. ein König genannt, „der ein glänzendes Zepter trug und die Menschheit Bels regierte, dessen Händewerk und Opferspende den großen Göttern wohlgefiel und der in höchstes Greisenalter gelangte." Obschon hiernach Asur-dan I. gewiß sehr lange über Assyrien herrschte, wissen wir doch bislang nur zweierlei von ihm. Das eine ist, daß er gegen den babylonischen König Zamama-sum-iddina, welcher unmittelbar nach seiner Thronbesteigung wider Assyrien sich feindlich gezeigt haben muß, einen siegreichen Zug unternahm, welcher dem babylonischen König augenscheinlich den Thron kostete. Asur-dan eroberte die Städte Zaban, Irria und Akarsallu und führte große Beute in seine Hauptstadt. Das zweite ist, daß er den Anu- und Rammantempel, welchen Samsi-Rammau in der Stadt Assur gebaut hatte, und der den Einsturz drohte, niederreißen ließ, ohne selbst zu seinem Wiederaufbau zu kommen. Erst Tiglathpileser I. führte den Tempel neu auf.

Asur-dans I. Nachfolger war sein Sohn **Mutakkil-Nusku** („der Gott Nusku ermutigt"), c. 1150—1140, wohl ein weniger bedeutender Herrscher, da weder sein Sohn noch sein Enkel etwas Besonderes von ihm auszusagen wissen. Ihm folgte sein Sohn **Asur-res-isi** („Asur, erhebe das Haupt", d. i. vielleicht „sei mein Trost"), c. 1140—1120. Tiglathpileser I. nennt ihn, seinen Vater, „den mächtigen König, welcher die Länder der Feinde eroberte, alle Machthaber unterwarf", und er selbst berichtet, daß er die Achlamäer, Lullumäer und Kutäer (Kutu) geschlagen und sich unterworfen habe. Soweit die zum Teil noch unvollständigen Angaben der sogen. synchronistischen Geschichte Babyloniens und Assyriens erkennen lassen, zog zu seiner Zeit der babylonische König Nebukadnezar (der erste dieses Namens) aus, um das an sein Land stoßende Grenzgebiet Assyriens zu erobern. Asur-res-isi bot seine Streitwagen auf, um gegen ihn zu ziehen, doch trat der babylonische König, ohne es zur offenen Feldschlacht kommen zu lassen, den Rückzug an. Als er aber von neuem mit Wagen und Reisigen ausrückte, um jene Grenzgebiete zu erobern, da sandte Asur-res-isi seine Wagen der Grenzbevölkerung zu Hilfe und schlug Nebukadnezar: das babylonische Lager wurde zerstört und 40 Streitwagen nebst einer Fahne fielen in die Hände der Sieger.

Es folgt nun der erste assyrische Monarch, von welchem wir größere Schriftdenkmäler besitzen, Asur-res-isis Sohn **Tiglath-Pileser I.**, c. 1120—1100 v. Chr. Sein Name lautet assyrisch Tukulti-pal-esara, d. i. „meine Hilfe ist der Sohn Esaras", so wird schon in babylonischen Texten der Gott Adar genannt. Backsteine, welche in Kileh-Schergat gefunden wurden, tragen die Aufschrift: „Tukulti-pal-esara, der Priester Asurs, Sohn des Asur-res-isi, erbaute den Tempel Rammans, seines Herrn, und stellte ihn her." In den Fundamenten dieses Tempels fand Rassam, wie bereits S. 4 f. erwähnt, jene vier, im großen und ganzen gleichlautenden, achtseitigen Thonprismen von 45 cm Höhe, bedeckt mit mehr als 800 bewunderungswürdig schön geschriebenen Keilschriftzeilen, welche uns von der Regierung Tiglathpilesers I. ein so lebendiges und anschauliches Bild entwerfen.

Die ziemlich lange Einleitung dieses Textes schließt mit den Worten: „Asur und die großen Götter, welche mein Königtum erhöht, welche Herrlichkeit und Macht mir zum Besitz verliehen haben, befahlen das Gebiet ihres Landes zu vergrößern; ihre Waffen, die gewaltigen, den Wirbelsturm der Schlacht, gaben sie in meine Hand: Länder, Gebirge, Städte und Fürsten, die Asur feindlich gesinnt waren, unterjochte ich und unterwarf ihre Gebiete. Mit sechzig Königen kämpfte ich gleich ..., Sieg und Triumph trug ich über sie davon. Keinen Rivalen hatte ich im Kampfe und keinen Nebenbuhler in der Schlacht. Zum Lande Assyrien fügte ich Land, zu seinen Bewohnern Bewohner, das Gebiet meines Landes erweiterte ich und all ihre Länder unterjochte ich."

Darauf beginnt der Bericht über die Feldzüge, welche Tiglathpileser während der ersten fünf Jahre seiner Regierung unternommen. Zuerst zog er gegen die Moscher, die Bewohner des Landes Musku (das Mesech des A. T.), welche unter ihren fünf Königen 20 000 Mann stark das Land Kummuch (Kommagene) in Besitz genommen hatten. Er schlug sie. „Die Leichen ihrer Krieger warf ich hin in niederschmetternder Schlacht wie ein Unwetter. Ihr Blut ließ ich fließen über Schluchten und Höhen des Gebirgs. Ihre Köpfe schnitt ich ab. Ihre Beute, ihre Habe, ihr Eigentum ohne Zahl führte ich fort. 6000, der Rest ihrer Truppen, welche vor meinen Waffen geflohen waren, faßten meine Füße. Ich führte sie fort und rechnete sie zu den Bewohnern meines Landes."

Ein zweiter Zug wird von ihm gegen Kummuch unternommen, weil dieses dem Gotte Asur Tribut verweigerte. Die Städte werden verbrannt, die Festung Serise jenseits des Tigris, der letzte Zufluchtsort der kommagenischen Krieger, wird erobert, und der Tigris rot gefärbt mit dem Blute der Feinde. Und als das Land späterhin von neuem sich un=unterwürfig zeigte, wurde es abermals mit Feuer und Schwert verwüstet und endgültig zu Assyrien geschlagen. Auch einzelne Stämme des Landes Chatte (Cha=at=te=e), welche assyrisch gesinnte Städte weggenommen hatten, wurden bei Gelegenheit des ersten Zugs wider Kummuch bestraft, ihr Land geplündert und 120 ihrer Wagen genommen.

Es ist unmöglich, alle die Länder und Stämme auf=zuzählen, welche Tiglathpileser die Macht der Waffe Asurs fühlen ließ: kein Waldgebirg ist so undurchdringlich, kein Felsennest so steil, daß nicht der assyrische König an der Spitze seiner Truppen sich den Weg dahin bahnte, die Feinde aus ihrem letzten Schlupfwinkel hervorholend und vernichtend. Nur etwa drei Feldzüge mögen kurz hervorgehoben werden. Zunächst der gegen die Länder Naïri am obern Tigris und Euphrat und ihre 23 Könige. Ihre Berge schützen sie nicht: sie werden geschlagen, ihre Städte verbrannt, zahlreiche Herden von Rossen, Mauleseln und Kälbern als Beute weg=geführt, sie selber gefangen. „Selbigen Königen bewilligte ich Gnade, schonte ihr Leben. Gefangen und gebunden ließ ich sie vor Samas, meinem Herrn, frei, aber den Eid meiner großen Götter ließ ich sie schwören, für alle Ewigkeit Knechte zu sein und zu bleiben. Ihre eigenen Kinder nahm ich als Geiseln. 1200 Rosse, 2000 Stiere legte ich ihnen als Tribut auf; in ihre Länder entließ ich sie." Die Stadt Milidia (Melitene) im Land Chanigalbat, welche damals auch wegen ihres Ungehorsams bestraft werden sollte, bittet noch rechtzeitig um Erbarmen.

Auch südwestwärts verbreitete Tiglathpileser den Schrecken der assyrischen Waffen, indem er durch die Steppe hindurch gegen die Assyrien feindlich gesinnten aramäischen Stämme zog. Schon ein früherer König vor Tiglathpileser, allem Anschein nach ebenfalls ein gewaltiger Kriegsheld (Salmanasser I. ?, Tukulti-Abar I. ?, oder ein uns noch unbekannter König zwischen Ramman-nirari I. und Bel-kudnr-uzur ?), ein Zeitgenosse des babylonischen Königs Kara-purias, hatte schwere und unablässige Kämpfe mit den Aramäern zu bestehen, welche damals in und bei dem Kasiar-Gebirg und am Tigris stark befestigte Wohnsitze inne hatten. Tiglathpileser wendet sich gegen die Aramäer am Euphratufer. Vom Lande Suchi den Euphrat aufwärts bis Karkemisch, der hettitischen Königsstadt, erscheinen mit Einem Mal Abteilungen des assyrischen Heeres, alles mordend und plündernd, und bis auf das rechte Euphratufer hinüber verfolgt der assyrische König die fliehenden Feinde. Tiglathpileser I. ist der erste assyrische König, welcher transeuphratisches Gebiet, nämlich die Stadt Pethor, an Assyrien brachte, obschon diese unter einem späteren König wieder an die Aramäer verloren ging (S. 157). Auch daß er in Arvad und am Libanon gewesen, bezeugt eine Inschrift Asurnazirpals.

Der letzte Feldzug, über welchen berichtet wird, ist der gegen das Land Musri (nördlich von Assyrien). Nach kurzer Zeit ergab sich die Stadt Arini, in welche sich der Feind nach seiner Niederlage geworfen hatte. Die Stadt selbst wurde verschont, den Feinden aber Geiseln und Tribut auferlegt. Auch die Kumanier, welche mit 20 000 Mann dem Lande Musri Beistand geleistet, mußten sich nach ihrer Besiegung dem assyrischen König unterwerfen.

Das Ergebnis seiner Feldzüge faßt der königliche Erzähler in die Worte zusammen: "Im ganzen 42 Länder und ihre Fürsten von jenseits des untern Zab, dem Grenzbezirk ferner Gebirge, bis jenseits des Euphrat, zum Lande Chatti und dem oberen Meer gen Sonnenuntergang hat vom Beginn meiner Herrschaft bis zu meinem fünften Regierungsjahr meine Hand erobert. Einerlei Rede ließ ich sie führen, empfing ihre Geiseln, Tribut und Abgabe legte ich ihnen auf."

Die Prisma-Inschrift deutet dann weiter noch kurz an, daß der König viele andere Feldzüge, die ihn auf allzuferne Kriegsschauplätze geführt, aufgegeben habe, zufrieden damit, die Macht der Feinde gehemmt und die Grenzen seines Reichs gegen alle Angriffe sicher gestellt zu haben, und schließt hieran den Bericht über Tiglathpilesers sonstige mannigfaltige Thätigkeit. Zunächst den Erfolg seiner Jagden. Der assyrische König tötete in der Wüste, im Lande Mitanni und bei der Stadt Arazik vor dem Lande Chatti 4 mächtige, riesige Wildochsen, im Lande Haran und an den Ufern des Chabur 10 Elefanten und, teils zu Fuß teils von seinem Wagen aus, 920 Löwen. Vier Elefanten fing er lebendig und schickte sie samt den Zähnen und Häuten der getöteten Elefanten, sowie den Hörnern und Häuten der Wildochsen in seine Hauptstadt Assur. Und das alles that er mit Hilfe der Götter Adar und Nergal.

Aber auch friedlicheren Geschäften gab Tiglathpileser sich hin. Er stellte in Assur den Tempel der Göttin Istar sowie andere Tempel, die verfallen waren, wieder her. Er baute die Paläste in den größeren Städten der Grenzmarken des Landes, bestimmt, den assyrischen Königen zeitweilig als Wohnung zu dienen. Er festigte die baufällig gewordenen Mauern im Lande, führte Bewässerungsanlagen durch das ganze Land und speicherte reiche Getreidevorräte auf, die der früheren Könige noch vermehrend. Er führte in Assyrien fremdländische Tiere, Pflanzen und Bäume, z. B. Zedern und ausländische Obstbäume, ein. Er mehrte die Streitwagen und Gespanne und sorgte so in jeder

Weise, wie er selbst sagt, für das Wohlbefinden seiner Unterthanen, daß sie wohnen sollten in ruhiger, behaglicher Wohnung.

So steht Tiglathpileser I. vor unsern Augen als ein König, welcher den weichlichen assyrischen Königen eines Ktesias nicht im mindesten gleicht: ein großer Kriegsheld und unermüdlich thätiger, den Aufgaben des Friedens sich widmender Fürst — ein Vater seines Vaterlandes.

Wir haben indes aus der Regierungszeit dieses großen Königs noch ein Doppeltes zu erwähnen, das wir uns absichtlich bis hierher verspart haben. Beides betrifft die damaligen Beziehungen Assyriens zu Babylonien. Die „synchronistische Geschichte" erzählt, Tukulti=pal=esara, König von Assyrien, und Marduk=nadin=ache, König von Karduniaš, hätten zum zweitenmale (abermals? wie Tiglathpilesers I. Vater Asur=res=isi und Nebukadnezar?) ihre am untern Zab zusammengezogenen Streitwagen bei Arzuchina in Schlachtordnung gestellt, und „im zweiten Jahr" habe Tiglathpileser bei .... oberhalb von Akkad gekämpft, worauf er die Städte Dur=kurigalzu, Sippar des Sonnengottes, Sippar der Anunit, Babylon, Opis, die großen Städte samt ihren Befestigungen erobert, die Stadt Akarsallu nebst der Stadt Lubdu geplündert, und das Land Suchi bis zur Stadt Rapiku in seiner Gesamtausdehnung weggenommen (?) habe. Und Sanherib fügt in seiner Inschrift am Felsen von Bawian dem Bericht über die Eroberung, Plünderung und Zerstörung Babylons (im Jahr 689) die Worte hinzu: „die Götter, so darinnen wohnten, nahm die Hand meiner Leute weg; sie zerbrachen sie und nahmen ihren Schatz fort. Ramman und Sala, die Gottheiten der Stadt Ekallate, welche Marduk=nadin=ache, König von Akkad, zur Zeit Tiglath=pilesers, Königs von Assyrien, weggenommen und nach Babel gebracht hatte, holte ich nach 418 Jahren aus Babel heraus und brachte sie nach der Stadt Ekallate an ihren Ort zurück." Die letztere Notiz ist chronologisch bedeutsam, denn sie läßt für Tiglathpileser sowohl wie Marduk-nadin-ache auf 1107 als eines der Regierungsjahre beider Könige schließen. Die Frage, ob die Eroberung von Ekallate vor oder nach Tiglathpilesers siegreichen babylonischen Feldzug falle, ist verschieden beantwortet worden. Hat das erstere, wie uns bedünkt, größere Wahrscheinlichkeit für sich, so würde der erfolgreiche Vorstoß des Babylonierkönigs gegen Assyrien in das erste Jahr des feindlichen Gegenüberstehens beider Heere fallen, worauf dann „im zweiten Jahr" Tiglath-pileser endgültig den Sieg davontrug.

Zur Zeit Asur-bel-kalas („Asur ist Herr über Alles"), des Sohnes und Nachfolgers Tiglathpilesers I., war Marduk-sapik-zer-mati König von Karbunias: beide Könige lebten miteinander in Freundschaft und vollkommener Zuneigung. Und als später nach Marduk-sapik-zer-mati Ramman-bal-iddina, der Sohn eines gewissen Esakkil-saduni von unbekannter Herkunft, auf den Königsthron gesetzt wurde, heiratete Asur-bel-kala die Tochter Ramman-bal-iddinas und führte sie mit reicher Mitgift nach Assyrien. Die Bewohner von Assyrien aber und Karbunias lebten miteinander in Freundschaft. Ob Asur-bel-kalas Bruder Samsi-Ramman I., welcher den Istar-Tempel in Ninebe baute, bezw. wieder-herstellte, nach oder vor Asur-bel-kala regiert hat, ist noch fraglich.

*   *   *

Wir stehen nun in der Geschichte des assyrischen Reiches wieder vor einer Lücke und zwar einer Lücke von mehr als 100 Jahren (c. 1070 bis 950 v. Chr.). Für Assyrien war diese Periode zeitweise eine weniger glückliche. Wenig-

stens lesen wir auf der großen Monolithinschrift Sal=
manassers II.: „Ana=Assur=utir=azbat, von den Hettitern
‚Stadt Pethor' genannt, am Fluß Sagur, auf dem jen=
seitigen Euphratufer, und die Stadt Mutkinu, auf dem
diesseitigen Euphratufer, Städte, welche Tiglathpileser,
mein großer Ahn und Vorgänger, hatte in Besitz nehmen
lassen, die aber zur Zeit Asur=kir(?)=bi(?)'s, Königs von As=
syrien, der König von Aram mit Gewalt an sich gerissen
hatte, (brachte ich wieder zurecht)." Der Name dieses assyrischen
Königs erinnert an jenen des Königs Asur=ir(Var. chir)be,
neben dessen Bildnis (im Gebirg Chaman) 859 Salma=
nasser II. sein eigenes aufrichtete, doch sind beide Könige
wohl sicher nicht identisch.

Für Babylonien bereitete sich während ebendieses
Zeitraums jene tiefgreifende Bewegung vor, welche trotz aller
gewaltsamen Niederkämpfung von seiten der assyrischen
Könige dennoch schließlich mit dem Triumph über Assyrien
endete — wir meinen die chaldäische Völkerbewegung und
knüpfen hiermit unmittelbar an den Schluß des ersten Teiles
(S. 94) an. Mit Namen genannt werden die Chaldäer und
das Chaldäerland allerdings noch immer erst zur Zeit Asur=
nazirpals und Salmanassers II. (879 und 851 v. Chr.). Wenig=
stens läßt sich nicht beweisen, daß die drei Könige der „Dynastie
des Meerlandes" (der V. babylonischen Dynastie, c. 1050 bis
1029) Chaldäer gewesen seien. Aber beträchtliche Zeit vor
Asurnazirpal muß natürlich diese Einwanderung chaldäischer
Stämme in Südbabylonien und Babylonien überhaupt statt=
gefunden haben. Denn schon um 850 finden wir sie von
ihrem zuerst in Besitz genommenen und stets recht eigentlich
der Mittelpunkt ihrer Macht gebliebenen „Meerland" aus
durch ganz Babylonien hin verbreitet, den Stamm Amukan
sogar bis über Babylon hinaus vorgedrungen.

Von den in die obengenannte hundertjährige Lücke fallenden babylonischen Königen der V. und weiter der VI. Dynastie wissen wir wenig. Die Könige der **V. Dynastie** waren: Simmassichu (c. 1050—1032), der Sohn eines gewissen Erba-Sin; Ea-mukin-zer, der Sohn des Chasmar, welcher nur drei oder fünf Monate regierte, und Kassu-nabin-ache (c. 1031—1029), der Sohn des Sappa. Der erste und der letzte dieser drei werden von Nabu-bal-iddina auf seiner S. 6 (vergl. S. 167) erwähnten prachtvollen Votivtafel in Verbindung mit dem Sonnentempel in Sippar genannt. Zur Zeit Simmassichus war der Tempel eine Ruine: die Sutäer hatten „zur Zeit von Wirren und Unruhen im Lande Akkad" den Tempel zerstört, und sogar das Bildnis des Sonnengottes war abhanden gekommen. Simmassichu suchte nach dem Bildnis, aber fand es nicht und mußte sich damit begnügen, wenigstens das tägliche Opfer für den Sonnengott wieder einzusetzen. Doch kam dieses bereits unter Kassu-nabin-ache infolge einer Hungersnot wieder in Wegfall. Auch der erste König der **VI. Dynastie**, E-ulbar-sakin-sum (c. 1028—1012), wird in ebendiesem Zusammenhange auf der Tafel Nabu-bal-iddinas erwähnt: er setzte von neuem „die Gerechtsame des Gottes Samas" ein und errichtete eine Schenkung zu gunsten des Gottes und seines Priesters. Seine Nachfolger waren Adar-kudur-uzur („Adar, schütze die Grenze") und ..-Sukamuna. Alle drei heißen „Kinder des Baz", die ganze VI. Dynastie, welche 20¼ Jahre regierte (c. 1028 bis 1009), „Dynastie des Hauses Baz".

Hier beginnt auch für die babylonische Geschichte eine Lücke von ungefähr 90 Jahren. Alles was wir wissen, ist, daß dem Hause Baz vorübergehend (6 Jahre) **ein Elamit** auf dem Thron Babylons folgte, daß aber nach ihm die

Herrschaft über Babylonien sofort wieder in babylonische Hände kam, und zwar scheint der erste dieser Könige der **VIII. Dynastie**, der „Dynastie von Babylon", vielleicht Nabu-mukin-abal mit Namen, 36 Jahre regiert zu haben. Einer der ihm folgenden sieben Könige war höchst wahrscheinlich Sibir, der die (später von Asurnazirpal neugebaute) Stadt Ablila im Lande Zamua zerstörte.

Von assyrischen Königen, welche, außer den beiden auf S. 157 genannten, mit einiger Bestimmtheit der Lücke zwischen 1070 und 950 v. Chr. zuzuweisen sind, sind nur zwei bekannt, nämlich die auf dem zerbrochenen Obelisk Asurnazirpals erwähnten Könige Erba-Ramman („vermehre, Ramman!") und Asur-nabin-ache („Asur giebt Brüder"), der Erbauer der großen „Nordterrasse" in der Stadt Assur. Von irgendwelchen „Beziehungen" zwischen Assyrien und Babylonien weiß die synchronistische Geschichte für die ganze Zeit von Asur-bel-kala bis Rammannirari II. nichts zu berichten.

Mit **Tiglathpileser II.** (c. 950 v. Chr.) beginnt die Reihe der assyrischen Könige bis zum Falle Nineves eine ununterbrochene zu werden; indes wissen wir von den ersten Königen bislang kaum mehr als die Namen. Tiglathpilesers II. Nachfolger war sein Sohn Asur-dan II. (c. 930—911). Er grub einen Kanal (30 Jahre vor Asurnazirpal), welcher später wieder verfiel und erst von Asurnazirpal von neuem hergestellt wurde.

Ihm folgte sein Sohn **Ramman-nirari II.** (911—890), mit dessen Regierung der assyrische „Eponymenkanon" anhebt. Gemäß der synchronistischen Geschichte führte er mit dem babylonischen König Samas-mudammik („Samas erweist Gunst") Krieg und schlug ihn in einer

Schlacht am Fuß des Berges Jalman. Auch unter dessen Nachfolger Nabu-sum-iskun („Nebo hat den Namen gemacht") dauerte der Krieg fort, und zwar mit abermaligem ungünstigem Ausgang für die babylonischen Waffen. Viele Städte Babyloniens wurden geplündert, doch schloß weiterhin Ramman-nirari mit dem babylonischen König (Nabu-sum-iskun?) Frieden, zu dessen Besiegelung ein jeder die Tochter des andern heiratete. Friede und Freundschaft war abermals zwischen Fürsten und Völkern hergestellt.

Sein Sohn und Nachfolger Tukulti-Adar II., 890 bis 884, war, wie es scheint, ein unbedeutender Herrscher. Aber mit dessen Sohn **Asurnazirpal** („Asur schützt den Sohn"), 884—860 v. Chr., beginnt eine Zeit neuer Blüte und Machtfülle des assyrischen Reiches. Eine Bildsäule von ihm (jetzt im Britischen Museum) trägt auf der Brust die Inschrift: „Asurnazirpal, der große König, der mächtige König, König des Alls, König von Assur; Sohn des Tukulti-Adar, des großen Königs, des mächtigen Königs, des Königs des Alls, Königs von Assur; Sohns des Ramman-nirari, des großen Königs, des mächtigen Königs, des Königs des Alls, Königs von Assur: der Eroberer von jenseits des Tigris bis zum Libanon und zum großen Meere. Alle Länder vom Aufgang bis zum Niedergang der Sonne hat er seinem Fuß unterworfen."

Die größte Inschrift Asurnazirpals befindet sich auf einem Monolith von 5,5 m Breite und 0,34 m Dicke und enthält in drei Kolumnen 390 lange Keilschrift-Zeilen, ist aber weniger durch Lebendigkeit der Darstellung und Schönheit der Sprache als durch große Genauigkeit in den Einzelheiten (Angabe der feindlichen Streitkräfte u. bergl.) und in den geographischen Bestimmungen ausgezeichnet. Nur die Einleitung zum Ruhme des Gottes Adar und zur Verherrlichung der eigenen Majestät Asurnazirpals ist ausnehmend schwungvoll. Auf sie folgt dann aber, ziemlich trocken und ermüdend, die ins einzelnste gehende Erzählung seiner Feldzüge. Im Anfang seiner Regierung (884) zog der König in das Land Nimme und die Ebene am Urumia-See oder das Land Kirruri; weiterhin gegen die Städte am Fuße des Gebirges Nipur, von da über den Tigris nach dem Land Kummuch und längs des Chabur nach der Stadt Suru vom Land Bit-chalupe, die arg mitgenommen wird. Im nächsten Jahr geht es an die Quelle des Subnat und dann hinüber nach dem Kasiargebirge, wo die schon S. 146 erwähnte altassyrische Kolonie in der Nähe der Städte Dambamusa und Amedi (dem heutigen Diarbekr) abgefallen war. Die Städte Kinabu und das mit dreifacher Mauer umgebene Tela werden erobert und grausam bestraft; die Stadt Tuscha wird neugebaut und befestigt und ein Palast in ihr errichtet. Auf seiner Rückkehr züchtigt der assyrische König noch andere aufrührerische Thäler des Kasiargebirges. Später zieht er dreimal (zweimal im Jahr 882 und einmal 881) in die ostwärts gelegenen Länder am obern Lauf des Radanu und Turnat, nach Dagara, Nizir und Zamua, und verbreitet durch furchtbare, schonungslose Rache, die er an den „Empörern" nimmt, weithin Schrecken; bis in die Schlupfwinkel unzugänglicher Gebirge verfolgt er die Flüchtigen und ereilt sie alle. Auch von dem im Jahr 880 unternommenen zweiten Feldzug nach dem Kasiargebirge und den Ländern Naïri läßt sich nicht viel Anderes berichten.

Von besonderer Wichtigkeit für die Entwickelung des assyrischen Reiches sind Asurnazirpals Unternehmungen gegen das Land Suchu und gegen Karkemisch. Mit beiden Unternehmungen betrat er Bahnen, welche bereits Tiglathpileser I.

mit weitausschauendem Blick vorgezeichnet hatte. Die Unterwerfung des Ländergebiets von der Mündung des Chabur den Euphrat stromaufwärts und stromabwärts bis zum heutigen Ana und noch weiter südöstlich bis zu der babylonischen Grenzstadt Rapiki war die Grundbedingung für jede nach Westen, dem Lande Chatti hin fortschreitende Erweiterung der assyrischen Herrschaft. Dort am mittleren Stromlauf des Euphrat lagen die Länder Chindan, Lake und am weitesten südöstlich Suchu mit der befestigten Hauptstadt Suru. Diese kriegerischen Völker, welche von Babylonien her ebenso leicht unterstützt werden konnten, als sie selbst stets bereit waren, mit den am Euphrat aufwärts wohnenden und gleich ihnen durch Assyrien in ihrer Freiheit bedrohten Stämmen gemeinschaftliche Sache zu machen, konnten vom assyrischen Standpunkt aus unmöglich selbständig belassen werden; denn sie gefährdeten jedes nach Nordsyrien vordringende Heer im Rücken sowohl wie in der Flanke. Asurnazirpal bot ebendeshalb alles auf, jene Ländergebiete dauernd der assyrischen Oberherrschaft zu unterwerfen. Im Jahr 883 hatte das Land Suchu zum ersten Male seit dem Bestehen des assyrischen Reiches und ganz freiwillig sich zu einer Tributsendung nach Nineve verstanden, aber das erste Mal war auch zugleich das letzte Mal. Darum machte sich der assyrische König 879 seinerseits zu einem Zug gegen Suru auf. Aber die Stadt verweigert die Unterwerfung und läßt es zum Kampf kommen, dessen Ausgang ihr erfolgreich scheint, da der babylonische König Nabu=bal=iddina „kossäische" Hilfstruppen zugesandt hatte.

Nabu=bal=iddina, König von Karduniaš (885 oder noch früher — 853), war allem Anschein nach ein tapferer und entschlossener Mann. Er nennt sich selbst „den Männlichen, Tapferen, der den bösen Feind, die Sutäer, die arg

gesündigt hatten, niederwarf, der Akkad zu rächen von Mero=
dach berufen war." Obwohl mit Assyrien selbst nicht in
Krieg verwickelt, nahm er doch Babyloniens Interessen auch
nach dieser Seite hin wahr, und sandte darum dem Lande
Suchu, dessen Selbständigkeit er unzweifelhaft und mit
Recht als ein Bollwerk gegen Assyriens Übermacht erkannte,
eine beträchtliche Reiterschar, darunter seinen eigenen Bruder
Zabban, zur Hilfe.

Wie gesagt, verweigerte Kudurru, der „Statthalter" des
Landes Suchu, freiwillige Unterwerfung. Asurnazirpal be=
lagerte darum die Stadt, eroberte, plünderte und verwüstete
sie, nahm fünfzig babylonische Reiter nebst dem Bruder des
Königs sowie breitausend Soldaten gefangen und tötete
eine große Menge der übrigen Krieger. So war nun Suchu
der assyrischen Oberhoheit unterworfen, aber, wie sich denken
läßt, die Freiheitslust des Volkes war noch nicht erstickt.
Schon bald empört sich das Land von neuem und auch
Lake und Chindan erheben sich haßerfüllt wider Asurs auf=
gedrungenes Joch, und Asurnazirpal ist zu einem zweiten
Feldzug gezwungen. Dieser Zug sollte freilich das Schicksal
jener Staaten besiegeln. Der assyrische König kommt mit
Schiffen, die er sich in der am Chabur gelegenen Stadt
Suru (von Bit=chalupe) hatte bauen lassen, fährt auf ihnen
von den Mündungen des Chabur ab den Euphrat strom=
aufwärts und =abwärts und vollzieht an den Ortschaften
des Landes Lake sowie den auf dem linken Euphratufer
gelegenen Ortschaften von Suchu ein furchtbares Strafgericht.
Auf dem rechten Euphratufer kommt es zur Schlacht zwischen
Assyrien und den drei vereinigten Ländern. Assyrien siegt,
6500 Feinde fallen, und die Selbständigkeit der drei Länder
wird begraben unter einem meilenweiten Trümmerhügel
ausgeplünderter und verwüsteter Städte.

Nunmehr hatte Asurnazirpal freie Hand gegen Nordsyrien. In einem der Jahre zwischen 877 und 867 zog er nach Karkemisch jenseits des Euphrat, und Sangara, der König des Landes Chatti, welcher wohl von dem Geschicke der Länder Lake und Suchu gehört hatte, brachte ihm reichen Tribut. Die „Könige aller Länder" huldigten ihm. Auf seinem Weiterzuge durch das Patinäerland brachte auch dessen König Lubarna freiwillig Tribut dar, was indes Asurnazirpal nicht hinderte, die feste Stadt Aribua zu annektieren und in ihr ein assyrisches Proviantmagazin anzulegen, beschützt von assyrischen Soldaten. Darauf zog der König an das Gestade des großen Westmeeres, opferte daselbst seinen Göttern, und empfing Huldigung und Tribut von den Königen der Städte Tyrus, Sidon, Byblos, Arvad u. a. m. Auf dem Rückweg nach Assyrien nahm er vom Chaman wertvolle Baumstämme mit zum Geschenk für die Tempel der assyrischen Gottheiten und kehrte mit ungeheurer Beute beladen in sein Land zurück.

Asurnazirpal legte den Grund zur Erweiterung des assyrischen Reiches nach Westen hin und befestigte mit Blut und Eisen die assyrische Herrschaft nordwestwärts und ostwärts. Einer der größten assyrischen Kriegshelden, war er zugleich der grausamsten einer. Nur höchst selten hören wir in seinen langatmigen Annalen von Gnadenerweisungen und von Mitleid mit den Gefangenen, dagegen fast unausgesetzt davon, daß er dieselben gepfählt, lebendig eingemauert, geschunden und geblendet, ihnen Hände, Ohren, Nasen und andere Glieder abgeschnitten habe. Andere Notizen, wie z. B., daß er während seines Feldzugs gegen Lake auf der rechten Euphratseite 50 Wildochsen getötet und 8 lebendig gefangen habe, finden sich nur äußerst spärlich hie und da eingestreut.

5. Geschichte.

Erstaunlich ist es, daß neben den vielen Kriegszügen noch immer Zeit blieb zum Bau von Tempeln, Palästen, Kanälen und zur Förderung der Künste. In Kalah, der von ihm neu gebauten Stadt, errichtete er unter anderen Heiligtümern einen großen Tempel dem Gotte Adar und sich selbst einen mächtigen Palast mit einer Fülle prächtig geschmückter Säle und Gemächer, deren beschriebene Basreliefs und Stierkolosse auch uns noch den Ruhm seines Namens und seine Heldenthaten verkünden. In Nineve baute er den Tempel der Göttin Istar, der Herrin von Nineve, seiner Herrin, von Grund aus neu und herrlicher denn zuvor. Recht beachtenswert sind die raschen Fortschritte, welche die assyrische Bildhauerkunst unter diesem Monarchen gemacht hat. Außer den sehr schönen Basreliefs der Säle finden sich auch sehr geschmackvolle Ornamente und Freskomalereien.

Nachdem Asurnazirpal 25 Jahre lang das Zepter Assyriens in fester Hand gehalten, starb er 860 v. Chr. und ließ den Thron seinem Sohne **Salmanasser II.** (860 bis 824 v. Chr.), welcher den kriegerischen Geist seines Vaters geerbt hatte. Auch von ihm besitzen wir mehrere längere Inschriften: in erster Linie jene auf dem berühmten schwarzen Obelisk, 1,525 m hoch, mit 190 Keilschriftzeilen, welche seine Feldzüge in den ersten 31 (bezw. 33) Jahren seiner Regierung aufzählen; sodann zwei nur wenig von einander abweichende Inschriften auf zwei Stierkolossen. Obelisk wie Stierkolosse wurden im Zentrum des Nimrud=Hügels gefunden, obwohl der König nicht ausschließlich in Kalah, sondern daneben auch, wenigstens in den ersten Jahren, in Assur und Nineve residierte. Ein drittes beschriebenes Denkmal von ihm ist ein Monolith, welcher in Kurkh gefunden wurde und von seinen ersten Feldzügen eingehende

Kunde giebt. Endlich stammen von ihm die 1878 in Balawat (einem Trümmerhügel unweit von Nineve s. S. 6) gefundenen Bronzethore, d. h. eine große Reihe von Bronzeplatten, welche den Überzug eines zedernen Thürflügelpaares von 21—26' Höhe und je 6' Breite bildeten, und von denen jede zwei Reihen kunstvoll ausgeführter Basreliefs enthält mit Darstellung von Kriegsszenen (Belagerungen, An-

Fig. 25. Der schwarze Obelisk Salmanassers II.

griffen, Heereszügen, Flußübergängen, Zeltarbeiten, Lagerszenen), daneben auch von Spielen, häuslichen Verrichtungen, Opfer- und Huldigungsszenen u. s. w., während in die schmalen Platten an den Rändern der Thürflügel die Geschichte der ersten 9 Jahre Salmanassers II. in Keilschrift eingegraben ist. Die prächtigen Thürflügel bildeten den Eingang zum Vorhof eines Palastes Salmanassers in der assyrischen Ortschaft Imgur-Bel.

5. Geschichte.

Wir müssen uns abermals beschränken, die uns wichtigst scheinenden kriegerischen Unternehmungen des Königs herauszuheben, und beginnen, auf die Regierung seines Vaters zurückgreifend, mit den babylonischen Wirren.

In Babylonien hatte das Geschick der Länder Suchu und Lake dem König Nabu-bal-iddina die Lust zu direkt offensivem Vorgehen gegen Assyrien benommen. Mit Recht konnte Asurnazirpal schon nach seinem ersten Feldzug gegen Suru (879) sagen, daß die Furcht vor seinen Waffen bis nach Kardunias gedrungen sei, auch „das Land Kaldu" niedergeworfen habe. Und so sehen wir denn Nabu-bal-iddina auch noch mit Asurnazirpals Sohn Salmanasser II. in Frieden und Freundschaft leben. Nabu-bal-iddina rühmt sich auf der aus seinem 31. Regierungsjahr stammenden Alabaster-Tafel aus Sippar, in welcher er von der Wiederauffindung und Neuherstellung des Bildes des Sonnengottes berichtet, daß er Städte gebaut, Göttergemächer gegründet, Bildwerke geschaffen, regelmäßige Opfer eingesetzt, freiwillige Opfer vermehrt und ein gerechtes Zepter geführt habe. Wenn wir auch nicht bestimmt sagen können, welches sein Ende im Jahre 853 gewesen, so ist es doch im Hinblick auf diese seine Regierungsführung das Wahrscheinlichste, daß er eines natürlichen Todes gestorben ist. Sei dem aber wie ihm wolle, jedenfalls entbrannte sofort nach der Thronerledigung zwischen seinen beiden Söhnen, Marduk-sum-iddina und Marduk-bel-usate („Marduk ist Herr der Hilfe"), welche beide den Thron für sich in Anspruch nahmen, ein Bruderkrieg. Diese Gelegenheit benützte Salmanasser, in die babylonischen Gelegenheiten sich einzumischen. Er stellte sich (wie es scheint, ungebeten) auf Marduk-sum-iddinas Seite, und eroberte 852 die Stadt Me-Turnat; im Jahre 851 aber zog er wieder nach Akkab und tötete den nach der Stadt Chalvan geflüchteten Usurpator Marduk-bel-usate nebst seinem Anhang. Darauf opferte er in Babel, Borsippa, Kutha und zog weiter hinab nach Chaldäa, alle chaldäischen Ortschaften bis zum „Meer des Landes Kaldu", dem persischen Meerbusen, erobernd. In Babylon empfing er den Tribut des Dakuräerfürsten Adini und anderer, und selbst Jakin, der König des Meerlandes, brachte ihm Tribut. Marduk-sum-iddina mußte selbstverständlich Salmanasser als Oberherrn anerkennen.

Von besonderer Wichtigkeit sind für uns Salmanassers Züge gegen Westen, welche ihn mit Persönlichkeiten in Berührung brachten, die uns aus dem Alten Testamente bekannt sind. Das von seinem Vater erfolgreich begonnene Werk, in Nordsyrien festen Fuß zu fassen und von dort aus die assyrische Herrschaft immer weiter auszubreiten, setzte Salmanasser mit gleicher Thatkraft und gleicher Rücksichtslosigkeit fort. Erschreckt durch die großen Erfolge, die der assyrische König im Jahre 859 über die verbündeten nordsyrischen Fürsten von Sam'al, Patin, Karkemisch u. a. davontrug, und ganz besonders durch die nach dreijähriger vergeblicher Bekämpfung ihm endlich doch (857) gelungene Unterwerfung Achunis, des tapferen Oberhauptes von Bit-Adini, der Bene Eden des A. T., schlossen die Könige der südlicher gelegenen Westländer ein Offensivbündnis wider Assyrien. Die mächtigsten Glieder dieses Bundes waren Dadda-'idri von Damaskus (im A. T. Benhadad genannt), Irchuleni von Hamath und Ahab (Achabbu) von Israel. Bei der hamathensischen Königsstadt Karkar treten im Jahr 854 die Verbündeten, unter ihnen auch Truppen von Arvad, Ammon und selbst von Ägypten, dem von Aleppo heranziehenden Großkönig entgegen. Sie verfügen über 3940 Wagen, 1900 Reiter, mehr als 60000 Krieger und obendrein 1000 vom König von Arabien gesandte Kamele (Ahab war mit 2000 Wagen und 10 000 Kriegern beteiligt), aber sie werden besiegt. „Durch die erhabenen Kräfte, welche Asur, der Herr, verliehen" — berichtet Salmanasser — „mit den mächtigen Waffen, welche Nergal, der vor mir herzieht, gegeben, kämpfte ich mit ihnen, schlug sie von Karkar bis nach Kil(Kir?)=za=u : 14 000 (anderwärts : 20 500) ihrer Krieger erschlug ich mit den Waffen. Gleich dem Donnergott ließ ich einen Platzregen über sie regnen, breitete hin ihre Leichen. Die Oberfläche der Flur füllte ich an mit ihren zahlreichen Truppen, mit den Waffen ließ ich strömen ihr Blut über .... Zu eng war die Ebene zur Hinabbeförderung ihrer Seelen, das Blachfeld reichte zur Massenbegrabung nicht aus, mit ihren Leichen dämmte ich den Orontes ab wie mit einem Riegel (?)." Der assyrische König hatte unzweifelhaft einen Sieg erfochten, aber mit sehr schweren Opfern; denn von einer Unterwerfung Hamaths oder gar von Damaskus hören wir noch nichts.

Erst 849, also fünf Jahre später, rückte Salmanasser von neuem gegen Hamath aus. Er rühmt sich, 89 hamathensische Ortschaften erobert und Dabba=ibri nebst den verbündeten „12 Königen des Landes Chatti" besiegt zu haben, aber der Sieg bleibt abermals unausgebeutet. Im Jahr 846 sammelte er zum drittenmal „sein Volk in un= gezählten Scharen" (er rechnet sie zu 102 000), um das Kriegsglück zu versuchen. Wiederum stellen sich Dabba=ibri, Irchuleni, und die „12 Könige vom Meeresgestade droben und drunten" ihm entgegen, doch werden sie zum dritten= mal besiegt. Damit war, wie es scheint, das Ende jenes Bundes besiegelt: es dauerte nicht mehr lange, so unter= warfen sich die Hamathenser und übrigen Hettiter. Es wird dies zwar nicht ausdrücklich in dem sehr knapp ge=

faßten Bericht des Obeliskes und der Stierkolosse erzählt, aber die Ereignisse des Jahres 842 lehren es — Damaskus stand allein. Ja zwischen Israel und Damaskus schlug in der Zwischenzeit das bis dahin bestandene Bündnis geradezu in offene Feindschaft um, wie denn Ahab im Kampfe mit dem König von Damaskus das Leben einbüßte (s. 1 Kön. Kap. 22). In Damaskus selbst wurde Dadduꞌibri (Benhadad) von Hazael (assyrisch Chazâꞌilu) ermordet, und dieser rüstete sich sofort wider den Sturm, den er, aller Bundesgenossen bar, vom Norden herannahen sah. In sehr fester Stellung am Berge Senir, „dem Berggipfel gegenüber vom Libanon", wurde er von Salmanasser in dessen 18. Regierungsjahr (842) angegriffen und geschlagen; 16000 seiner Streiter fielen, 1121 seiner Wagen und vieles Kriegsmaterial wurde vom Sieger erbeutet. Die herrlichen Haine um Damaskus fallen unter der Axt der Belagerer, das Land bis zum Hauran wird verwüstet, aber Damaskus selbst widersteht dem feindlichen Angriff, und Salmanasser muß sich für diesen teilweisen Mißerfolg damit trösten, daß Tyrus und Sidon und „Ja-u-a, der Sohn Chumris" oder Jehu, der Sohn Omris, d. h. da die Assyrer das Reich Israel auch sonst nach Omri (Amri), dem Erbauer Samariens, „Land Chumris" oder „Land des Hauses Chumri" zu nennen pflegen, Jehu von Israel, ihm Tribut und Geschenke darbringen. Auf dem schwarzen Obelisk Salmanassers finden sich israelitische Gesandte in Basrelief dargestellt, wie sie ihre Geschenke: Gold- und Silberbarren, goldene Gefäße u. a. darbringen.

Im Jahr 839 zog Salmanasser nochmals gegen das Reich Damaskus, eroberte 4 Städte, und empfing den Tribut von Tyrus, Sidon und Byblos.

Im Jahr 827, d. i. im 4. Jahr vor seinem Tode, brach

eine gefährliche Empörung gegen Salmanasser aus. In den Feldzügen seiner späteren Jahre (27.—31., nach dem Eponymenkanon 29.—33.) hatte er nicht selber das Oberkommando geführt, sondern dieses seinem Turtan, Dajan-Asur, übertragen, der bei ihm in sehr hoher Gunst gestanden zu haben scheint. Ob nun Asur-ba'in-pal, der älteste Sohn Salmanassers, fürchtete, es könnte sich dieser Günstling vor oder bei dem Tode seines Vaters des Thrones bemächtigen, oder ob andere Beweggründe ihn leiteten, wissen wir nicht: kurz, er pflanzte die Fahne der Empörung gegen seinen Vater auf, und ein Teil des Heeres, sowie 27 Städte, darunter Ninive und Assur, schlossen sich ihm an. Da rief Salmanasser seinen zweiten Sohn zu Hilfe, und stellte ihn mit unumschränkter Vollmacht an die Spitze der treugebliebenen Truppen. Diesem thatkräftigen und klugen jungen Manne gelang es, freilich erst nach 5—6jährigem Kampfe, also etwa 2 Jahre nach seines Vaters Tod, die Empörung zu unterdrücken und die Städte, welche sich seinem Bruder angeschlossen hatten, wieder zum Gehorsam zurückzuführen.

Asur-ba'in-pal fiel entweder in der Schlacht, oder mußte als Aufrührer den Tod erleiden; der Besieger der Empörung aber bestieg als **Samsi-Ramman** II. den Thron und regierte von 824—811 v. Chr. Er hat keine Baudenkmäler hinterlassen, sondern wohnte in den Palästen seines Vaters und Großvaters. In einem derselben (nach George Smith im Nebo-Tempel zu Kalah) fand man einen Monolith mit dem lebensgroßen Bildnis dieses Monarchen und einer Inschrift, welche vier seiner Feldzüge ausführlich erzählt.

Die Regierung Salmanassers II. schloß, von den Wirren im Innern des Landes ganz abgesehen, mit einem unleugbaren Defizit für das assyrische Reich, insofern eine Menge neuer Länder zwar die Macht der assyrischen Waffen hatte fühlen müssen, aber keines derselben völlig unterworfen worden war. Die gewaltigen Züge, welche Salmanasser teils selbst (860, 857) oder durch seinen Turtan vertreten, (833 bezw. 831) nordwärts bis Urartu ausgedehnt hatte, sowie jene nach Osten unternommenen Züge, welche ihn mit den Königen der Länder Barsua, Mes, Amadai, Arazias, Charchar in Berührung brachten (836 bezw. 835, 830 bezw. 828, 829 bezw. 827), hatten allüberall nur Spuren furchtbarer Verwüstung hinterlassen, ohne irgendwelchen bleibenden Erfolg. Und im Westen hielten die besiegten Könige Nordsyriens, von Karkemisch, Patin u. s. w., zwar Ruhe und sandten auch regelmäßig ihren Tribut, aber sie waren doch im übrigen noch selbständig. Die Macht Hamaths war zwar zeitweise geschwächt, aber nicht gebrochen, Damaskus hatte sich siegreich behauptet, und die phönikischen Städte Tyrus, Sidon, Byblos waren noch im Besitze vollster Unabhängigkeit. Die Zahl der Feinde Assurs war auf allen Seiten vermehrt — große Aufgaben blieben Salmanassers Nachfolgern überlassen.

Samsi-Ramman II. ließ es sich vorwiegend angelegen sein, das Ansehen der assyrischen Waffen nord- und ostwärts, in den Ländern Naïri einer- und den Ländern Barsua, Mes, Matai nebst deren Nachbargebieten andererseits zu befestigen, und es gelang ihm dies auch mittelst dreier in jene Länder unternommener Züge.

Im Jahr 813 zog er hinab nach Chaldäa, voraussichtlich um sich, ebenso wie es sein Vater gethan hatte, von den Chaldäerkönigen huldigen zu lassen. Der babylonische König, welcher in den Chaldäern seine eigenen Feinde erblicken mußte, gestattete augenscheinlich den Durchzug. Aber schon im nächsten Jahre (812) sehen wir Marduk-balatsu-ifbi ("Marduk hat sein Leben befohlen"), König von Babylon, eine feindliche Stellung zu Assyrien einnehmen. Je und je suchten die Babylonier, was ihnen selbst an Macht und Kriegstüchtigkeit abging, durch Bündnisse zu ersetzen. Auch Marduk=balatsu=ikbi that dies: er verbündete sich mit den aramäischen Nomadenstämmen, welche um und in Babylonien zelteten, mit den Elamiten, ja den Chaldäern selbst wider Assyrien. Er sollte seine Verblendung schwer büßen. Nach einem raschen Siegeszug durch das nördliche Akkad, wo Me=Turnat und alle übrigen Städte zwischen Turnat (Dijala) und Tigris dem unaufhaltsam vorwärts stürmenden assy= rischen König teils sich ergeben teils eine rasche Beute werden, und nach der Einnahme, Plünderung und Zer= störung der gleich einer Flußinsel von Wasser eingeschlossenen Festung Dur=papsukal, trifft Samsi=Ramman unweit letzterer Stadt am Kanal Taban mit dem feindlichen Heere zusammen und schlägt es gänzlich. 5000 Krieger wurden getötet, 2000 gefangen, 100 Wagen, 200 Reitpferde, sowie das Zelt des Königs genommen.

Ramman-nirari III. (811—782 v. Chr.), der Sohn Samsi=Rammans II., war ohne Zweifel einer der bedeu= tendsten assyrischen Könige. Er verstand das von seinem Großvater und Vater überkommene Erbe mit starker Hand zusammenzuhalten und überdies zu vermehren. Die uns von ihm direkt überkommenen Nachrichten sind allerdings sehr mangelhaft, und wir sind für seine Regierungszeit fast ganz auf den Eponymenkanon angewiesen, welcher zu jedem Jahr die wichtigsten Unternehmungen und Ereignisse kurz angiebt. Auf einer Tafel in dem Zimmer eines kleinen Palastes, den er südlich von jenem Asurnazirpals in Nimrud gebaut hat, lesen wir: „Palast Ramman=niraris, des großen Königs, des mächtigen Königs, des Königs des Alls, des Königs von Assyrien, des Königs, welchen trotz seiner

Jugend Aſur, der König der Igigi, berief und mit einem Fürſtentum ohnegleichen belehnte, deſſen Regiment er gleich.... wohlgefällig machte den Bewohnern Aſſyriens und deſſen Thron er feſt gründete." Er erzählt dann weiter, wie er von Muſiluna (?) im Oſten, einem Berge (?) des Landes Ellipi, die Länder Charchar, Arazias, Meſu, Medien, ganz Ginunbunda, Munna, Parſua, ganz Naïri, das ferne Andiu und andere Länder mehr bis an das große Meer des Oſtens, und vom Euphratufer an die Länder Chatti, das ganze Weſtland, Tyrus, Sidon, Israel, Edom, Philiſtäa bis an das große Meer des Weſtens ſeinem Fuß unterworfen und Abgabe und Tribut ihnen auferlegt habe. Darauf berichtet er ſeinen Feldzug gegen das Reich Damaskus und deſſen König Mari': Damaskus wird belagert, der König ergiebt ſich und der aſſyriſche König empfängt 2300 Talente Silber, 20 Talente Gold, 3000 Talente Bronze, 5000 Talente Eiſen, dazu allerhand koſtbare Stoffe und Elfenbeingeräte als Geſchenk in ſeinem Palaſte zu Damaskus. Weiter fährt er fort, daß alle Könige von Chaldäa ihm gehuldigt und daß er Abgabe und Tribut für ewige Zeiten ihnen aufgelegt habe. Babel, Borſippa und Kutha hätten die richat (vergl. S. 192) Bels, Nebos und Nergals gebracht und reine Opfer   Hier iſt die Platte leider abgebrochen.

Etwas Ausführlicheres erfahren wir über Rammannirarís Beziehungen zu Babylonien aus dem freilich auch nicht vollſtändigen Bericht der ſynchroniſtiſchen Geſchichte. Hiernach war König Babylons zu jener Zeit Bau=ach=ibbina, welcher ebenſo wie ſein Vorgänger glaubte, von der Oberherrſchaft Aſſyriens ſich befreien zu können, aber gleichfalls ſchwer büßen mußte. Die Stadt, in der er ſich befeſtigt, wird belagert und erobert und Bau=ach=ibbina ſelbſt nebst seiner Habe und seinem Palastschatz nach Assyrien geführt. Dur=ilu, Lachiri, Gananate (eine Stadt Nordbabyloniens), Dur=papsukal (das inzwischen wieder aufgebaut worden), Me=Turnat und viele andere Städte des Landes Kardunias fallen in die Hand des Siegers, der ihre Gottheiten, den „großen Gott", Chumchummu, die Herrin von Dur=ilu, die „Herrin von Akkad", Simalia, Nergal, Anunit u. a. wegnahm. Und dann zog der assyrische König hinauf nach den heiligen Städten des Landes, nach Kutha, Babylon, Borsippa und opferte daselbst, wie dies schon sein Großvater gethan. Ähnlich seinem Großvater und Vater zog er dann auch noch hinab nach Chaldäa und nahm den Tribut der Könige Chaldäas entgegen. Unter dem nächstfolgenden Könige Babylons lebte Ramman=nirari (der letzte König, von welchem die uns vorliegende „synchronistische Geschichte" Bericht erstattet), mit Babylonien im Frieden. In welchem Jahre der Feldzug stattgefunden, ist aus dem Eponymenkanon leider nicht ersichtlich.

Der Eponymenkanon erwähnt u. a. zwei Züge Ramman=niraris nach Westen, nämlich nach Arpad (806) und nach Chazaz (805), sechs Züge nach dem Norden, nämlich Chubuskia und Mannai, zehn Züge aber nach dem „Wasserland" Umlias, dem vom untern Tigrislauf und den medischen Gebirgsabhängen begrenzten babylonisch=elamitischen Grenzland, und der ebenda gelegenen Stadt Der. Die letztere Stadt, „die Stadt Anus" genannt, war ursprünglich und noch zu Nebukadnezars I. Zeit babylonisch und bildete, ähnlich wie Dur=ilu, ein babylonisches Einfallsthor in das elamitische Reich. Indem Ramman=nirari III. außer dem Dijala=Gebiete und Namar auch noch Der und Umlias in den Bereich der assyrischen Machtsphäre zog, versetzte er Babylonien einen schweren Schlag und rückte die assyrische

Ostgrenze in der That bis nahe an das große Meer des Ostens (s. oben) hin vor. Der in der synchronistischen Geschichte erwähnte babylonische Zug bildete möglicherweise ein Glied in diesen Zügen nach dem „Wasserlande"

Fig. 24. Statue des Gottes Nebo.
(Britisches Museum.)

Aus der Zeit Rammannirarts stammen auch zwei Statuen des Gottes Nebo, welche Loftus in Kalah gefunden hat, und welche dadurch zu gewisser Berühmtheit gekommen sind, daß auf ihnen die Gemahlin des assyrischen Königs, nämlich Sammu-ramat erwähnt wird, ein Name, der an Semiramis anklingt. Es mag bei dieser Gelegenheit noch erwähnt werden, daß Rammannirari III. von 789 auf 788 den Nebo-Tempel in Nineve neu bauen ließ.

Für die nun folgenden drei Könige wissen wir bis jetzt nur das Wenige, was uns die Eponymen-Listen über ihre Regierungen mitteilen.

Salmanaffer III. (782 bis 772 v. Chr.) unternahm u. a. sechs Feldzüge gegen das Land Urartu (Armenien; Urartu = Ararat), einen (773) nach Damaskus und einen (772) nach der Stadt Chatarika, dem biblischen Hadrach. Das Land Itu'a, wohin er 777 zog und wohin auch Ramman=nirari III. dreimal gezogen war, war ein aramäischer Distrikt in der Gegend von Umlias.

Unter Aſur=ban III. (772—754) wütete zweimal (765 und 759) die Peſt in Aſſyrien. Von hoher Wichtigkeit iſt die Bemerkung zum Jahr 763: „Im Monat Sivan verfinſterte ſich die Sonne." Eine ſolche ſichtbare und für Nineve totale Sonnenfinſternis fand aber nach der Berechnung der Aſtronomen am **15. Juni 763** ſtatt; indem dieſes Datum nicht allein den ptolemäiſchen Königskanon, ſondern zugleich den aſſyriſchen Eponymenkanon als völlig richtig ausweiſt, iſt es ſozuſagen das Fundamentaldatum für die ganze alte Chronologie Vorderaſiens geworden. Auch Aſurban III. machte Züge nach Oſten und Weſten; aber die Mitteilung, daß im Jahr 763 und folgendem ein Aufſtand in der Stadt Aſſur, 761 und 760 ein ſolcher in Arapcha und 759 ein dritter in Gozan ſtattgefunden habe, weiſt auf eine bedenkliche Erſchütterung des aſſyriſchen Reiches unter dieſem Herrſcher hin. Wohl war 758 „Friede im Lande". Aber da bei der Regierung ſeines Nachfolgers Aſur=nirari (754—745) der Kanon zu fünf ſeiner acht Jahre bemerkt: „im Lande", und zu dem letzten (746): „Aufſtand in Kalah", ſo deutet dies gewiß darauf hin, daß jene Gährung im Innern des eigentlichen Aſſyrien eine ſehr tiefgehende war.

Wir wiſſen nicht, welches die Veranlaſſung und das Ziel jener Revolution in der Hauptſtadt Aſſyriens geweſen; aber wir wiſſen, daß ein Mann von ungewöhnlicher Thatkraft den aſſyriſchen Thron uſurpierte und unter dem neu angenommenen Namen Tiglathpileſer Aſſyriens Machtſtellung und Ruhm größer denn je zuvor machte.

Tiglathpileſer III. (745—727 v. Chr.) erbaute ſich einen

Palast auf der Westseite der großen Terrasse von Kalch neben dem Salmanassers I. Dieser Palast wurde leider von Asarhaddon größtenteils zerstört, sodaß seine Inschriften zum Teil vernichtet, zum Teil verstümmelt wurden. Indes läßt glücklicherweise der Eponymenkanon über die Aufeinanderfolge seiner Kriegszüge nicht im Zweifel.

Tiglathpileser III. ist neben Sargon recht eigentlich derjenige assyrische König, welchem Assyrien seine Weltmachtstellung verdankt. Er ist zugleich der erste assyrische König, welcher die Grenzen Israels und Judas überschritt.

Seine ersten Feldzüge gegen Westen fallen in die Jahre 743—740. Nach dreijähriger Belagerung eroberte er 741 die Stadt Arpad (heutzutage Tel Erfad, drei deutsche Meilen nördlich von Aleppo), zog aber 740 abermals dahin, um seine Herrschaft in jener Gegend noch mehr zu befestigen und zu erweitern. Ob er 739 im Chattiland weilte, während ein anderes Heer im Land Ulluba beschäftigt war, wissen wir nicht, doch ist es sehr möglich; 738 war er jedenfalls dort und verblieb daselbst auch nach der Einnahme von Kullania (nahe bei Arpad). Er brachte damals 19 Distrikte des Landes Hamath (Chamatti), welche „man in Sünde und Frevel dem (für den?) Azrijahu weggenommen hatte (vergl. 2 Kön. 14, 25. 28?), darunter Uznu, Sian, Chatarikka, das Gebirg Jaraku, an Assyrien, nachdem er, wie es scheint, Azrijahu selbst gefangen genommen und Eni=ilu an seiner Statt eingesetzt hatte. In ebendiesem Jahre, in welchem wir Tiglathpileser im Besitz des Landes Chatti (der Stadt Kunalia, des Landes Unki u. s. w.) sowie im Besitz der phönikischen Küste mit den Städten Zimirra, Arka, Uznu und Sian sehen (er verpflanzte dorthin die Bewohner der im fernen Osten und Nordosten eroberten Länder), also 738, empfing er Tribut von Rezin von Damaskus, Menahem von Samarien, Hirom von Tyrus, Eni=ilu von Hamath, ferner von Kummuch, Byblos, Karkemisch, Melitene, Tabal u. v. a., auch von Zabibië, der Königin von Arabien. Ob der assyrische König schon vor 739 auch mit ri=ja=u (Azarja) von Juda in Berührung gekommen — Tiglath= pileser eroberte mehrere Felsenburgen des judäischen Ge= birges — läßt sich mit Bestimmtheit nicht behaupten: ein König von Juda erscheint unter den Tributbringern vom Jahre 738 nicht. Warum Menahem Tribut brachte, wissen wir aus 2 Kön. 15, 19: „er gab Pul*), dem König von Assur, 1000 Talente Silber, damit er es mit ihm hielte und ihm die königliche Gewalt befestigte".

Als mehrere Jahre später Rezin von Damaskus und Pekah von Samarien ein Schutz= und Trutzbündnis schlossen und dem König von Juda, Ahas, welcher beizutreten sich weigerte, den Krieg erklärten (vergl. Jes. 7, 1 ff.), ließ Ahas Gesandte mit reichen Geschenken an Tiglathpileser abgehen mit der Bitte um Hilfe gegen diese seine Feinde (2 Kön. 16, 7 f.). Dies veranlaßte wohl die weiteren Züge des assyrischen Königs nach dem Westen in den Jahren 734—732. Rezin wurde geschlagen, Damaskus belagert und im zweiten Jahre erobert. Seine Einwohner wurden weggeführt, Rezin getötet — das Reich Damaskus hatte sein Ende gefunden (732). Nun ging es gegen Pekah. Tiglathpileser nahm ihm die 2 Kön. 15, 29 genannten Städte und Bezirke des Reiches Israel zwischen Merom= und Genezareth=See weg und ver= pflanzte deren Bewohner, doch beließ er Pekah als Vasallen= könig über das also verkleinerte Israel (2 Kön. 16, 9). Alle diese Hilfe leistete er natürlich dem Ahas nur um den

---

*) Die Identität von Pul und Tiglathpileser, welche von Schrader unentwegt festgehalten worden ist, ist jetzt monumental bewiesen; siehe weiterhin bei den babylonischen Feldzügen.

Preis der Anerkennung der assyrischen Oberhoheit. Als darum der assyrische König von diesem seinem syrisch-philistäischen Feldzug, der ihn bis nach Gaza führte und infolge dessen sogar die fernen, bis dahin unbekannten arabischen Stämme und Städte Mas'u, Tema, Sab'u, Idibi'l (Idiba'il) u. a. zu Tributsendung freiwillig sich entschlossen, zurückkehrte und in Damaskus Hof hielt, empfing er daselbst Tribut und Geschenke von Ahas (assyrisch Ja=u=cha=zi, also ursprünglich Jehoahas) von Juda, außerdem von Salamanu vom Lande Ma'ab (Moab), Mitinti vom Lande Askaluna (Askalon), Kausmalaka vom Lande Udumu (Edom), von Chanunu vom Lande Chazatti (Gaza), der zeitweise nach Ägypten geflüchtet war, von Ammon und Arvad u. a. m. Auch die arabische Königin Samsië, welche kurz zuvor noch der Treulosigkeit sich schuldig gemacht hatte, sandte damals Geschenke. „Bis nach Ägypten alle Länder unterworfen und beherrscht" zu haben, rühmt sich ebendeshalb Tiglathpileser zuerst unter allen assyrischen Königen.

Und noch ein drittes Mal griff Tiglathpileser in die Geschicke Israels ein, zwischen den Jahren 731 und 727. Der König von Thyrus hatte sich empört und in Israel war Pekah von Hosea ermordet worden. Um solche Unruhen nicht weiter um sich greifen zu lassen, entschloß sich Tiglathpileser zu einem neuen Zug nach dem Westen. Der König von Thyrus, gegen welchen er seine Generäle sandte, unterwarf sich wieder, und vom König von Israel heißt es: „Den Pa=ka=cha, ihren König, töteten sie, den A=u=si='a (Hosea) setzte ich als König über sie; 10 Talente Gold, 1000 Talente Silber empfing ich von ihnen". Das Reich Israel war zu einem assyrischen Vasallenstaat geworden.

Außer diesen Feldzügen nach Westen verdienen Tiglathpilesers Züge nach Babylonien besondere Hervorhebung.

Dort saß seit dem Jahre 747 Nabu=nazir (Nabonassar) auf dem Thron. Gleich in seinem ersten Regierungsjahr (745) zog Tiglathpileser hinab „nach der Strommitte", nach Akkad, plünderte die damals ganz aramäische Stadt Rabbiku (Rapik) sowie den Aramäerstamm Chamran und führte die Götter der Stadt Sapazza weg. Er zeigte durch diesen Zug recht deutlich, daß er gleich seinen Vorgängern Salmanasser II., Samsi=Ramman II. und Ramman=nirari III., in den Geschicken Babyloniens die Entscheidung in Händen zu behalten entschlossen sei. Was die Ursache des Aufstandes gewesen, welchen bald darnach Babylon und Borsippa gegen Nabonassar in Szene setzten, dieser aber schnell unterdrückte, wissen wir nicht. Während der übrigen dreizehn Jahre Nabonassars (747—733) hatte Tiglathpileser mit seinen Unternehmungen gegen das Westland, gegen Urartu und andere Länder alle Hände voll zu thun und fand auch keinen Anlaß, mit den babylonischen Angelegenheiten sich zu befassen. Nabonassar regierte unter seinem Schutz ruhig über Babylonien, und als er im 14. Regierungsjahr erkrankte und starb, folgte ihm sein Sohn Nabu=nadin=zer (kürzer Nadin), um zwei Jahre (733—731) zu regieren. Er fiel in einem Aufstand, welchen sein eigener Sohn (Nabu=)sum=ukin, der bis dahin Statthalter gewesen war, erregt hatte. Doch verlor der Empörer schon nach ein bis zwei Monaten den Thron an einen andern Usurpator, Ukin=zer (Chinzeros), welcher nach der babylonischen Königsliste ebenso wie nach der Chronik drei Jahre (731—729) regierte.

Dieser Ukin=zer, der im Jahre 731 den babylonischen Thron an sich riß, war ein Angehöriger des Chaldäerstammes Bit=Amukan, ein Angehöriger also jenes Volkes, in welchem die assyrischen Könige seit Salmanassers II. Zeit mit klugem Blicke den gefährlichsten Gegner der as=

syrischen Vorherrschaft in Babylonien erkannt hatten, nämlich des Volkes der Chaldäer. Ihn zu stürzen oder vielmehr ihn zu bestrafen (denn Ukin-zer scheint Babylon selbst sofort wieder aufgegeben zu haben), zog Tiglathpileser III. 731 nach Sape, der Hauptstadt des Hauses Amukan, und schloß ihn darin ein. Die Baumpflanzungen rings um die Mauer her wurden zerstört und alle seine Ortschaften verbrannt. Auch die übrigen Chaldäerstaaten, Bit-Silan mit der Hauptstadt Sarraban, Bit-Sa'alli u. a. wurden damals (möglicherweise auch bereits 745) von Grund aus verwüstet, ihre Stammeshäupter gepfählt oder in Fesseln geschlagen, mehr denn hunderttausend Chaldäer nebst ihrem Besitz weggeführt. Balasu vom Stamm Dakkur brachte freiwillig Tribut dar und selbst Marduk-bal-iddina vom Hause Jakin, „der König des Meeres", welcher noch niemals jemandem gehuldigt, kam, erschreckt von dem Glanze Asurs, persönlich nach Sapija, Tribut und Huldigung dem assyrischen König zu Füßen zu legen. Noch war aber der Krieg nicht zu Ende. Vielmehr mußte Tiglathpileser noch ein zweites Mal, im Jahre 729, nach Akkad hinabziehen. Jetzt aber „zerschmiß er Bit-Amukan und nahm den Ukin-zer gefangen", worauf er (im Nisan 728) „die Hände Bels faßte" und durch ebendiese Zeremonie sich zum König von Babylon machte. Er bestieg den Thron Babyloniens unter seinem ursprünglichen Namen Pul, Pu-lu, welch letzterer Name für Tiglathpileser in seiner Eigenschaft als König von Babylon jetzt monumental erwiesen ist, und führte von nun ab die Titel: „König von Assur, König von Babylon, König von Sumer und Akkad, König der vier Weltgegenden". Doch sollte er nur zwei Jahre diese seine neuen Würden bekleiden. Im nächsten Jahre faßte er noch einmal die Hände Bels, aber im Monat Tebet des Jahres 727 starb er.

Die Feldzüge gegen die Westländer und Babylonien waren natürlich nicht die einzigen dieses rastlos thätigen Königs. Von hohem völkergeschichtlichem Interesse sind auch Tiglathpilesers III. Berichte über seine Unternehmungen gegen Urartu (743, 735) und vor allem gegen die Grenzgebiete Elams bis nach Parsua und hinein in das Herz Mediens (744, 737). Die Länder Namar, Bit-Chamban, Parsua und zum großen Teile auch Medien wurden von ihm mit Assyrien vereinigt: die einheimischen Bewohner wurden weit weg von ihrem Vaterland nach dem Westen versetzt und andere besiegte Völker an ihre Stelle verpflanzt. Auch die Aramäerstämme, welche längs des Euphrat und Tigris bis hinab zum persischen Meer rings um Babylonien her und innerhalb Babyloniens zelteten, die Stämme Itu', Gurumu, Damunu, Pukudu u. v. a., trieb er zu Paaren und stellte sie unter assyrische Oberhoheit (745, 738).

Tiglathpileser III. erbaute sich einen prächtigen Palast in Kalah, der aber, wie bereits bemerkt wurde, von Asarhaddon hart mitgenommen worden ist: die großen Basreliefplatten wurden, um sie für Asarhaddons neuen Palast verwendbar zu machen, umgekehrt, man schlug wohl auch, wo sie nicht passen wollten, Stücke von ihnen ab. Es läßt sich nun zwar immer noch erkennen, daß die Basreliefs aus dem Palast Tiglathpilesers III. durch ihren weit weniger steifen Charakter einen bedeutenden Fortschritt der Kunst, etwa jenen Asurnazirpals gegenüber, darstellen, aber die die Bilder begleitenden Inschriften sind uns leider nur sehr verstümmelt und lückenhaft überkommen.

Nach Tiglathpilesers III. Tod bestieg Salmanasser IV. am 25. Tebet des Jahres 727 den assyrischen und gleichzeitig unter dem Namen Ulula'a (Jlulaios) den babylonischen Thron, um fünf Jahre, 727—722, beide Länder gleich seinem großen Vorgänger in Personalunion zu beherrschen. Für seine Regierungsthaten sind wir zur Zeit noch ganz auf nichtassyrische Quellen angewiesen, in erster Linie auf 2 Kön. 17, 3 ff. und sodann auf einen Bericht Menanders bei Josephus. Es scheint hiernach, daß Salmanasser IV. vor allem Verlangen trug, die sehr starke, aber ebendeshalb in ihrer Haltung gegenüber Assyrien sehr unzuverlässige Stadt Tyrus, speziell Inseltyrus, gegen welche Tiglathpileser III. noch wenige Jahre zuvor ein Heer gesandt hatte, in seine Gewalt zu bekommen. Er zog daher gleich im Anfang seiner Regierung dorthin, ohne aber bei der uneinnehmbaren Lage der Stadt etwas anderes ausrichten zu können, als den vom König von Tyrus und Sidon, Eluläus, wahrscheinlich in Gestalt einer Tributsendung, dargebotenen friedlichen Vergleich anzunehmen (727?). Als nun aber viele phönikische Städte, voran Sidon und das auf dem Festland gelegene Alttyrus, welche den assyrischen Heeren je und je fast völlig schutzlos preisgegeben waren, von Inseltyrus abfielen und sich unter assyrische Oberhoheit stellten, da nahm Salmanasser (Selampsas des Menander), von einer phönikischen Flotte von 60 Schiffen unterstützt, den Kampf gegen Inseltyrus selbst auf (725?). Tyrus schien der Unterwerfung näher denn je (Jes. Kap. 23 stammt vielleicht aus dieser Zeit), und auch Hosea bezeugte dem heranziehenden Großkönig unter Darbringung von Geschenken seine Unterwürfigkeit (2 Kön. 17, 3). Allein jene Hilfsflotte wurde geschlagen und das assyrische Heer auf eine aussichtslose Blokade von der Landseite her beschränkt. Sie wurde fünf Jahre, also noch über Salmanassers Zeit hinaus, durchgeführt, mußte aber schließlich als nutzlos aufgegeben werden. Dieser Mißerfolg der assyrischen Waffen vor Tyrus scheint Hosea ermutigt zu haben, die ihm wie seinem Volke verhaßte Tributzahlung an Assyrien einzustellen und dafür dem Ägypter Sebe (so lies statt So) durch eine Gesandtschaft ein Bündnis anzutragen. Dieser Sebe (assyrisch Sib'e), welcher 2 Kön. 17, 4 als „ägyptischer König" bezeichnet ist, war nach den Keilinschriften ein Unterkönig oder Feldherr des ägyptischen Großkönigs. Sobald Salmanasser hiervon hörte, ließ er den treulosen Hosea gefangen nehmen und in das Gefängnis legen, dann aber zog er hinauf wider das ganze Land und belagerte Samaria drei Jahre (2 Kön. 17, 4 f., vergl. 18, 9 f.). Im dritten Jahre, 722, fiel Samaria, doch erlebte Salmanasser selbst die Eroberung der Stadt nicht mehr, vielmehr war es sein Nachfolger Sargon, der sich dieses Ereignisses als seiner ersten Waffenthat rühmen durfte.

Sargon (Arkeanos) 722—705, war unzweifelhaft ein Usurpator und Sarru-ken, d. i. „der legitime König" (von ihm selbst einmal als „gerechter König" gedeutet), der bei der Thronbesteigung angenommene Name. Tiglathpileser III. und Sargon dürfen als die größten Kriegshelden auf dem assyrischen Thron gelten, zugleich als die beiden Könige, unter welchen das assyrische Reich innerlich verhältnismäßig am festesten geeint war. Tiglathpileser III. hatte das assyrische Reich zu einem Weltreich gemacht, welches vom persischen Meer im Osten bis zum Mittelmeer im Westen und von Medien und Armenien im Norden bis hinab an die Grenzen Ägyptens sich ausdehnte; Sargon hielt dieses riesige Reich mit der Unzahl seiner nur halb unterworfenen, freiheitsliebenden Völker mit eiserner Faust zusammen, befestigte die assyrische Herrschaft in allen einzelnen Teilen des Reiches, indem er Aufstände niederschlug, die Existenz der aufrührerischen Völker durch Losreißung von ihrem heimatlichen Boden, durch Verpflanzung vernichtete und über die neu angesiedelten Bewohner assyrische Statthalter setzte; er fügte auch neue Gebietsteile, z. B. Cypern, in die Machtsphäre Assyriens ein.

Sargon, bis zu den Ausgrabungen Bottas in Khorsabad eine völlig unbekannte Persönlichkeit, also daß man seinen Jes. 20, 1 vorkommenden Namen als einen Zunamen Salmanassers zu betrachten geneigt war, ist jetzt einer der uns bekanntesten assyrischen Könige: die langen Inschriften seines Palastes gewähren uns ein anschauliches Bild fast aller seiner Thaten, doch müssen wir uns hier darauf beschränken, wie wir schon bei Tiglathpileser III. gethan, die westländischen und die babylonischen Angelegenheiten aus der Fülle seiner kriegerischen Unternehmungen herauszuheben.

Am 12. Tebet bestieg Sargon den assyrischen Thron, und seine erste That war, daß er die dreijährige Belagerung Samariens durch Eroberung der Stadt zum Abschluß brachte und das Reich Israel in eine assyrische Provinz mit einem assyrischen Statthalter an der Spitze verwandelte. „Im Anfang meiner Regierung," — so berichten seine Inschriften — „belagerte und eroberte ich die Stadt Samerina. 27290 Einwohner führte ich fort. Fünfzig Wägen behielt ich von ihnen für mich, und ließ andere ihren Teil in Besitz nehmen. Leute unterworfener Länder siedelte ich daselbst an. Meinen Subsak setzte ich über sie und die Abgabe des früheren Königs (oder: Abgabe und Tribut wie den Assyrern) legte ich ihnen auf." Nach 2 Kön. 17, 24 verpflanzte der assyrische König Bewohner von Babylon, Kutha, Awwa, Hamath und Sepharvaim nach den Städten Samariens, während die gefangenen Israeliten gemäß 2 Kön. 17, 6; 18, 11 in Chalach und am Chabur, dem Flusse von Gozan, und in den Städten Mediens neue Wohnsitze erhielten.

Man sollte nun denken, daß in die Westländer des

assyrischen Reiches einigermaßen Ruhe und Friede eingekehrt wäre: die Chattireiche, obenan Karkemisch und Hamath, desgleichen die Phönikerstädte, waren ja, teilweise schon lange, freiwillig oder gezwungen, assyrische Vasallenstaaten; Tyrus war zwar unbezwungen, aber gleichzeitig auch machtlos wider die assyrischen Heere; das Reich Damaskus hatte aufgehört zu sein; bis hinab nach Gaza und dem Bache Ägyptens hatte Tiglathpileser III. Furcht vor den Waffen Asurs verbreitet, nun war auch Israel eine assyrische Provinz geworden — und doch trat auch für Sargon mit der Eroberung Samariens kein Stillstand in den unaufhörlichen westländischen Kriegen ein. Im Gegenteil, allüberall loderten die Flammen des Hasses gegen das assyrische Joch von neuem auf, geschürt von Ägypten, welches, eifersüchtig auf die stetigen Fortschritte Assyriens an der Mittelmeerküste und besorgt für seine eigenen Grenzen, immer bereit war, die Städte und Staaten des Westlandes in dem Kampf um ihre Unabhängigkeit zu unterstützen.

Zunächst war es ein Hamathenser, Namens Ilubi'di, auch Jahubi'di, welcher Sargon Schwierigkeiten machte. Er suchte im Jahr 720 die Königsherrschaft über Hamath an sich zu bringen, befestigte sich in der Stadt Karkar und reizte auch die Städte Arpad, Simyra, Damaskus und Samaria zum Abfall von Assyrien auf. Aber Sargon rückte mit großer Streitmacht wider ihn aus, eroberte und verbrannte Karkar, ließ dem Ilubi'di bei lebendigem Leibe die Haut abziehen und tötete auch in den übrigen Städten die Aufrührer. Während so im Lande Hamath schnell der Friede wiederhergestellt wurde, erwarteten im Süden des Landes den König neue Empörungen. Chanunu (Hanno) von Gaza, welcher zu Tiglathpilesers III. Zeit Tribut an Assyrien gezahlt hatte, glaubte, unterstützt von dem schon unter Salmanasser IV. genannten ägyptischen Feldherrn (Tartan, Turtan) oder Unterkönig Sib'e, den Kampf mit Sargon wagen zu können. In der Nähe der Stadt Rapich (dem heutigen Refah) am Mittelmeer, fünf Stunden südwestlich von Gaza, stoßen die beiden Heere aufeinander. Doch bleibt Sargon auch hier wieder Sieger: er nimmt Chanunu mit eigener Hand gefangen und führt ihn gebunden nach der Stadt Asur, während Sib'e erschreckt auf Nimmerwieder= sehen flieht, „gleich einem Hirten, dessen Schafe geraubt sind".

Im Jahr 717 veranlaßte Karkemisch den assyrischen König zu abermaliger Überschreitung des Euphrat. Pisiris, der König der alten Hettiterstadt, hatte sich mit Mita, dem König der Moscher, in geheime Zettelungen wider Assyrien eingelassen und wurde zur Strafe hierfür mitsamt seiner Familie gefesselt fortgeführt. Die Wohnungen der Rebellen wurden geplündert und Assyrer in der Stadt angesiedelt.

Im Jahr 711 endlich war es abermals das Land der Philister und zwar die Stadt Asdod, welche Sargon zu neuem Einschreiten herausforderte. Obwohl nämlich in= zwischen auch die nordarabischen Wüstenstämme, die Tha= muditer u. a., die assyrischen Waffen hatten schwer fühlen müssen, also daß „ihr Rest" in Samaria angesiedelt wurde (vgl. Neh. 2, 19. 4, 7), und obwohl in ebendiesem Jahre, 715, sogar Pir'u (Pharao), der König von Ägypten, Samsië, die Königin von Arabien, und It'amara vom Lande Saba, „die Könige der Meeresküste und der Wüste" Tribut gesandt hatten, glaubte Azuri, der König von Asdod, seinerseits die Tributzahlung einstellen zu sollen, und verschwor sich mit den Königen seines Gebiets gegen Assur. Sargon sandte nun zuerst seinen Turtan (Jes. 20, 1), welcher Azuri absetzte und dessen Bruder Achimit auf den Thron erhob. Allein die Einwohner von Asdod wollten keinen König von Sar=

gons Gnaden: sie vertrieben den Achimit und setzten einen gewissen Jaman (oder Jatna), der wie sie selbst von Haß gegen Assyrien erfüllt war, zum König über sich. Schon war der im Vertrauen auf die Hilfe des ägyptischen Pharao unternommene Aufstand im Begriff, über Juda, Edom und Moab sich auszudehnen, da erschien Sargon, der mit den Reitern seiner Leibwache herbeigeeilt war, vor den Thoren der abtrünnigen Stadt, eroberte Asdod und Gath, führte ihre Götter nebst dem Gold und Silber des Palastes, desgleichen die Gemahlin Jamans, seine Söhne und Töchter und die Hauptmasse seiner Unterthanen nach Assyrien fort, und machte das Land, dessen entleerte Städte mit Kriegsgefangenen aus dem Osten neu bevölkert wurden, zu einer assyrischen Provinz. Jaman selbst war beim Heranzug des assyrischen Heeres nach dem an Ägypten grenzenden Teil Meluchas d. i. der Sinai-Halbinsel geflohen, doch sollte ihn seine Feigheit teuer zu stehen kommen. Denn „der König von Melucha" ließ aus Furcht vor den Assyrern Jaman ergreifen und lieferte ihn, an Händen und Füßen mit eisernen Ketten gebunden, an Sargon aus.

Ungleich schwerere Kämpfe aber als im Westen hatte Sargon gegen Babylonien zu bestehen, wo ihm in Marduk-bal-iddina („Merodach hat den Sohn gegeben"), dem Chaldäerkönig, ein äußerst gefährlicher Gegner erstanden war, welcher, von glühender Freiheitsliebe beseelt und begabt mit Tapferkeit, zäher Ausdauer und großem Organisationstalent, alle Babylonien benachbarten Völker und Stämme, obenan Elam, zu einer mächtigen Waffengenossenschaft um sich zu scharen und zu immer neuen Anstürmen wider Assyrien anzufeuern verstand. Merodach-baladan II. (so müssen wir ihn wegen des gleichnamigen, c. 1160 anzusetzenden babylonischen Königs nennen) entstammte dem Hause Jakins, welches sich im „Meerland", tief unten an der Küste des persischen Meerbusens, festgesetzt hatte und seit den Zeiten Jakins (um 851) die Königsherrschaft über jenes Gebiet ausübte. Er selbst bezeichnet sich als zur „Dynastie Erba=Marduks, Königs von Sumer und Akkad" gehörig, als „Sprößling Erba=Marduks, Königs von Babylon". Leider ist uns das für die Geschichte der Chaldäer sehr wichtige Datum dieses Königs Erba=Marduk noch nicht bekannt. Merodachbaladan, welcher dem König Tiglathpileser III. 731 in Sapija freiwillig gehuldigt und Tribut dargebracht hatte und auch unter Salmanasser IV. sich ruhig verhalten zu haben scheint, benützte den assyrischen Thronwechsel, durch welchen zugleich der Thron von Babylon frei wurde, zur Auflehnung wider Assyrien. Er verweigerte den Tribut, schloß mit dem Elamiterkönig ein Bündnis, wiegelte die Aramäerstämme und Sutus zum Abfall von Assyrien auf und setzte sich im Nisan des Jahres 721 selbst auf den Thron Babylons. Sargon war dadurch gleich in seinem ersten Regierungsjahr 721 gezwungen, südwärts zu ziehen. Bei Dur=ilu kam es zur Schlacht zwischen dem assyrischen Heer und Ummanigas (Chumbanigas), König von Elam, aber die Schlacht brachte keine Entscheidung, sodaß beide Teile sich den Sieg zuschrieben. Merodachbaladan kam mit seinem Heer Ummanigas zu Hilfe, aber zu spät — die Schlacht war bereits geschlagen. Sie hatte für Sargon wenigstens den Erfolg, daß sowohl Ummanigas als auch Merodachbaladan die Lust zu weiterem offensivem Vorgehen fürs erste verloren, während andrerseits freilich Merodachbaladan auf dem Thron von Babylon belassen werden mußte. Die Versetzung von Unterthanen Merodachbaladans nach dem Land Chatti und die Unterwerfung des Stammes Tu'amuna können über diesen anfänglichen Mißerfolg der assyrischen Waffen gegen Elam und die Chaldäer nicht hinwegtäuschen. Erst nachdem Sargon im Westen, Norden und Osten alle Feinde Assyriens unter seine Füße gethan, ging er, gleich Tiglathpileser III., mit erneuter Macht daran, den Usurpator des Thrones Babylons zu stürzen, die Babylonier von dem harten, grausamen Joch der Chaldäer zu befreien. „Zwölf Jahre lang (721—710) hatte Merodachbaladan gegen den Willen der Götter Babylon, die Stadt des Herrn der Götter, in Besitz genommen und regiert." Aber im 12. Jahr, 710, zog Sargon hinab nach Akkad, und während Merodachbaladan in kluger Berechnung vor allem die Verbindung mit Elam ungestört zu erhalten suchte und zu diesem Zwecke die am Fluß Surappi gelegene babylonisch-elamitische Grenzveste Dur-Atchara stark befestigen und von dem kriegerischen Stamm der Gambuläer sowie einer größeren Heeresabteilung besetzen ließ, war Sargons Streben vor allem darauf gerichtet, die beiden verbündeten Heere zu trennen, um der geteilten Gegner um so sicherer Herr zu werden. Sargons Kriegsplan gelang vollständig. Er geht direkt auf die Festung Dur-Atchara los, erobert sie und führt 16 490 Einwohner in die Gefangenschaft fort, woraufhin sich die umwohnenden Aramäerstämme, die Gambulu am Uknu, die Pukudu, Jatburu u. s. f. unterwerfen. Vom Uknu bis weit hinein nach Elam wird das Land verwüstet; erschreckt bringen alle Bewohner Tribut und der König Suturnanchunde, welcher Ummanigas (743—717) auf dem elamitischen Thron gefolgt war, flieht in das ferne Gebirg. Nachdem so die elamitischen Grenzgebiete in assyrische Hände gebracht waren, wendet sich Sargon gegen Babylonien selbst. Er überschreitet den Euphrat und legt in die von ihm neu gebaute, augenscheinlich strategisch sehr wichtige Ortschaft Dur-Latinnu in Bit-Dakuri eine assyrische Garnison. Merodachbaladan, der „König von Karduniaš", welcher im Palaste von Babylon die durch Sargon vollbrachten „Ruhmesthaten der Götter Asur, Nebo und Merodach" vernommen hatte, war mittlerweile an der Spitze seiner Großen und mit seinen Kriegern in die elamitische Landschaft Jatbur gezogen, und hatte mittels auserlesener Geschenke den elamitischen König geneigt zu machen gesucht, „ihn zu rächen". Allein der Elamit nahm zwar die Geschenke an, verbot ihm aber, aus Furcht vor Assyrien, noch weiter nach Elam hinein zu kommen, sodaß Merodachbaladan aus Jatbur aufbrach und in eine Ortschaft namens Jkbt=Bel sich zurückzog. Inzwischen brachten die Spitzen der Behörden von Babylon und Borsippa die richāt (Dekrete?) Bels und Zarpanits, Nebos und Tašmets nach Dur=Latinnu und forderten Sargon auf, nach Babylon zu kommen. Mit Freuden folgte der assyrische König dem Ruf, hielt seinen Einzug im Palaste Babylons und empfing darin den Tribut der Aramäer, von Bit=Amukan, Bit=Dakuri und anderen Stämmen des Landes. Er gewann sich auch schnell die Herzen der Bewohner der Hauptstadt und obenan der Priesterschaft, indem er Borsippa mit Babylon durch einen neuen Kanal verband, welcher als Feststraße für Nebo dienen sollte, und den räuberischen Stamm Chamaran, welcher von Sippar aus die nach Babylon führenden Straßen unsicher machte, hart züchtigte.

Am Neujahrsfeste des nächstfolgenden Jahres, im Nisan 709, „faßte Sargon die Hände Bels und Nebos" und übernahm hiermit, unter Darbringung reicher Opfergaben, die Königsherrschaft von Babylon. Im Monat Ijjar ebendieses Jahres zog Sargon, „König von Assur, Oberhaupt von Babylon, König von Sumer und Akkad, König der vier Weltgegenden," gegen Merodachbaladan selbst, welcher die

Bewohner von Erech, Ur und der übrigen südbabylonischen Städte als Gefangene weggeschleppt und in Dur-Jakin, der Festung seines Landes Bit-Jakin, ein stark verschanztes Lager bezogen hatte. Mittels eines Durchstiches des Euphratufers hatte er die Umgebung der Festung weit und breit unter Wasser gesetzt und glaubte nun getrost das Herannahen Sargons erwarten zu können. Aber dieser ließ „auf Befehl der Götter Asur, Samas und Merodach seine herrlichen Krieger adlergleich über die Wasser dahinfliegen" und richtete unter den Soldaten und Pferden des Feindes ein furchtbares Blutbad an. Die Pukudäer, Sutäer und andere, welche dem Chaldäerkönig zu Hilfe eilen, werden vor den Thoren der Veste niedergestreckt, während es Merodachbaladan gelingt, das Thor der Stadt zu erreichen und spurlos zu verschwinden. Sein Zelt, Thron, Zepter und sonstigen Königsinsignien fallen in die Hände des Siegers und 90 580 Menschen nebst großen Mengen von Pferden, Maultieren, Kamelen werden eine Beute der assyrischen Truppen. Dur-Jakin selbst wird erobert, mit Feuer verbrannt und dem Erdboden gleich gemacht (letzteres, wie es scheint, erst im Jahre 707). Der Fall Dur-Jakins besiegelte zugleich das Ende Bit-Jakins: das ganze Land wird mitsamt den ihm benachbarten elamitischen Grenzstädten eine assyrische Provinz, bewohnt von daselbst angesiedelten Kriegsgefangenen aus dem Hettiterland Kummuch. Die Jahre 709—707, während welcher Sargon sich in Babylonien aufhielt (denn erst 707 „kehrte der König aus Babylon zurück"), zeigen uns Sargon auf dem Gipfel seiner Macht und seines Ruhms: Uperi, der König von Dilmun, einer auf einer Insel des persischen Meeres gelegenen Stadt, sendet Geschenke (709); Mita, der König der Moscher, schickt, von dem assyrischen Statthalter des Landes Kuë besiegt, zum erstenmal einen

Boten, um seine Unterwürfigkeit zu bezeugen; Abgesandte von 7 Königen der Insel Cypern, eines Landes, dessen Namen „unter den früheren Königen von Assur und von Karbunias keiner gehört" hatte, kommen nach Babylon und küssen seine Füße (709); auch das Land Kummuch gelang es im Jahr 708 endgültig zu unterwerfen und zu den assyrischen Provinzen hinzuzufügen. Vergessen wir indes bei alledem nicht: Merodachbaladan ist entronnen und die Scharte, welche das assyrische Schwert 721 bei Dur=ilu erlitten, nicht ausgewetzt: ungebrochen steht die Macht Elams.

Wie schon oben bemerkt, können wir auf Sargons sonstige kriegerische Unternehmungen hier nicht weiter eingehen. Es muß genügen zu bemerken, daß wie im Westen und Süden, so auch im Norden und Nordosten die meisten Fürsten und Völker rastlos für ihre Freiheit und Selbstständigkeit zu kämpfen fortfuhren und Sargon immer von neuem genötigt war, mit Blut und Eisen die Herrschaft Assyriens über jene Länder zu erhalten. Im Norden waren es vor allem Ursa (Rusa) von Urartu und Mitatti von Zikirtu, zeitweise auch Ullusunu von Mannai, welche immerwährend Aufstände gegen Assyrien anzettelten, bis im Jahr 714 der assyrische König ihrem Treiben ein endgültiges Ziel setzte, indem er nach wiederholten Siegen, infolge deren Mitatti floh und Ursa sich den Tod gab, ihre Länder teils dem assyrischen Reich einverleibte, teils zum Land Mannai schlug. Und auch im Nordosten und Osten, wo wir Sargon bezw. seine Generäle mit den Staaten Allabra, Karalla, Medien, Ellipi und wie sie alle heißen mögen, wiederholt beschäftigt sehen, enden Sargons Feldzüge damit, daß diese Länder zu assyrischen Provinzen gemacht werden. Trotz alledem finden wir auch noch in seinem letzten vollen Regierungsjahr, 706, die assyrischen Heere teils

5. Geschichte.

in Tabal, teils in Karalla in Anspruch genommen; kein auch noch so entschiedener Erfolg vermochte eben nachhaltigen Frieden zu erzielen, da die Grundvoraussetzung solch dauernden Friedens, nämlich Zufriedenheit mit den neuen Zuständen in die Herzen der Unterthanen zu pflanzen, das auf brutaler Gewalt ruhende assyrische Reich nimmer zu erfüllen im stande war.

Wie der altbabylonische König Sargon sich eine Stadt Dur-Sarrukin gebaut hatte, so beschloß auch Sargon „der Spätere", nachdem er bis dahin in Kalah residiert hatte, sich nicht nur einen eigenen Palast, sondern zugleich eine ganze neue Stadt zu bauen und nannte sie ebenfalls Dur-Sarrukin. Am Fuße des Gebirges Musri, nördlich von Nineve, gründete er „nach Gottes Geheiß und auf Antrieb seines eigenen Herzens" jene jetzt durch die Ruinen von Khorsabad bezeichnete Stadt, deren Mauer nahezu ein Quadrat bildete (je 1645 m beträgt die Länge der kürzeren, je 1750 m die der längeren Seite) und mit acht, je nach einer Gottheit benannten Thoren geschmückt war. In der Linie der Nordwestmauer erhob sich die Terrasse, auf welcher der Palast Sargons stand. Im Jahr 707, ebenjenem Jahr, aus welchem eine Pest, welche in Assyrien wütete, gemeldet wird, war die Stadt mit ihrem Palast und ihren Tempeln fertig. Am 22. Tischri 707 hielten die Götter Dur-Sarrukins Einzug in ihre Tempel, worauf (am 6. Ijjar 706?) unter großen Festlichkeiten die Stadt mit allen ihren Baulichkeiten eingeweiht wurde.

Das Endziel dieser denkbar glorreichsten Regierung sollte ein tragisches sein. Ein kleines Fragment des Eponymenkanons erwähnt zum Jahr 705 einen gewissen „Espaï, den Kulummäer" und fährt in der nächstfolgenden Zeile mit den bedeutsamen Worten fort: „ermordete den König, das

Feldlager des Königs von Assyrien ..." So lückenhaft diese Notiz ist, so ist doch aus ihr ersichtlich, daß Sargon, abermals auf einem Feldzug begriffen, durch Mörderhand fiel, also das nämliche Ende fand, das auch seinem Sohn und Nachfolger Sanherib nur in noch tragischerer Weise beschieden sein sollte.

Am 12. Ab des Jahres 705 bestieg **Sin-ache-erba** („Sin hat die Brüder vermehrt", oder: „Sin, vermehre die Brüder"?) den assyrischen Thron, 705—681. Trostlos waren die Zustände in Babylonien. Sargon hatte fünf Jahre über Babylon geherrscht. Er hatte zwar 709 „die Hände Bels gefaßt" und sich damit als König von Babylon proklamiert, aber die übrigen vier Jahre begnügte er sich mit der Oberhoheit über Babylon, ohne alljährlich seine babylonische Königswürde durch Erfüllung jener althergebrachten Zeremonie zu erneuern; vielmehr ließ er sich durch einen Statthalter vertreten. Unter Sanherib, der überhaupt niemals die Hände Bels faßte, trat in noch höherem Grade „königslose" Zeit für Babylonien ein und dauerte zwei Jahre (bis 703). Es konnte nicht ausbleiben, daß schon bald Babylonien, diese offene Wunde im Fleisch des assyrischen Reichs, zu blutigen Eingriffen nötigte. Schon im Jahr 704 werden, allerdings in sonst unbekanntem Zusammenhang, die Chaldäerstädte Larak und Sarraban erwähnt, im Jahr 703 aber erscheint Merodachbaladan II. wieder auf dem Plan, um seinen dem König Sargon zeitlebens bezeugten Haß nunmehr auf dessen Sohn zu übertragen. Es gelingt ihm noch einmal, den Thron Babylons an sich zu reißen, indem er den Marduk-zakir-šum (Akises bei Eusebius), welcher sich, offenbar ebenfalls wider Sanheribs Willen, zum König von Babylon gemacht hatte, aus dem Weg schaffte. Seine Bundesgenossen waren abermals die Elamiter und

5. Geschichte.

Aramäer. Wie energisch aber Merodachbaladan II. (703—702) bestrebt war, den Assyrern möglichst viele Schwierigkeiten zu bereiten, beweist die von „Merodachbaladan, König von Babel" an Hiskia geschickte Gesandtschaft (2 Kön. 20, 12 ff.), welche außer dem harmlosen Zweck, Hiskia zu seiner Genesung zu beglückwünschen, gewiß auch politischer Zwecke nicht entbehrt haben wird. Indes sollte auch er den usurpierten Thron nur neun Monate behaupten. Denn schon war Sanherib auf dem Wege, Babylon für seine Abtrünnigkeit zu strafen. Bei Kis, unweit der babylonischen Hauptstadt, kommt es zur Schlacht: Sanherib schlägt Merodachbaladan, den „König von Karduniaš", mitsamt dem elamitischen Hilfsheer, doch gelingt es ihm nicht, so wenig wie seinem Vater, den alten Erbfeind gefangen zu nehmen, dieser flieht vielmehr nach dem Land Gunzumanu und trotz fünftägigen Durchsuchens der dortigen, von Binsengestrüpp überwucherten Sümpfe ist keine Spur von ihm zu entdecken. Der assyrische König hält darauf seinen Einzug in Babylon, nicht, wie sein Vorgänger, als Schutzherr der „Babylonier", sondern zum erstenmal, um erbittert Rache zu nehmen an „Babyloniern" wie an „Chaldäern". Die Schatzkammer des Palastes von Babylon wird geplündert (702), neunundachtzig feste Städte und achthundertzwanzig kleinere Ortschaften des Chaldäerlandes desgleichen. Zum König aber über Sumer und Akkad macht Sanherib einen am assyrischen Hof erzogenen Prinzen der „Dynastie von Babylon", namens Bel-ibni (der Belibos des ptol. Kanons), doch war dieser nicht viel mehr als ein Scheinregent, insofern gleichzeitig über das ganze Land Kaldu ein assyrischer Kommandeur gesetzt wurde. Auf der Rückkehr von diesem seinem ersten babylonischen Feldzug unterwarf Sanherib auch die Aramäer von neuem und führte 208 000 ihrer Stammesangehörigen nebst großen Mengen von Pferden, Maultieren, Eseln, Kamelen, Rindern und Schafen in die Gefangenschaft fort. Auch die Städte Chararatu und Chirimmu mußten in diesem Jahr 702 die Strenge des assyrischen Königs erfahren.

Kaum zwei Jahre vergingen, so riefen die babylonischen Wirren Sanherib von neuem auf den südlichen Schauplatz (700). Bel=ibnis Regierung hatte Sanheribs Erwartungen getäuscht: Akkad blieb abtrünnig und mußte deshalb von neuem gebrandschatzt werden, während Bel=ibni und seine Großen nach Assyrien verbracht wurden. Auch in Süd=babylonien war der Aufstand von neuem aufgelodert. Ein Chaldäer, Namens Suzub (voller Musezib=Marduk), der mit einer chaldäischen Freischar auf eigene Faust Krieg führte, trat im Süden des Landes Sanherib entgegen. Er wird bei Bittutu geschlagen, entzieht sich aber auch seinerseits der Gefangennahme durch die Flucht. Ebenso ist Merodach=baladan II., gegen welchen Sanherib sich nunmehr wendet, nicht mehr erreichbar für Assyriens Züchtigung: er ist mit seinen Göttern zu Schiff über das persische Meer geflüchtet und hat in der elamitischen Küstenstadt Nagite=rakki ein Asyl gefunden. Sanherib hat das Nachsehen und muß sich damit begnügen, etliche zurückgelassene Verwandte und Unterthanen des Chaldäerfürsten gefangen zu nehmen und die Ortschaften Bit=Jakins mit Feuer zu verbrennen. Merodachbaladan selbst verschwindet mit diesem Jahr 700 aus der Geschichte, und es darf wohl angenommen werden, daß der Tod es gewesen, der seiner Feindschaft wider Assur ein Ziel setzte. Auch Bit=Jakin sollte sich nie wieder zu seiner früheren Bedeutung er=heben. Nachdem die Ruhe einigermaßen wiederhergestellt war, machte Sanherib seinen ältesten Sohn Asur=nadin=sum (Asaranadios) zum König über Sumer und Akkad (700—694).

Mit dem Jahr 694 war endlich der von Sanheribs Leidenschaftlichkeit gewiß ungeduldig erwartete Zeitpunkt gekommen, um die zwar notgedrungen aufgeschobene, aber nicht aufgehobene Rache an den zu den Elamiten geflüchteten Chaldäern, sowie den ihnen eine Freistatt gewährenden Elamiten zu nehmen. Es ist ein glänzendes Zeugnis für die vor nichts zurückschreckende Thatkraft dieses assyrischen Königs, daß er von den besiegten Anwohnern der Mittelmeerküste, obenan von Thyrern, teils in Nineve, teils in Til-barsip (am Euphrat) Seeschiffe bauen, die in Nineve gebauten auf dem Tigris nach Opis, von dort in den Kanal Arachtu und weiter den Euphrat hinunter in das Meer bringen ließ, um plötzlich mit „Hettiterschiffen" vor Nagitu an der elamitischen Südküste zu erscheinen. Nagitu und die benachbarten Städte werden erobert, geplündert und zerstört, worauf es, mit den Gefangenen an Bord, an die babylonische Küste zurückging und von dort aus heimwärts nach Assyrien (693). König von Elam war damals Challusu, welcher im Jahr 700/699 seinen Bruder Suturnanchundi (auch Istarchundu, 717—700), gefangen genommen und entthront hatte. Dieser Challusu hatte, während das assyrische Heer an der elamitischen Küste beschäftigt war, auf das Andrängen zu ihm geflüchteter Bewohner Babylons einen Einfall in Nordbabylonien gemacht, Sippar besetzt, die Einwohner getötet, den Asur-nabin-sum nach Elam geschleppt und einen gewissen Nergal-usezib (ebenfalls zu Suzub abgekürzt, bei Ptol. Regebelos) zum König über Sumer und Akkad eingesetzt (694). Nergal-usezib hatte eben (am 16. Tammuz 693) von Nippur Besitz ergriffen, als das assyrische Heer siegreich zu Schiff von Elam zurückkehrte. Am 1. Tischri rückten die Assyrer in Erech ein und führten Götter und Einwohner in die Gefangenschaft, am 7. Tischri erfolgt unweit Nippur in offener Feldschlacht die Entscheidung. Nergal-ušezib wurde gefangen und in eisernen Fesseln nach Assyrien geschleppt, wo er, am Hauptthor von Ninive angekettet, über seine anderthalbjährliche Königsherrlichkeit von Elams Gnaden nachdenken konnte. Der elamitische König aber, der, noch vor der Einnahme Erechs durch die Assyrer, geschlagen und zur Rückkehr in sein Land gezwungen worden war, wurde bald nachher nach sechsjähriger Regierung von seinen eigenen Unterthanen ermordet.

Sanherib hatte die eben erzählten Unternehmungen gegen Elam-Babylonien persönlich nicht mitgemacht; dagegen scheint er den noch im Jahr 693 trotz der vorgeschrittenen Jahreszeit gegen Elam begonnenen Landfeldzug selbst angeführt zu haben. Vom Bezirke Raš bis nach Bit-Bu(r)naki wird alles Land geplündert und verwüstet, fünfunddreißig befestigte elamitische Städte werden mit Feuer verbrannt. Der elamitische König Kudur-Nachundu (kürzer Kudurru) flüchtet aus seiner Residenzstadt Madaktu in das ferne Gebirg. Sanherib rückt gegen Madaktu, aber die Witterungsunbilden des Monats Tebet (Dez.-Jan.), Kälte, Schnee und heftige Regengüsse, nötigen Sanherib zur vorläufigen Rückkehr nach Ninive.

Ein paar Jahre später ist es Elam, welches zu neuem Kriege herausfordert. Dort saß seit dem Monat Ab des Jahres 692 Umman-menanu (kürzer Menanu) auf dem Thron, nachdem sein Bruder Kudurru nach nur zehnmonatlicher Regierung ermordet worden war. In Babylonien aber hatte, ziemlich gleichzeitig, der schon einmal erwähnte Chaldäer Mušezib-Marduk (Suzub, der Mesesimordakos des Ptol.) den Thron Babylons an sich gerissen und schickte nun sofort die Schätze des Merodachtempels an Ummanmenanu, um ihn für neue Bundesgenossenschaft mit den

Babyloniern zu gewinnen. Dieser geht darauf ein und ein
großes elamitisches Heer, verstärkt durch Aramäer und Baby=
lonier, rückt „heuschreckengleich" und „mit dem Staub ihrer
Füße gleich einer schweren Gewitterwolke den Himmel ver=
finsternd" aus zur Schlacht wider Assur. Bei Chalulen
am unteren Tigris erfolgt der feindliche Zusammenstoß,
doch bleibt die ungewöhnlich mörderische Schlacht (den feind=
lichen Verlust beziffert Sanherib auf hundertundfünfzig=
tausend) unentschieden. Das Einzige, dessen sich Sanherib,
von Verstümmelung der Verwundeten und Erschlagenen ab=
gesehen, rühmen kann, ist, daß er den Nabu=sum=iskun,
einen Sohn Merodachbaladans, und andere Große gefangen
genommen habe. Die unentschiedenen Schlachten von Dur=
ilu (721) und Chalulen (691 oder 690) sind ein Zeugnis
dafür, daß das elamitische Reich in damaliger Zeit an
Macht dem assyrischen Reich mindestens ebenbürtig, vielleicht
sogar überlegen gewesen.

Über Elam erfahren wir nun aus Sanheribs Regierung
nichts Weiteres, als daß Umman=menanu am 15. Nisan 689
vom Schlage getroffen wurde und bis zu seinem am 17. Abar
erfolgten Tode der Sprache beraubt blieb. Es folgte ihm
Chumba=chaldasu I. (689—681) und diesem, nach achtjähriger
Regierung, Chumba=chaldasu II. Dagegen vollzog an Baby=
lon, der heiligen Stadt Merodachs und Nebos, Sanherib
in blinder Erbitterung ein furchtbares Endgericht: am 1. Kis=
leb 689 wurde die Stadt erobert, die Bewohner, Klein und
Groß, wurden niedergemetzelt und mit ihren Leichen die
Straßen der Stadt angefüllt. Das Schatzhaus wurde von
neuem geplündert und selbst die Götterbilder zerbrochen.
„Stadt und Häuser zerstörte, verwüstete ich vom Fundament
bis zur Bedachung, verbrannte sie mit Feuer; Mauer und
Wall und Tempel, die Türme samt und sonders riß ich

ein und warf sie in den Kanal Arachtu. Durch die Stadt hin grub ich Gräben und vertilgte ihre Stätte durch Wasser. Den Bau ihres Fundaments vernichtete ich, größer denn die Sintflut machte ich ihre Zerstörung." Musezib=Marduk selbst wurde gefangen nach Assyrien abgeführt, und Babylon blieb acht Jahre, d. i. während der ganzen noch übrigen Regierungszeit Sanheribs, ohne König (689—681).

Von geringerer Bedeutung waren Sanheribs Unter=nehmungen in nordöstlicher Richtung. Wohl erhielt er bei Gelegenheit eines Zuges gegen das Bergvolk der Kossäer (etwa in der ersten Hälfte des Jahres 702) auch von etlichen medischen Fürsten Tribut, aber im übrigen scheint er so wenig wie die übrigen Sargoniden im stande gewesen zu sein, den durch Sargon gewonnenen assyrischen Besitzstand in Medien und den medischen Grenzländern auch nur einiger=maßen ungeschwächt zu erhalten. Vielmehr begann schon zu Sanheribs Zeit in Medien jene auf politischen Zu=sammenschluß aller einzelnen medischen Fürstentümer ab=zielende Bewegung, welche die Gründung des medischen und den Untergang des assyrischen Reiches vorbereitete.

Da das sechsseitige Thonprisma Sanheribs vom 20. Adar 691 datiert ist, die „Bawian=Inschrift" aber etwa aus dem Jahr 688 stammen dürfte, so sind wir durchaus nicht über alle Ereignisse aus Sanheribs Regierungszeit durch ihn selbst unterrichtet, und es darf uns darum nicht wundern, wenn wir bei Asarhaddon einen arabischen und bei den griechischen Schriftstellern einen cilicischen Feldzug Sanheribs erwähnt finden, auf welch letzterem er die Stadt Tarsus neugegründet haben soll. Dagegen wissen wir glück=licherweise von einem Feldzug genauen Bescheid, welcher für die alttestamentliche Zeitgeschichte von besonderer Be=deutung ist, nämlich von dem Feldzug Sanheribs gegen

5. Geschichte.

Phönikien-Philistäa, in dessen Verlauf Jerusalem eine so hervorragende Rolle spielen sollte und welcher ebendarum auch im A. T., teilweise mit großer Ausführlichkeit und Lebendigkeit, erzählt ist.

Wie das Sanherib-Prisma berichtet, zog der assyrische König „auf seinem dritten Feldzug", im Jahr 701, nach dem Lande Chatti, und unterwarf zunächst die dem König Luli, d. i. Eluläos, untergebenen Städte der phönikischen Küste von Sidon bis Akko und Uschu, während Eluläos, der schon auf S. 187 unter Salmanassers IV. Regierung erwähnte König von Tyrus, aus dieser seiner Hauptstadt nach Cypern geflohen war, ohne daß darum Inseltyrus selbst von dem assyrischen Heere irgendwie angetastet worden wäre. Sanherib setzte in Sidon den Tuba'al (Ethobal) auf den Königsthron und empfing von diesem, desgleichen von den Fürsten der Städte und Länder Samsimurun, Arvad, Byblos, Asdod, Ammon, Moab und Edom Tribut. Weiter ging der Zug gegen Askalon, dessen König Zedekia mit seinen Hausgöttern und seiner ganzen Familie nach Assyrien fortgeführt wurde. Es folgte Ekron. Diese Stadt hatte ihren, den Assyrern ergebenen König Padi abgesetzt, ihn gefesselt an Hiskia von Juda ausgeliefert und dann aus Furcht vor Bestrafung „die Könige (gemeint sind kleinere Gaukönige) Ägyptens, die Bogenschützen, Wagen, Rosse des Königs von Miluchi" zur Hilfe herbeigerufen. Bei Altaku, der Jos. 21 genannten Levitenstadt Elteke, kam es zur Schlacht. „Unter dem Beistand Asurs, meines Herrn" — so lautet Sanheribs Bericht — „kämpfte ich mit ihnen und brachte ihnen eine Niederlage bei. Den (einen?) Befehlshaber der Wagen und Söhne des Königs (bezw. der Könige) von Ägypten nebst dem (einem?) Befehlshaber der Wagen des Königs von Miluchi nahmen meine Hände in der Schlacht lebendig gefangen." Eltefe und Timna wurden erobert und geplündert, Efron selbst streng bestraft: die höchsten Beamten und Magnaten der Stadt, welche die Empörung angezettelt hatten, wurden getötet, die schuldigen Einwohner weggeführt, die Unschuldigen dagegen begnadigt. Padi, der, wie es scheint, von Hiskia ohne weiteres freigegeben worden war, wurde wieder als Vasallenkönig eingesetzt. Betreffs Hiskias und Jerusalems heißt es dann weiter: „Und Chazakijahu (Hiskia) von Juda, der sich meinem Joch nicht unterworfen hatte, 46 seiner festen, ummauerten Städte nebst zahllosen Dörfern ihres Gebiets belagerte und eroberte ich durch Niedertretung der Wälle und Sturmangriff, blutigen Kampf, ., Löcher, Breschen, ..; 200150 Bewohner, Klein und Groß, Mann und Weib, Pferde, Maultiere, Esel, Kamele, Rinder und Kleinvieh ohne Zahl führte ich aus ihnen fort und rechnete sie zur Beute. Ihn selbst wie einen Vogel im Käfig schloß ich in Jerusalem, seiner Königsstadt, ein, Schanzen warf ich gegen ihn auf und jedweden, der zu seinem Stadtthor herauskam, nahm ich in Strafe (?). Seine Städte, die ich geplündert, trennte ich von seinem Lande los und gab sie Mitinti, dem König von Asdod, Padi, dem König von Efron, und Zil-bel, dem König von Gaza, und verkleinerte so sein Land. Zu der früheren Abgabe, der Leistung ihres Landes, fügte ich Tribut und Geschenke für meine Herrschaft und legte es ihnen auf. Ihn aber, den Hiskia, warf die Furcht vor dem Glanze meiner Herrschaft nieder, auch die Araber und seine braven Unterthanen, die er zur Verstärkung seiner Königsstadt Jerusalem hereingenommen hatte, überkam Schrecken. 30 Talente Gold, 800 Talente Silber, Edelgestein, ..., große Gugme-Steine, Elfenbeinbetten, Elfenbeinsessel, Elephantenhäute und -Zähne, Uschu- und

Urkarinnholz u. a. m.*), einen schweren Schatz, desgleichen seine Töchter, seine Palastfrauen, Musiker und Sängerinnen, ließ er (oder: ließ ich) nach Nineve, der Stadt meiner Herrschaft, hinter mir dreinbringen, und zur Übergabe des Tributs und Leistung der Huldigung schickte er seinen Gesandten."

Aus dem Königsbuch, welches, in Übereinstimmung mit dem Buch Jesaia, über ebendiese Begebenheiten berichtet, erfahren wir, daß Hiskia sich wider den assyrischen König empört habe, der seinerseits die Philister bis gen Gaza und ihre Grenzen schlug (2 Kön. 18, 7—8); daß, als weiterhin (im 14. Jahr Hiskias) Sanherib gegen alle festen Städte Judas heranzog und sie einnahm, Hiskia nach Lachis (einer Ortschaft auf dem Wege von Hebron nach Gaza) gesandt habe mit dem Bekenntnis, sich vergangen zu haben, und mit der Bitte, gegen Tribut abzuziehen. Sanherib habe ihm daraufhin 300 Talente Silber und 30 Talente Gold auferlegt und Hiskia dieselben aus der Tempelkasse und der Schatzkammer des Palastes entrichtet. Trotzdem schickte der assyrische König seinen Tartan, Rabsaris und Rabsake von Lachis aus mit großer Truppenzahl nach Jerusalem, Hiskia Vorwürfe machend, daß er sich auf den geknickten Rohrstab Ägyptens verlassen, worauf der Rabsake umkehrte und seinen Herrn, der inzwischen von Lachis aufgebrochen war, im Streit wider Libna fand. Als Sanherib nun aber erfuhr, daß Thirhaka, der König von Kusch, gegen ihn heranrücke, schickte er abermals Boten mit einem Brief an

---

*) Dieses „u. a. m." führt der Thoncylinder Rassams näher aus, indem er statt dessen noch angiebt: buntfarbiges und linnenes Zeug, Stoffe von violettem und rotem Purpur, Geräte von Bronze, Eisen, Erz und Blei, Wägen, Schilde, Lanzen, Panzer, eiserne Gürteldolche, Bogen und Pfeile und sonstiges unzähliges Kriegsgerät.

Hiskia und forderte diesen geradezu zur Übergabe der Stadt auf. Da aber ward Hiskia durch den Propheten Jesaia verheißen: „Der König von Assur wird nicht eindringen in diese Stadt und nicht in sie abschießen einen Pfeil und nicht einen Schild wider sie heranrücken und nicht aufschütten wider sie einen Wall, sondern umkehren den Weg, den er gekommen" — in selbiger Nacht sei der Engel Jahves ausgezogen und habe im assyrischen Lager 185000 Mann geschlagen, worauf Sanherib umgekehrt und in Ninive geblieben sei (2 Kön. 18. 13—37. Kap. 19 = Jes. Kap. 36. 37).

Nehmen wir den keilschriftlichen und biblischen Bericht, welch letzterer übrigens durchaus kein einheitliches Gepräge trägt, zusammen, so haben wir uns Zusammenhang und Verlauf der ganzen Expedition etwa so vorzustellen: Sanherib hatte von einem großen Bunde vernommen, welchen die Könige Phöniziens und Philistäas mit Ägypten (und Äthiopien) gegen Assyrien geschlossen, und zog nun am mittelländischen Meere herab bis nach Lachis. Unterwegs detachierte er eine größere Heeresabteilung gegen Jerusalem, hauptsächlich vielleicht um die Auslieferung Padis zu erzwingen. Diese Abteilung eroberte jene oben erwähnten Städte Judas. Hiskia sandte Boten nach Lachis, seine Unterwürfigkeit zu erklären und Sanherib zum Abzug aus seinem Lande zu bestimmen, woraufhin ihm 300 Talente Silber (nach Brandis Berechnung wären diese gleich 800 assyrischen Talenten) und 30 Talente Gold auferlegt wurden, welche Hiskia auch richtig zahlte, gleichzeitig wohl auch Padi freigebend. Da indes dem assyrischen König angesichts des philistäisch-ägyptischen Bündnisses viel darauf ankam, der unzuverlässigen Hauptstadt Judas, welche ihn im Rücken bedrohte, Herr zu werden, sandte er eine größere Truppenmacht gegen Jerusalem, zunächst um Hiskia zu einem

Bündnis mit Assyrien zu zwingen (2 Kön. 18, 23), schon bald aber, als er von dem Heranzug Thirhakas (so nur 2 Kön. 19, 9) hörte, um Jerusalem zur Übergabe aufzufordern und nötigenfalls zu erobern. Mittlerweile erfolgte der Zusammenstoß des Gros des assyrischen Heeres mit den Truppen der feindlichen Koalition in der Nähe von Elteke. Die Schlacht blieb allem Anschein nach unentschieden — die Worte des assyrischen Schlachtberichtes lassen es klar genug durchblicken —, möglicherweise eben infolge der Zersplitterung der assyrischen Streitkräfte. Auch die vor Jerusalem liegende Heeresabteilung hatte keinerlei Erfolg zu verzeichnen, also daß die ganze Expedition, auch abgesehen von dem vor Jerusalem eingetretenen, vielleicht in einer Seuche bestehenden und zu schleunigstem Abzug zwingenden unheilvollen Ereignis, nicht eigentlich den Ruhmesblättern der Regierung Sanheribs zugeteilt werden kann. Der assyrische Bericht sucht natürlich möglichst über alle diese Mißerfolge hinwegzutäuschen: er verschweigt zwar nicht die Erfolglosigkeit der

Fig. 25. Sanherib auf seinem Thron vor Lachis.

Belagerung Jerusalems, aber er versetzt die Tributsendung Hiskias, die gewiß nicht nach Ninive, sondern nach Lachis gerichtet war, an das Ende des Ganzen, um diesem einen hochklingenden Abschluß zu geben.

Von spezieller Wichtigkeit ist die Regierung Sanheribs für die Geschichte der Stadt Ninive. Schon auf S. 97 f. wurde darauf hingewiesen, daß er es gewesen, der Ninive völlig neu baute und zur Hauptstadt des assyrischen Reiches erhob. Gleich in den ersten Jahren seiner Regierung (705—702) fing er mit dem Bau seines Königspalastes an. Kriegsgefangene aus Mannai, Kuš, Cilicien leisteten dabei Frondienste, und im Verlauf der beiden nächstfolgenden Jahre kamen noch weitere Massen solcher Kriegsgefangenen, Chaldäer und Aramäer, Philistäer und Tyrer (Phönikier) hinzu. Der Palast war auf jener riesigen Terrasse erbaut, welche jetzt durch den Hügel Kujundschik repräsentiert wird und deren Aufschüttung die Regulierung der Flußläufe in Ninive, insonderheit die Ausfüllung eines Armes des Choser vorausgehen mußte. Der Palast selbst, der sogen. Südwest=Palast Sanheribs (s. S. 5 und 98, auch 123), übertraf alle Bauten seiner Vorgänger an Ausdehnung. Neben den beiden Haupthallen von beträchtlicher Länge (45—55 m) finden sich über zwanzig ausgedehntere Räume und vierzig bis fünfzig kleinere Zimmer, die alle um drei große Höfe gruppiert waren. Seine Hallen sind breiter als die der andern Paläste und zeigen auch mehr Thorwege von einem Raum in den andern. Auf den Basreliefs erscheint als Fortschritt ein reicher Hintergrund: Berge, Felsen, Bäume, Straßen, Flüsse, Seen nebst wilden Tieren und Vögeln, bestimmt, den Schauplatz der erzählten Ereignisse möglichst getreu darzustellen. Auch die Vorkommnisse des alltäglichen Lebens werden uns in lebendiger Darstellung vor Augen geführt. Hier sehen wir die Diener des Königs Wildbret und an dünnen Stäben angereihte Heuschrecken zur königlichen Tafel herbeibringen; dort erscheinen andere Träger mit Kuchen und sonstigem Backwerk, sowie Obst für den Nachtisch. Auch die Art und Weise, wie die Stier- und Löwenkolosse bearbeitet und an ihren Standort befördert wurden, sehen wir genau dargestellt (S. 141); selbst die verschiedenen Nationen, welchen die Arbeiter angehörten, lassen sich zum Teil unterscheiden.

Einen zweiten großen Palast führte Sanherib, bald nachdem der erste vollendet war, in der Nähe des von früheren Königen erbauten, aber seitdem viel zu klein gewordenen und darum von Sanherib niedergerissenen Zeughauses auf. Auch für diesen Bau wurde zunächst ein mächtiger Unterbau geschaffen, dessen Lage der jetzige Hügel Nebi Junus bezeichnet, und dann auf der Höhe der Terrasse ein zweifacher Palast aufgeführt, ein massiver Hettiterpalast und ein zweiter in assyrischem Baustil. Freilich mußte der ganze Palastkomplex, so groß und prächtig er war, doch schon zu Asarhaddons Zeit einem Neubau weichen.

Außer durch seine Palastbauten, erwarb sich Sanherib große Verdienste durch ausgiebige Versorgung der Hauptstadt mit gutem Trinkwasser. Er erzählt, wie er die Quellen im Osten und Norden Ninebes gesammelt, ihr Wasser durch Gräben in den Fluß Choser geleitet und weiter durch neu angelegte Kanäle der Stadt und ihren Umgebungen zugeführt habe. Auch die Befestigungen der Stadt verstärkte er durch eine neue Mauer und einen „berghohen" Wall. In Tarbiz, unweit von Ninebe, erbaute er dem Gott Nergal einen Tempel.

Groß als Kriegsheld, Baumeister, Beschützer und Förderer der Künste, sollte Sanherib ein noch tragischeres Ende als sein Vater Sargon finden, indem er dem Mordstahl eines (bezw. zweier) seiner leiblichen Söhne zum Opfer fiel. Familienzwist war der Anlaß. Sanherib bevorzugte, nachdem sein Erstgeborener, Asur-nadin-sum, 693 nach Elam weggeführt worden war, seinen jüngeren Sohn Asarhaddon auf Kosten der übrigen Söhne. Wir besitzen hierfür zwei direkte Beweise, nämlich zunächst eine Schenkungsurkunde, durch welche Sanherib seinem „Sohne Asur-ach-iddina, später Asur-etillu-ukin-abal genannt," sehr wertvolle Kostbarkeiten (Gold, Elfenbein, Edelsteine) aus der in Bit-amukan gemachten Kriegsbeute als Geschenk zuweist. Sehr beachtenswert scheint hier die von Sanherib gutgeheißene Namensänderung des ursprünglichen „Asur hat einen Bruder gegeben" (wodurch der Betreffende ohne weiteres als Nicht-Erstgeborner, als Nicht-Thronerbe bezeichnet war) in „Asur, der Herr, hat den Sohn eingesetzt." Der andere Beweis ist die von Keilschrifttexten wie auch von Abydenus bezeugte Thatsache, daß Sanherib noch bei seinen Lebzeiten Asarhaddon zum Regenten über Babylon bestellte. Asarhaddons Bruder hatte hiernach guten Grund zu der Befürchtung, es möchte Sanherib diesen seinen Lieblingssohn auch zu seinem Nachfolger auf dem assyrischen Thron ernennen, und schreckte, um dieser Eventualität zuvorzukommen, selbst vor dem Vatermord nicht zurück.

Gemäß dem biblischen Königsbuch (2 Kön. 19, 37) wurde Sanherib, als er im Tempel des Nisroch anbetete, von seinen beiden Söhnen Adrammelech und Sarezer ermordet, worauf diese nach dem Land Ararat (Armenien) flüchteten. Nach den keilschriftlichen Berichten, obenan der babylonischen Chronik in Zusammenhalt mit Abydenus, wurde Sanherib von einem seiner Söhne, einem Halbbruder Asarhaddons, am 20. Tebet des Jahres 681 in einem Aufstand getötet, und dieser Aufstand, der übrigens auf Assyrien beschränkt war, dauerte vom 20. Tebet bis zum 2. Abar 681. Um diese Zeit gelang es Asarhaddon, welcher von den Babyloniern infolge der ihnen stets erzeigten Milde und Freundlichkeit sofort als Herrscher, als König anerkannt worden war, den Mörder seines Vaters selbst zu töten und sich dadurch auch den Weg zum assyrischen Königsthron zu bahnen. Doch war zuvor noch ein Hindernis aus dem Weg zu schaffen. Das assyrische Heer nämlich, welches es mit Sanheribs Mörder gehalten hatte, hatte sich nach Chanigalbat (Melitene, s. oben S. 152) gewandt, und mußte erst zum Gehorsam zurückgebracht werden, bevor an feierliche Thronbesteigung gedacht werden konnte. Hören wir indes aus Asarhaddons eigenem Munde, wie er der ihm nach der Ermordung seines Vaters entgegentretenden Schwierigkeiten Herr wurde. Er sagt:

„Wie ein Leu wütete ich und mein Gemüt tobte. Die Königsherrschaft meines väterlichen Hauses auszuüben, zu bekleiden mein Priestertum, hob ich meine Hand auf zu Asur, Sin, Samas, Bel, Nebo und Nergal, zur Istar von Ninebe, zur Istar von Arbela, und sie erhörten meine Rede, sandten mir in ihrer ewigen Gnade das ermutigende Orakel: ‚Ziehe hin, werde nicht laß, wir werden dir zur Seite gehen und deine Feinde bezwingen.' Einen oder gar zwei Tage wartete ich nicht, mein Heer musterte ich weder vorn noch hinten (d. h. in keinem seiner Teile), um die Fürsorge für die Rosse, das Gespann des Joches, auch um mein Kriegsgerät kümmerte ich mich nicht, Proviant für meinen Feldzug schüttete ich nicht auf; den Schnee und die Kälte des Monats Schebat, arge Kälte scheute ich nicht; gleich einem Raubvogel mit ausgebreiteten Schwingen öffnete ich, um meine Widersacher zu Boden zu werfen, meine Fänge.

Die Straße nach Ninive zog ich angestrengt, eilends. Im Land Chanigalbat traten all ihre erhabenen Krieger mir in den Weg, aufrufend zur Entscheidung ihre Waffen. Die Furcht der großen Götter, meiner Herren, warf sie nieder: das Nahen meiner gewaltigen Schlacht wurden sie gewahr und wurden gleich .... Istar, die Herrin des Kampfes, der Schlacht, die da lieb hat mein Priestertum, trat mir zur Seite und zerbrach ihren Bogen; ihre festgefügte Schlachtreihe zersprengte sie und in ihrer Gesamtheit erscholl der Ruf: Dieser ist unser König."

Am 18. Sivan des Jahres 680 bestieg Asur-ach-iddina, Asarhaddon, in Assyrien den Thron (680—669). Es ist ein hervorstechender Zug in dem Charakter dieses Fürsten, daß er trotz aller seiner hervorragenden Kriegstüchtigkeit, welcher sogar Ägypten zur Beute fiel und welche den Ruhm Assyriens nach außen hin strahlender denn je zuvor machte, dennoch, wo immer es erlaubt schien, Milde walten ließ an Stelle von Strenge. Wiederholt lesen wir, daß er Bitten der Feinde erhört und Gnade zu gewähren gerne bereit ist, wenn sie erfleht wird. Vor allem fuhr er auch als König fort, wie er dies schon als Regent gethan, sich die Herzen der Bewohner Babylons durch Versöhnlichkeit und Freundlichkeit zu gewinnen und die furchtbare Heimsuchung, welche sein Vater über Babylon hatte ergehen lassen, durch väterliche Fürsorge, soweit möglich, vergessen zu machen. Er begann deshalb sofort nach seiner Thronbesteigung, den von ihm gefaßten Beschluß auszuführen und Babylon aus seinen Ruinen wieder erstehen zu lassen. Der in Ninive gefundene sogen. schwarze Stein Asarhaddons giebt uns Kunde von dieser Großthat des „Königs des Alls, Königs von Assur, obersten Machthabers von Babylon, Königs von Sumer und Akkad, des Hehren, Erhabenen, des Verehrers Nebos und Merodachs", wie Asarhaddon sich selbst ebenda nennt. In klug gewählten Worten, welche die Schuld von Sanherib auf Suzub abwälzen und die Katastrophe als ein Strafgericht des Stadtgottes von Babylon hinstellen, berichtet die Inschrift, „unter der Regierung eines früheren Königs" (gemeint ist Sanherib) „habe man (nämlich Suzub) an E-sagila, den Tempel Merodachs in Babylon, Hand angelegt und das Gold und die Edelsteine des Tempelschatzes als Kaufpreis nach Elam verschleudert". „Darob ergrimmt, habe der Herr der Götter Merodach eilends beschlossen, das Land zu überwältigen und seine Bewohner zu vernichten, habe den Kanal Arachtu über seine Ufer treten lassen und eine zweite Sintflut über Babylon heraufgeführt; er, Merodach, habe die Stadt, ihre Wohnungen und Tempel vernichtet und dem Erdboden gleich gemacht, also daß die Götter und Göttinnen, die darinnen wohnten, zum Himmel emporgestiegen seien, während die Bewohner der Stadt an den Bettelstab gerieten." Dieser Greuel der Verwüstung — so fährt der Text fort — sollte nach Merodachs Ratschluß, entsprechend der ihm heiligen Zahl (s. S. 25), elf Jahre andauern, bis Asarhaddon, welchen Merodach „aus dem Kreis seiner Brüder" ersehen, die Stadt wieder aufbauen würde. Demgemäß habe er, Asarhaddon, gleich „im Anfang seines Königtums, in seinem ersten Regierungsjahr" Befehl gegeben, Babylon und E-sagila zu erneuern, und unter seiner persönlichen Mitwirkung, dazu mit den vereinten Kräften seines Heeres und aller Bewohner von Karbunias, denen er Öl und Honig und Wein in Fülle gewährt habe, sei Babylon zur bestimmten Frist wieder erstanden. „E-sagila, den Göttertempel, und die übrigen Tempel, Babylon, die ewige Stadt, Imgur-Bel, seine Mauer, Nimit-Bel, seinen Wall, ließ ich von ihrem

Fundament bis zu ihrer Spitze neu bauen, groß, hoch und gewaltig aufführen. Die Bilder der großen Götter erneuerte ich, in ihrem Allerheiligsten ließ ich sie Wohnung nehmen auf ewig."

Auch die Chaldäer, wenigstens die des Meerlandes, wußte Asarhaddon, indem er Gnade vor Recht ergehen ließ, zu ihm ergebenen Dienern zu machen. Zwar in seinem ersten Regierungsjahr, 680, hatte Nabu=zer=kenu=ustesir (?), ein Sohn Merodachbaladans, vom Meerlande aus sich empört und die unter einem assyrischen Statthalter stehende Stadt Ur zu belagern begonnen. Allein vor den wider ihn gesandten assyrischen Befehlshabern hielt er nicht Stand, flüchtete nach Elam und wurde dort von dem König Chumba=chal=dasu II. (680—675) aus unbekannten Gründen, jedoch kaum aus Gefälligkeit gegen Assyrien, gefangen genommen und getötet. Als nun aber der Bruder des Getöteten, Na'id=Marduk, aus Elam nach Nineve floh und Asarhaddon frei=willig huldigte, übergab dieser ihm großmütig das Meerland und hatte seine Großmut auch nicht zu bereuen; denn Na'id=Marduk blieb treu und brachte jährlich Tribut und Huldigung dar. Völlig ohne Störungen ging es in Babylonien zwar nicht ab — im Jahr 675 mußte ein Dakuräer, namens Kudur, nach Assyrien abgeführt und bald darnach ebendieser Chaldäerstamm der Dakuräer von neuem bestraft werden, da er den Bewohnern Babylons und Borsippas mit Ge=walt Ländereien weggenommen hatte —, aber im allgemeinen hatte doch Asarhaddon nach Babylonien hin vollständig Ruhe.

Auch Elam machte ihm verhältnismäßig sehr wenig zu schaffen. Wir hören zwar, daß im Jahr 675 Chumba=chaldasu II. noch kurz vor seinem, ohne vorherige Krankheit erfolgten Tode Sippar überfiel und seine Bewohner tötete, aber sein Bruder und Nachfolger Urtagu scheint sich zu

5. Geschichte.

Babylonien-Assyrien freundlich gestellt zu haben: wenigstens „kehrten im Monat Adar 674 die Gottheiten von Agane aus Elam nach Agane zurück" (d. h. doch wohl: sie wurden, einst nach Elam als Beute weggeführt, wieder freigegeben).

So nach Süden und Osten so gut wie gar nicht in Anspruch genommen, konnte Asarhaddon mit ungeteilter Kraft daran gehen, der im Westen zur Entscheidung drängenden Frage, ob Assyrien oder Ägypten die Vormacht der Mittelmeerstaaten sein solle, sich zuzuwenden. Sanherib war es nicht geglückt die Frage zu lösen, Asarhaddon beschloß, sie aus der Welt zu schaffen, indem er Ägypten selbst eroberte. Ein kühner, gewaltiger Plan, welcher obendrein glückte!

Schon im Jahre 677 wurde Asarhaddon zu einem Zug nach dem Westland genötigt. Abdimilkut, der König von Sidon, hatte im Verein mit Sanduarri, dem König der Städte (oder Länder) Kundu und Sizu, gegen Assyrien sich empört, und beide mußten nun ihren Abfall schwer büßen. Sidon wurde erobert, geplündert und dem Erdboden gleich gemacht. Abdimilkut aber, der ins Meer geflüchtet war, „angelte der assyrische König gleich einem Fische heraus und schlug ihm den Kopf ab". Das Letztere geschah im Tischri des Jahres 676, und im Adar ebendieses Jahres ereilte die gleiche Strafe seinen Bundesgenossen Sanduarri: beider Köpfe wurden als Trophäe nach Assyrien verbracht. Die Einwohner von Sidon wurden weggeführt, und eine andere Stadt an einem andern Orte gegründet, mit Namen „Asarhaddons-Wall" und bevölkert mit Gefangenen „vom Gebirg und Meere des Ostens".

Unmittelbar nach Sidons Bestrafung beginnen die Unternehmungen wider Ägypten, wo Tarku, Thirhaka (ägyptisch Taharka), „König von Äthiopien", seit 691 (?) auf dem Thron saß. Er war der dritte König der 25. oder „äthiopischen" Dynastie, der Schwager Sabakos, des Begründers ebendieser Dynastie (Winckler ist geneigt, 715 als das erste Jahr Sabakos anzunehmen). Schon 675 hören wir, daß ein assyrisches Heer nach Ägypten zieht, und vom 5. Adar des nächstfolgenden Jahres 674 wird ein Gleiches berichtet. Der entscheidende Schlag wider Ägypten erfolgte indes erst im 10. Jahr Asarhaddons, 671. Im Nisan dieses Jahres brach Asarhaddon mit seinem Gesamtheer aus der Hauptstadt Assur auf und wendete sich zunächst gegen Ba'al, den König von Thrus, „welcher sich auf Tarku, den König von Kus (Äthiopien), seinen Freund, verlassen und unter Führung frecher Reden das Joch Asurs abgeschüttelt hatte" Auch Asarhaddon muß sich darauf beschränken, die Stadt von der Landseite aus zu blokieren, und geht nunmehr auf sein nächstes Ziel, das auf der Sinai-Halbinsel gelegene Reich Melucha los, dessen Macht erst gebrochen werden mußte, bevor an ein erfolgreiches Eindringen in das Herz Ägyptens zu denken war. Der König zieht über Aphek in Samarien nach Rapich an die Grenze des Baches Ägyptens und beginnt nunmehr, nachdem er zuvor die schon in Ägypten stehenden assyrischen Truppen an sich herangezogen, auf 51, den ganzen Ijjar und den größeren Teil des Sivan in Anspruch nehmenden Tagemärschen voll unglaublicher Mühen und Gefahren die Sinai-Halbinsel zu durchziehen und, da und dort kämpfend und die Feinde besiegend, sich den Rücken zu decken für seinen weiteren Zug nach Ägypten. Bei der miluchisch-ägyptischen Grenzstadt Ischupri überschreitet er die Grenze und die an sich fünfzehn Tagereisen betragende Strecke bis nach der Hauptstadt Memphis wird unter täglichen blutigen Scharmützeln und drei größeren Treffen (am 3., 16. und 18. Tammuz) verhältnismäßig rasch zurückgelegt. Schon am 22. Tammuz erscheint das assyrische Heer vor den Thoren von Memphis, rüstet sich sofort auch zum Sturm, und in kürzester Zeit bringen durch Löcher und Breschen und die Mauer übersteigend die assyrischen Soldaten in die Hauptstadt Ägyptens. Die Stadt wird geplündert, verwüstet und mit Feuer verbrannt; die Königin, die Palastfrauen, Tarkus Söhne und Töchter und andere Gefangene werden nebst massenhaften Schätzen nach Assyrien weggeführt. Tarku selbst, welcher in den vorausgegangenen Schlachten mehrfach schwer verwundet worden war, gelingt es zu entfliehen. Asarhaddon aber rottete die Äthiopen aus Ägypten bis auf den letzten Mann aus und setzte dann im ganzen Bereiche Ägyptens bis hinauf nach Theben (assyr. Ni', hebr. No) ihm treu ergebene Diener (zumeist Einheimische) als Vasallenkönige, Statthalter, Festungskommandanten und sonstige Befehlshaber ein. Der oberste unter ihnen war Necho, welcher über Sais und Memphis gesetzt ward. Ägypten wurde so zu einer assyrischen Provinz gemacht, sogar die Städtenamen wurden in assyrische Namen geändert. Auf seinem Rückweg aus Ägypten ließ Asarhaddon an der Mündung des Nahr-el-kelb oder des „Hundsflusses" bei Beirut eine mächtige Gedenktafel in der Felsenwand anbringen, neben der seines Vaters, zur Verherrlichung dieses seines Sieges über Thirhaka, desgleichen ließ er jene in dem nordsyrischen Orte Sendscherli gefundene riesige Stele aufrichten mit dem Kolossalbilde Asarhaddons in Relief, und einer langen pomphaften Inschrift (s. S. 110), und führte von da ab die Titel: „Asarhaddon, der große König, der mächtige König, der König des Alls, König von Assur, Machthaber von Babylon, König von Sumer und Akkad, König der Könige von Unter- und Oberägypten und Äthiopien" (Muzur, Paturis und Kus).

Wie im Jahr 671 nach der Sinai-Halbinsel, so hatte

Asarhaddon schon vor 673 (im Jahr 676?) einen Zug in ein anderes wüstes, nicht minder beschwerdevolles und noch von keinem seiner Vorfahren jemals betretenes Land unternommen, nämlich nach dem, wahrscheinlich östlich vom Hauran zu suchenden, Lande Baz, „einer fernen Gegend", trocken, steinig und wasserlos, „einem Ort des Verschmachtens". Auch dort hinderten ihn weder Dorngestrüpp noch Schlangen und Skorpionen, von welchen der Erdboden zwanzig Meilen weit wimmelte, das ganze Land — 180 Meilen weit — zu durchstreifen. Acht Fürsten der Länder Baz und Chazu (alttest. Buz und Chazo) wurden getötet und ihre Götter, Schätze und Unterthanen nach Assyrien geführt, worauf Laile, der König der Stadt Jadi', welcher die Füße des assyrischen Großkönigs küßte, über alle Distrikte des Landes Baz als tributärer Vasallenkönig eingesetzt wurde.

Wir sagten oben, daß unter Asarhaddon das assyrische Reich zu äußerlichem Glanze in höherem Grade denn jemals zuvor gelangt sei. In der That war es ein stolzer Titel: „König der Könige von Ägypten und Äthiopien", und imponierend war nicht minder die Reihe von 22 Königen der Mittelmeerstaaten und der kyprischen Städte, welche Assyrien tributpflichtig waren und, sobald Asarhaddon den Plan gefaßt hatte, den von Sanherib zur königlichen Residenz und zum Arsenal zugleich aufgeführten Palast in Nebi Junus durch einen noch riesigeren Bau zu ersetzen, auf den Wink des Königs alle hierzu nötigen Baumaterialien nach Ninebe schleppen ließen (auch Manasse von Juda, assyr. Menase oder Minse, gehörte zu jener Zahl). Und dennoch war der Glanz der assyrischen Herrschaft größer denn ihre Macht und ihre Festigkeit. Nach Osten, nach Medien hin fuhr auch unter Asarhaddon der assyrische Einfluß fort schwächer und schwächer zu werden, und im Norden und Nordwesten begannen sich schon die Vorboten einer das assyrische Weltreich bedrohenden schweren Erschütterung bemerkbar zu machen. Die große asiatisch-europäische Völkerbewegung, welche etwa im 8. Jahrhundert ihren Anfang genommen hatte, rückte mit ihren Folgen näher und näher an die assyrischen Grenzen. Von den skolotischen Skythen, einem der iranischen Nomadenstämme, aus ihren Wohnsitzen verdrängt, brachen die Kimmerier, durch thrakische Stämme verstärkt, um 700 v. Chr. verwüstend und plündernd in Kleinasien ein. Asarhaddon erwähnt sie zuerst: er schlägt (noch vor 673) „den Teuspa, den Gimirräer" mit seiner ganzen fernwohnenden Horde im Lande Chubusna (etwa in Kappadocien), aber ihre Besiegung vermag ihr weiteres Vordringen nicht zu hindern, und so sehen wir denn die Gimirräer, welchen späterhin auch die Tibarener und Moscher erlegen zu sein scheinen, noch unter Asarhaddons Regierung auch an der Nordgrenze des assyrischen Reiches auftauchen und sich dort mit allen Feinden Assyriens, den noch kurz zuvor von Asarhaddon besiegten Mannäern, den Medern und mit „Kastariti, dem König des Landes Karkassi", verbünden. Zwar wurde Asarhaddon selbst, wie es scheint, der Bewegung noch Herr, aber die drohenden Wolken blieben unverscheucht im Norden des Reiches stehen und verdichteten sich allmählich zu einem unheilvollen Gewitter, welches nach wenigen Jahrzehnten mit furchtbarer Gewalt über Assyrien hereinbrechen sollte.

Was die Friedenswerke Asarhaddons betrifft, so war von seiner Wiederaufrichtung Babylons und seinem großen Palastbau in Nineve schon die Rede. Auch in Kalah baute er einen großen Palast, welcher aber unvollendet blieb und durch Feuer so zerstört worden ist, daß alle Bilder, welche man dort ausgrub, infolge ihres Durchglütseins in Staub zerfielen. Besonders beachtenswert sind die in Asarhaddons Palast neben den geflügelten Löwen und Stieren vorkommenden Sphinxe, welche die Assyrer in Ägypten kennen gelernt hatten; doch sind sie nicht bloße Nachbildungen der ägyptischen Originale, sondern zeigen entschieden assyrischen Charakter. Auch den übrigen Städten seines Landes kam Asarhaddons Bauthätigkeit zu gute: er erzählt selbst, daß er mit Hilfe der Kriegsbeute die Tempel der Städte Assurs und Akkads habe herstellen lassen und sie mit Gold und Silber ausgeschmückt und taghell glänzend gemacht habe.

Nachdem Asarhaddon am 12. Ijjar 669 seinen Sohn Asurbanipal feierlich zu seinem dereinstigen Nachfolger auf dem assyrischen Thron proklamiert hatte, trat er noch einmal den Weg nach Ägypten an. Aber unterwegs erkrankt, starb er am 10. Marchesvan ebendieses Jahres.

Der väterlichen Anordnung entsprechend, folgte ihm in Assyrien sein Sohn **Asurbanipal**, Sardanapal („Asur ist der Erzeuger des Sohnes"), 669—625, indem er gleichzeitig seinen Bruder Samas-sum-ukin („Samas hat den Namen eingesetzt"), den Saosduchinos des ptolemäischen Kanons, zum Vizekönig über Babylonien bestellte (669—647).

Schon in den ersten Jahren seiner Regierung (etwa zwischen 668 und 665) mußte Asurbanipal das von seinem Vater überkommene ägyptische Erbe sich von neuem erwerben und sichern. Tarku (Thirhaka), der von Asarhaddon besiegte äthiopische König, war von neuem in Ägypten eingefallen, hatte, „wider den Willen der Götter", von Theben, Memphis und anderen Städten abermals Besitz ergriffen und sofort auch von Memphis aus gegen die von Asarhaddon eingesetzten zwanzig „assyrischen" Stadtkönige sein Heer gesandt, um sie zu töten oder gefangen zu nehmen. Ein Eilbote meldete das Geschehene nach Ninive, und Asurbanipal gab unverzüglich seinem Turtan und seinen Statthaltern Befehl, jenen Stadtkönigen schleunigst Hilfe zu bringen. In Eilmärschen zieht das assyrische Hilfsheer nach Ägypten. Bei Karbaniti erwartet Tarku, der König von Kus, in wohlgeordneter Schlachtreihe die Assyrer, aber der Sieg ist Asurbanipals Truppen beschieden. Thirhakas Heer wird geschlagen und er selbst flieht, sein Heerlager im Stich lassend, zu Schiff nach der Stadt Theben. Asurbanipal, dem man die Siegesnachricht nach Nineve hinterbrachte, ließ nun jenes sein ägyptisches Heer durch alle Generäle, Statthalter und Könige jenseits des Euphrat, desgleichen durch die in Ägypten eingesetzten Befehlshaber, samt deren Truppen und Schiffen verstärken und ordnete, um Thirhaka aus Ägypten und Äthiopien völlig zu verjagen, den Vormarsch gegen Theben an. Vierzig Tagemärsche beträgt die Entfernung. Die Assyrer machen sich auf den Weg, Thirhaka verläßt bereits Theben und nimmt am Nilufer eine befestigte Stellung ein — da zwingt ein plötzlich entdeckter Verrat unter den „assyrischen" Stadtkönigen Ägyptens, die Vorwärtsbewegung einzustellen und nach Memphis zurückzukehren.

Dieser Verrat ging von Necho, Sarludari und Pakruru aus. Sie fürchteten, daß, wenn erst Thirhaka völlig unschädlich gemacht sei, es auch mit ihrer Königsherrlichkeit von Assurs Gnaden bald zu Ende sein werde, und so trugen sie denn Thirhaka insgeheim ein Bündnis an, welches die Vertilgung aller Assyrer von ägyptischem Boden zum Ziel hatte. Indes die assyrischen Heerführer bekamen von diesen geheimen Verabredungen Wind, es glückte ihnen, die Boten samt den Briefen abzufangen, und Sarludari sowohl wie Necho werden, an Händen und Füßen gefesselt, nach Nineve geschleppt, während die Städtebewohner, welche unter gleichem

Verdacht des Verrats standen, ohne Erbarmen hingemordet werden. Wie es Necho gelungen sein mag, sich rein zu waschen, wissen wir nicht, aber Thatsache ist, daß Asurbanipal ihn begnadigte, ja ihn sogar mit königlicher Auszeichnung entließ: er kleidete den Ägypter in bunte Gewänder, gab ihm eine goldene Kette um den Hals und goldene Ringe an seine Finger, schenkte ihm einen mit Asurbanipals Namen versehenen Dolch mit goldenem Griffe, desgleichen Wägen, Pferde und Maultiere, und setzte ihn unter dem Schutze assyrischer Offiziere von neuem in Sais als König ein, während sein Bruder Nabu-sezibanni zum Stadtkönig von Athribis ernannt wurde.

Nunmehr konnten gegen den König von Äthiopien die Operationen wieder aufgenommen werden. Zwar Thirhaka war inzwischen gestorben, aber sein Nachfolger Urdamane, der Sohn seiner Schwester (bezw. der Sohn Sabakos), verfolgte ganz die nämlichen Ziele wie sein großer Vorgänger: er machte Theben zu seinem strategischen Stützpunkt und ging von dort aus zum Angriff wider die assyrischen Truppen vor. Aber die Feldschlacht geht für ihn verloren: auch er flüchtet, wie einst Thirhaka, nach Theben und als die Assyrer nachdrängen, weiter südwärts nach Kipkip. Die Stadt Theben selbst aber und mit ihr eine unermeßliche Beute an Gold und Silber, Edelsteinen und Kostbarkeiten aller Art, an Menschen und Tieren fällt in die Hände des assyrischen Heeres. Auch zwei hohe Obelisken aus glänzendem Silber im Gewicht von 2500 Talenten werden nach Assyrien gebracht. „Mit vollen Händen" — so schließt Asurbanipal seinen Bericht — „kehrte ich wohlbehalten nach Nineve, der Stadt meiner Herrschaft, zurück." Der Erfolg war freilich von kürzester Dauer. Denn schon in ebendem Jahre, in welches Assyriens Triumph über Ägypten fällt, folgte dem

König Necho, welcher nach achtjähriger Regierung (671—663) im Kampfe gegen Urdamane den Tod gefunden zu haben scheint (so Ed. Meyer), in Psammetich, seinem Sohn, der Herrscher auf dem Thron Ägyptens, welcher der assyrischen Fremdherrschaft für immer ein Ende bereiten sollte.

Auch an Tyrus versuchte sich Asurbanipal, obwohl vergeblich, wie alle Könige vor ihm: er mußte zufrieden sein, dem König Ba'al wenigstens eine gewisse Huldigungs= leistung abzunötigen, indem dieser ihm seine Tochter und die Töchter seiner Brüder als Geschenk für seinen Harem übersandte. Ähnliches berichtet Asurbanipals zehnseitiges Thonprisma von den Königen von Arvad, Tabal und Cilicien.

Während so Asurbanipal nach der Seite Ägyptens und des Westlandes fürs erste Ruhe hatte — denn die Könige der Mittelmeerstaaten, Manasse von Juda, Kausgabri von Edom, Muzuri von Moab, Zil=bel von Gaza, Mitinti von Askalon, Ikausu von Ekron, Iskiasapa von Byblos, Jakinlu von Arvad, Abiba'al von Samsimuruna, Amminadbi von Ammon, Achimilki von Asdod, zahlten gleich den 10 Königen Cyperns regelmäßig ihren Tribut —, wurde schon bald die ganze Machtfülle des assyrischen Großkönigs nach Osten hin in Anspruch genommen, wo Elam, das bis dahin völlig unbe= zwungene Nachbarreich, aus seiner unter Asarhaddon größten= teils bewahrten Zurückhaltung mehr und mehr heraustrat.

Der schon unter Asarhaddon erwähnte elamitische König Urtagu (Urtaku) hatte den am untern Tigrislauf und Ge= stade des persischen Meers wohnhaften Aramäerstamm Gam= bulu gegen Assyrien aufgereizt. Um die aufrührerische Be= wegung im Keim zu ersticken, zog Asurbanipal sofort wider Elam, und es gelang ihm auch, Urtaku zu besiegen. Aber er kam seitdem von Elam nicht wieder los, vielmehr zwangen ihn

immer neue elamitische Verwickelungen und Zettelungen zu
fortwährender Kriegsbereitschaft. Nach Urtakus Tod brach
in Susa eine Palastrevolution aus, aus welcher Te-umman,
ein jüngerer Sohn des Verstorbenen, als Sieger hervorging.
Als dieser begann, die Familien seiner beiden nach Nineve
geflohenen Brüder Ummanigas und Tammaritu auszurotten,
zog der assyrische König von neuem nach Elam und zwar
bis unter die Mauern von Susa. Te-umman wird ent=
hauptet, seine Krieger werden ohne Zahl teils erschlagen,
teils gefangen. Ihre Leichen füllten „wie Dornen und
Disteln" die Gegend um Susa, der Euläus ward rot ge=
färbt mit dem Blute der Feinde. Asurbanipal teilte das
Land, setzte die beiden Söhne Urtakus, die sich unter seinen
Schutz begeben hatten, als Vasallenkönige ein und bestrafte
auf dem Rückweg die Gambuläer in furchtbarer Weise.

Jetzt aber brach ein Sturm los, welcher das assyrische
Reich in allen seinen Fugen erbeben machte. Asurbanipals
Bruder Samas-sum-ukin, welchen Asurbanipal selbst zum
König von Babylonien eingesetzt hatte, empörte sich plötzlich
wider Assyrien und vereinigte Gesamtbabylonien, Akkad,
Chaldäa und das Meerland samt den Aramäerstämmen,
desgleichen den Elamiterkönig Ummanigas, die Könige von
Kutu, vom Westland, von Arabien und Äthiopien zu einer
in diesem Umfang nie zuvor gesehenen riesigen Koalition gegen
Nineve. Auch Ägypten fiel gleichzeitig durch Psammetich
wieder an die Ägypter und Gyges von Lydien schickte ihm als
dem gemeinsamen Feinde Assyriens bewaffnete Hilfe. Das
Ende des assyrischen Reiches schien gekommen, aber der Um=
sicht, Kaltblütigkeit und unbeugsamen Thatkraft Asurbanipals,
desgleichen der siegesgewissen Tapferkeit der von ausge=
zeichneten Generälen geführten assyrischen Heere gelang es
noch einmal die Gefahr zu beschwören. Ägypten zunächst

5. Geschichte.

beiseite lassend, wandte sich Asurbanipal zuvörderst mit ganzer Macht gegen Südosten. Zum Glück für ihn gab es in Elam wieder Thronstreitigkeiten, sodaß wenigstens dieser Feind nicht miteinzugreifen vermochte. Ummanigas wurde nämlich mit seiner ganzen Familie von Tammaritu ermordet und dieser hinwiederum wurde, als er sich eben anschickte, Samas-sum-ukin zu Hilfe zu kommen, von einem seiner Unterthanen, Indabigas, entthront und floh mit seiner Familie und fünfundachtzig seiner Großen nach Ninive, wo Asurbanipals Großmut die Flüchtlinge wohlwollend aufnahm. So war es dem assyrischen König möglich, sich mit seinem ganzen Heer auf seinen rebellischen Bruder zu stürzen und diesen verhältnismäßig leicht zu vernichten. Sippar, Babylon, Borsippa und Kutha wurden so lange belagert, bis die Hungersnot in ihren Mauern ausbrach und die Bewohner sogar vor dem Fleisch ihrer Söhne und Töchter nicht mehr zurückschreckten. Samas-sum-ukin aber gab sich den Flammentod, während seine Verführer, die zu feig waren, ihrem Herrn in den Tod zu folgen, der um so schrecklicheren Strafe des Siegers verfielen. Sie wurden lebendig zerstückelt und ihre Gliedmaßen den Hunden, Schakalen, Geiern, Adlern, den Vögeln des Himmels und den Fischen der Wassertiefe zum Fraß hingeworfen. Auch die übrigen Bewohner Babyloniens nebst den Aramäern wurden von neuem der assyrischen Oberherrlichkeit unterworfen.

Nunmehr kehrte sich Asurbanipal gegen Elam, an dessen Hofe, wie es scheint, die Enkel Merodachbaladans wieder zu größerem Einfluß gelangt waren und unaufhörlich gegen Assyrien schürten. Drei Jahre nacheinander finden wir Asurbanipal im Kampf mit dem damaligen König Ummanaldas, bis Elam gänzlich unterworfen und als Provinz dem assyrischen Reiche einverleibt war. Es war der achte, auf dem zehnseitigen Thonprisma berichtete Feldzug des Königs, welcher das Schicksal Elams und seiner Hauptstadt besiegelte. Ummanaldas war in das Gebirge entflohen, während das assyrische Heer 60 Meilen weit eindrang, alle Städte in raschem Siegeszuge erobernd. Auf der Rückkehr fiel auch Susa in die Hände des Siegers. Die Schatzkammern, „an welche noch niemals ein Feind die Hand angelegt", wurden geplündert; all das Silber und Gold, welches „zu sieben Malen" elamitische Könige aus Sumer, Akkad und Kardunias geraubt hatten, desgleichen die Kroninsignien, welche frühere Könige von Akkad und noch zuletzt Samas-sum-ukin an Elam hingegeben hatten, wurden wieder erbeutet. Susa wird von Grund aus zerstört, die Königsgräber verwüstet und die Gebeine nach Assyrien geschleppt. Die Bildnisse aller elamitischen Gottheiten und die Königsstatuen wandern ebendiesen Weg. Die Göttin Nana, welche Kudurnanchundi aus Erech weggenommen hatte (S. 83), wird gefunden und nach Erech zurückgebracht. Ganz Elam wird in eine Wüste verwandelt, woselbst nur Wildesel und Gazellen sich lagern, aus der aber menschliche Rede, der Tritt von Rindern und Schafen, fröhliches Jubelgeschrei für ewig gebannt ist. Trauernd kehrte Ummanaldas nach den Trümmern seiner Residenzstadt Madaktu zurück. Und als nun Asurbanipal einen Gesandten schickte, um die Auslieferung des Nabu-bel-sumate, des Enkels Merodachbaladans, zu verlangen und dieser sich von seinem Schildknappen durchbohren ließ, um nicht lebendig in die Hände des verhaßten Assyrers zu fallen, da lieferte Ummanaldas aus Furcht wenigstens die Leiche des babylonischen Königssohnes nebst dem Haupte des Schildknappen aus. Was aber that Asurbanipal? „Seinen Leichnam ließ ich nicht bestatten, noch einmal ließ ich ihn töten — ich schlug der Leiche den Kopf ab." So groß war sein Haß, daß er den letzten Sproß einer für ihre Unabhängigkeit kämpfenden Heldenfamilie sogar noch im Tode beschimpfte.

Nachdem so Elam unterworfen war, ereilte die Strafe auch die Araber. Ein König Uaite war hier Asurbanipals Hauptgegner. Als dieser nämlich von der Empörung Akkads gehört hatte, fiel er von Assyrien ab, verweigerte den Tribut und sandte überdies den Abijate und Aimu, die Söhne des Teri, mit Streitkräften dem Samas-sum-ukin zu Hilfe. In Edom und Moab, in der Umgegend von Damaskus und Zoba schlug Asurbanipal die Araber und Uaite floh, seine Königszelte zurücklassend, allein in das Nabatäerland zu dessen König Nadnu. Der König von Kedar, der das unter assyrischer Herrschaft stehende Westland mit seinen Raubzügen heimgesucht hatte, wurde gefangen genommen und mußte, an die Kette gelegt und in einen Hundekäfig gesperrt, am Ostthor von Nineve Wache halten, ein Schicksal, welches auch einem Verwandten jenes Uaite, der die Herrschaft über Arabien eigenmächtig an sich gerissen hatte, beschieden war. Die Streitkräfte jener beiden arabischen Heerführer starben teils in Babylon den Hungertod, teils fielen sie außerhalb der Mauern durchs Schwert. Abijate entkam allein, faßte die Füße Asurbanipals, wurde begnadigt und zum König über Arabien eingesetzt, freilich nur, um sofort mit den Nabatäern sich ins Einvernehmen zu setzen und assyrisches Gebiet zu brandschatzen. Nunmehr zieht Asurbanipal auf langem beschwerlichem Zuge durch die große syrisch-arabische Wüste gegen Abijate und die ihm verbündeten Kedräer und Nabatäer. In einer großen Schlacht am Berge Chukkurina südöstlich von Damaskus im Hauran werden die Araber aufs Haupt geschlagen, Abijate und Aimu gefangen genommen und gefesselt nach Assyrien geschleppt, wo Aimu später lebendig geschunden wurde. Wer entkam, verschmachtete. Kamele wurden in so unzähliger Menge erbeutet, daß sie „wie Schafe" an die Bewohner Assyriens verteilt werden konnten. Uaite aber und seine Krieger, die geflohen waren, verfolgt Hunger und Pest, und als das eigene Heer gegen Uaite sich empört, flieht dieser allein aus seinem Zelte, wird von den Assyrern ereilt, nach Ninebe gebracht, verstümmelt und ebenfalls wie ein Hund an dem Ostthore Ninebes im Käfig ausgestellt.

So weit sind wir zur Zeit über die äußere Politik Asurbanipals durch Inschriften von ihm selbst, vor allem durch sein zehnseitiges Thonprisma unterrichtet; doch harren noch eine Menge von Rätseln, vor allem chronologischer Art, ihrer Lösung.

Kleinere Inschriften auf Basreliefs lehren, daß Asurbanipal als Jäger nicht minder mutig und unerschrocken war, wie als Krieger. Eine dieser Jagdinschriften lautet: „Ich, Asurbanipal, König des Alls, König von Assyrien, habe in meiner Tapferkeit zu Fuß einen mächtigen Wüstenlöwen bei seinen Ohren gepackt. Unter dem Beistand Asurs und Istars, der Herrin der Schlacht, habe ich mit dem Speer meiner Hand seinen Leib durchbohrt." Ein andermal rühmt er sich, einen Löwen bei dessen Schweife ergriffen und getötet zu haben.

Allen seinen Vorgängern ebenbürtig an Tapferkeit und an Ruhmsucht, übertraf Asurbanipal sie alle in der Fürsorge um die Wissenschaft. Und mögen seine in Ägypten gepflückten Lorbeeren über Nacht gewelkt sein und erscheint seine Vernichtung Susas im Lichte der Geschichte als eine für den Sieger unheilvollere That als für den Besiegten, indem sie Assyrien-Babylonien des letzten Bollwerks gegen die in immer dichteren Scharen nach Westen drängenden Eranier beraubte — unvergänglich bleibt Asurbanipals Ruhm als eines Schirmherrn der Künste und Wissenschaften, unsterblich sein Name als des Sammlers und Mehrers der großen Bibliothek im Palaste zu Nineve, welche in Tausenden von Thontafeln in dem Löwenzimmer seines Palastes von Rassam gefunden wurde und seitdem unausgesetzt helles Licht ausgießt über Geschichte, Sitten und Gebräuche, Sprache und Religion der Babylonier wie der Assyrer. Von frühester Jugend auf selbst in der „Weisheit Nebos, der gesamten Tafelschreibkunst" unterrichtet und für alle Künste nachhaltig begeistert, sammelte er in den Tempelbibliotheken der alten babylonischen Städte, wie Kutha, Erech, Babylon, Nippur, Larsam, Sippar alle alten Schriftdenkmäler, deren er habhaft werden konnte, und ließ sie, wie im Vorgefühl des nahen Zusammenbruchs der mesopotamischen Reiche, durch seine Bibliothekare und Schreiber noch einmal abschreiben. Die Assyriologie verdankt so diesem König ihren bedeutsamsten und wertvollsten Schatz, die allgemeine Menschheitsgeschichte ein Monument vielseitigen, unschätzbaren Wertes.

Auch als Baumeister hat Asurbanipal sich ausgezeichnet. Außer verschiedenen Tempeln in den Städten Assyriens und Babyloniens erbaute er sich auf der zuvor von ihm erweiterten Terrasse Kujundschik, dort, wo früher der von Sanherib und Asarhaddon mit Vorliebe bewohnte Palast Bit-riduti gestanden hatte, einen neuen mächtigen dreiflügeligen Palast. Unter den bis jetzt aufgedeckten Hallen und Gemächern unterscheidet Rassam das Löwenzimmer, das babylonische, das susianische, das arabische Zimmer, alle geschmückt mit Reliefs, welche seine Jagd- und Kriegserfolge verherrlichen. Die Höfe sind mit prächtig ornamentierten Platten gepflastert, die Reliefs selbst aber zeigen unverkenn=

bar einen außerordentlichen Fortschritt in Kunstsinn, Geschmack und Geschicklichkeit. Die Feinheit und Sauberkeit ihrer Ausführung ist bewunderungswürdig, und insonderheit die Jagdszenen und Darstellungen aus dem häuslichen Leben des Königs verdienen uneingeschränktes Lob.

Die Frage, wie lange Asurbanipal regiert habe, ist längst durch den ptolemäischen Kanon entschieden; denn der auf Saosduchinos folgende König Kineladanos, 647—625, ist, wie Schrader gezeigt hat, niemand anders als eben Asurbanipal, welcher, gleich Tiglathpileser III. und Salmanasser IV., unter einem andern Namen, nämlich Kandalanu, den babylonischen Thron bestieg. Leider aber versiegen für diese ganzen 22 Jahre sowie für die noch übrige kurze Zeit bis zur Zerstörung Ninives die keilschriftlichen Quellen so gut wie gänzlich, sodaß es unmöglich ist, die letzten vier Jahrzehnte des assyrischen Reiches vor seinem Untergang mit einigermaßen befriedigender Genauigkeit zur Darstellung zu bringen. Gewiß scheint, daß Asurbanipal selbst noch Zeuge des Anfangs jener Bewegungen war, welche das assyrische Reich, nachdem es eben erst durch die Koalition Samas-sum-ukins in seinen Grundfesten erschüttert worden war, noch weiter erbeben machen und seinen Sturz vorbereiten sollten.

Der erste tödliche Stoß, welcher Assyrien und mit ihm das assyrische Weltreich traf, ging von Medien aus. Dort hatte sich aus den vielen kleinen Fürstentümern, welche einst den Assyrern die Unterwerfung erleichtert hatten, unter der Führung des Geschlechts des Dejokes allmählich ein einheitliches Reich herausgebildet, und Phraortes, dem Sohn des Dejokes, war es gelungen, die medische Oberhoheit über die Länder ringsum zur Anerkennung zu bringen. Er war es auch, der nach Herodot den ersten Angriff gegen Ninive wagte. Aber die Assyrer siegten und Phraortes fand mit dem größten Teil seines Heeres im Kampf seinen Untergang (c. 624). Freilich wird es als ein Zeichen bedeutender Schwäche gelten müssen, daß der assyrische König diese Erhebung der Meder sonst ungestraft ließ und seinen Sieg nicht weiter verfolgte, weshalb denn auch Khaxares, der Sohn und Nachfolger des Phraortes, schon zwei Jahre nachher einen neuen Versuch machen konnte, seine Truppen nach Assyrien zu führen. Diesmal wurden die Assyrer besiegt und Nineve belagert. Da aber brachte ein unerwartetes Ereignis noch einen letzten Aufschub für das assyrische Reich.

Schon unter Asarhaddon war von der kimmerischen Völkerbewegung die Rede, welche im Nordwesten und Norden den assyrischen Besitzstand auf das äußerste gefährdete und schädigte. Diese Bewegung dauerte auch unter Asurbanipals Regierung ungeschwächt fort. Insonderheit sehen wir zu Asurbanipals Zeit die Lyder von den Kimmeriern (Gimirri) hart bedrängt. Um sich ihrer zu erwehren, huldigte Gyges, der König von Lydien, vorübergehend dem assyrischen Großkönig und war auch anfangs gegen die Kimmerier glücklich. Aber bald erschienen diese wilden Horden von neuem an der lydischen Grenze: Gyges fiel und das ganze Land wurde von ihnen überschwemmt. Doch hatte ihre Herrschaft keinen Bestand; schon Gyges' Sohn Ardys verjagte die Plünderer und stellte das Reich seines Vaters wieder her, knüpfte auch mit Assyrien (nach 646) freundschaftliche Beziehungen wieder an.

Diese kimmerische Bewegung war es nun allerdings nicht, wenigstens nicht unmittelbar, welche den zweiten tödlichen Stoß gegen den Koloß des assyrischen Weltreichs führen sollte. Aber sie stand mit ihr gewiß in ursächlichem

Zusammenhang, ebnete ihr die Bahn und diente ihr zur Verstärkung. Wir meinen den Einfall der Skythen. Von Osten und Nordosten her brachen nämlich plötzlich wilde, kriegerische Scharen, die satischen Skythen, nach Vorderasien herein, einer verheerenden Heuschreckenwolke vergleichbar. Herodot und Hippokrates beschreiben sie als ein wildes, unbändiges Volk, von breitem, fleischigem Körperbau, gelenkig, mit etwas dicken Bäuchen und spärlichem Haar. Das Waschen war bei ihnen nicht gebräuchlich, sie lebten in der schmutzigsten Unreinlichkeit. Die Männer waren meist zu Pferde, die Weiber und Kinder lebten auf den mit Ochsen bespannten Karren, welche, mit einer Filzdecke versehen, zugleich als Zelt und Haus dienten. Ihre Kleidung bestand aus Fellen, ihre Nahrung war Stutenmilch und Käse, sowie etwas gesottenes Pferde- oder Rindfleisch. Ihre Kriegführung war äußerst barbarisch: sie tranken das Blut der Feinde, schnitten ihnen die Köpfe ab und banden die Skalpe an die Zäume ihrer Pferde. Mitunter wurde wohl auch die Haut des rechten Armes und der Hand des erschlagenen Feindes abgezogen und als Überzug über den Köcher benützt, wie der obere Teil des Schädels als Trinkgefäß. Den größten Teil des Tages waren sie zu Pferd. Außer dem Bogen, den sie mit großer Geschicklichkeit handhabten, führten sie noch einen kurzen Spieß, ein kurzes Schwert oder eine Streitaxt. An der Spitze der verschiedenen Stämme stand ein Stamm, „die königlichen Skythen", der „goldenen Horde" der Mongolen entsprechend. Diese wilden, durch Teile der Kimmerier verstärkten skythischen Horden überschwemmten zunächst Medien und ließen das Land, so weit sie es erreichten, als eine Wüste zurück. Von dort ging ihr Zug nach Armenien und Assyrien; auch über Palästina und Syrien bis an die Grenzen Ägyptens ergießt sich, alles

5. Geschichte.

mordend und plündernd, das „aus weiter Ferne vom äußersten Norden hergekommene Volk von Reitern und Bogenschützen, dessen Sprache niemand versteht" (vgl. Jer. Kap. 4—6). Da aber natürlich mit der Ausbreitung dieser Horden ihre Macht abnahm, so wurden sie bald weniger gefährlich und unbesiegbar. Zunächst scheint Kyaxares den Kampf mit den in Medien zurückgebliebenen aufgenommen und ihnen die Herrschaft entrissen zu haben. Einzelne Horden mögen wohl mit ihrer Beute nach Norden zurückgekehrt sein; andere suchten Schutz bei den Königen, in deren Land sie eingedrungen waren; viele wurden erschlagen.

Asurbanipals Nachfolger war sein Sohn Asur-etil-ilani (-ukinni), d. i. „Assur, der Herr der Götter, hat mich eingesetzt". Wir wissen von ihm durch eigene Inschriften nur, daß er den Nebotempel in Kalah wiederherzustellen beabsichtigte und für sich selbst ebendort einen Palast (den sogen. Südost-Palast) zu bauen anfing. Da indes 625 das Jahr seiner Thronbesteigung gewesen ist, so wird sich während seiner Regierung der Hereinbruch der Skythen über Assyrien und ganz Vorderasien hauptsächlich vollzogen haben. Wir wissen nicht, wie lange Asur-etil-ilani regiert hat, aber soviel wird anzunehmen sein, daß Sin-sar-iskun („Sin hat den König bestellt"), der Sarakos der Griechen, ein ziemlich trostloses Erbe überkam: das assyrische Heer geschwächt und entmutigt, viele Städte zerstört, das Land weithin verwüstet, und, was verhängnisvoller als dieses, der Glaube an die Unbesiegbarkeit der assyrischen Heere, die Furcht vor Assurs alles überwindender Macht, welche bis dahin die Völker Vorderasiens zusammengehalten hatte, war durch den, wenngleich nur vorübergehenden, Erfolg der skythischen Horden ohne Zweifel aus Vieler Herzen getilgt worden.

All dies konnte die Meder, welche sich am frühesten von der skythischen Staupe wieder erholt hatten, nur ermutigen, ihre Angriffe auf Ninebe von neuem aufzunehmen. Und ihre Pläne fanden überdies in Babylonien lebhaften Widerhall und wohlberechnete Unterstützung.

Folgen wir dem Berichte des Abydenus über die der assyrischen Katastrophe vorausgehenden letzten Ereignisse, so sandte der König Sarakos auf die Nachricht von einem vom Meere her gleich Heuschrecken heranziehenden Heere seinen Feldherrn Nabopolassar nach Babylon, um diesen Theil des Reiches (gegen die zurückflutenden Skythen?) zu schützen und zu regieren. Aber Nabopolassar täuschte das Vertrauen seines Herrn und knüpfte, von dem Streben nach Unabhängigkeit beseelt, Unterhandlungen mit dem Mederkönige an, um gemeinsam mit diesem aus der Schwäche des assyrischen Reiches Nutzen zu ziehen. Die Unterhandlungen hatten Erfolg und Kyaxares gab sogar seine Tochter dem ältesten Sohne Nabopolassars, Nebukadnezar, zur Gemahlin. So mit einander verbündet und verschwägert, zogen nun beide gegen Ninebe. Nach mehrjährigem Widerstand gelang es ihnen endlich, durch eine vom Tigris in die Stadtmauer gerissene Öffnung in die Straßen der Stadt einzudringen, woraufhin Sarakos sich mit seinen Frauen und Eunuchen im Hofe seines Palastes verbrannte, während die Stadt selbst von den Medern von Grund aus zerstört wurde.

Ziemlich dunkel ist noch die Persönlichkeit Nabopolassars, welcher nach des Abydenus Darstellung Feldherr des Sarakos gewesen sein soll. Nach dem ptolemäischen Kanon war er vielmehr König von Babylon und zwar seit 625, also seit dem Todesjahr Asurbanipals, während hinwiederum drei von den Amerikanern in Nippur gefundene datierte Thontafeln beweisen sollen, daß Babylonien wenigstens bis in das vierte Jahr Asur-etil-ilanis, des Sohnes Asurbanipals, assyrische Provinz war. Auch von dem letzten assyrischen König, Sin-sar-iskun, ist es mehr als wahrscheinlich, daß er der Oberherr von Babylon war. Nabopolassar dürfte hiernach, ähnlich wie Samas-sum-ukin, ursprünglich nur Vizekönig gewesen sein, in unglückseliger Verblendung von Asur-etil-ilani als solcher eingesetzt und von Sarakos beibehalten: denn Nabopolassar war, wie Delattre, Tiele und Winckler gewiß mit Recht annehmen, ein Chaldäer. Es scheint ja, daß Nabopolassar, vielleicht unter dem Zwange der durch die skythische Invasion über Babylonien ebenso wie über Assyrien hereingebrochenen Notlage, angesichts des gemeinsamen Feindes, sich eine Zeit lang mit dieser Rolle eines Vizekönigs begnügte. Aber lange konnte es nicht dauern, daß er, der Chaldäer, alles daransetzte, das lang ersehnte und unter schweren Kämpfen erstrebte Ziel aller Chaldäerfürsten, nämlich die selbständige und dauernde Königsherrschaft über Babylonien, endlich zu erreichen und hierauf an dem verhaßten Assyrien selbst Rache zu nehmen. Das ganz genaue Datum der Zerstörung Ninives ist uns nicht bekannt. Da es indes nicht später als 605, das Datum der Schlacht von Karkemisch, und nicht früher als 608 — in diesem Jahre „zog Necho nach dem Euphrat gegen den König von Assur" (2 Kön. 23, 29) — angesetzt werden darf, so ist der gelassene Spielraum kein sehr großer, und wir werden mit dem Jahr 607/606 wohl das Richtige treffen.

Der Fall Ninives findet in der Weltgeschichte nicht seinesgleichen. „Nicht nur ein Reich ging zu Grunde, das noch vor kurzem Vorderasien beherrscht hatte; das ganze

Volk wurde vernichtet, so gründlich wie kein anderes Volk. Selbst die Zerstörung Karthagos traf nur eine Stadt, nicht eine ganze Nation. Es spricht sich in dieser Vergeltung klar und furchtbar der ungeheure Haß aus, der bei den Völkern Asiens gegen die Assyrer angesammelt war" (E. Meyer).

Dritter Teil.
Neu=Babylonien
oder Chaldäa.

Die Geschichte des dritten mesopotamischen Weltreichs, welches nunmehr vor unseren Augen aufsteigt und, ein Erbe der assyrischen Weltmachtsstellung, sein Zepter über ganz Vorderasien ausstreckt, läßt sich kürzer behandeln als die des assyrischen Weltreichs. Denn erstens war es von wenig mehr als siebzigjährigem Bestand, bis es einem noch Mächtigeren zur Beute fiel, und sodann kennen wir ja bereits das Land und den größeren „babylonischen" Teil seiner Bevölkerung, kennen auch schon den an die Spitze getretenen Bruchteil des Volkes, die Chaldäer, und dessen Geschichte von den ersten erkennbaren Spuren an bis auf Nabopolassar. Ebensowenig brauchen wir uns über Kultur und Kunst und Wissenschaft von neuem zu verbreiten. Es konnte ja gar nicht anders sein, als daß die chaldäischen Stämme von Anbeginn ihrer Niederlassung in Babylonien an in die hochentwickelte Kultur der Babylonier eintraten. Sie erlernten die Schrift, sie beteiligten sich frühe an dem lebhaft entwickelten und geregelten Handel des Landes, ohne die durch Jahrhunderte hindurch in Handel und Wandel gebräuchlichen Grundsätze, Gesetze und Sitten zu verändern, sie eigneten sich die babylonische Kunst und Wissenschaft, deren wichtigsten Zweig Astronomie nebst Astrologie bildete, an, ohne daß von einer bemerkenswerten Beeinflussung, die sie selbst auf die durch Jahrtausende hindurch gepflegten und entwickelten geistigen Gebiete ausgeübt hätten, eine Spur nachweisbar ist. Und wenn sich herausstellen sollte, daß die Basreliefdarstellung auf der Schenkungsurkunde Merodachbaladans II. (Berlin) eine bis dahin in Babylonien unbekannte Feinheit der Plastik und Detailausführung zeige, so wird die nie stillestehende Kunstentwickelung und daneben vielleicht auch Einfluß seitens der hochentwickelten assyrischen Bildhauerkunst, aber gewiß nicht etwa höhere Kunstveranlagung der neuzugewanderten Chaldäer die Veranlassung sein. In der That dürfte, wenigstens was die Baukunst betrifft, sich herausstellen, daß die von den Assyrern gemachten Fortschritte von der jüngern babylonischen Architektur gut verwertet worden sind.

Auch die Religion ist die nämliche geblieben wie in altbabylonischer Zeit. Vor allem fahren Marduk (Bel) und Nebo als die Stadtgötter Babylons und Borsippas, als die Götter der Hauptstadt des alt- wie neubabylonischen Reiches, fort, ihre oberste Stellung zu behaupten, und vor wie nach ihrer endgiltigen Besitznahme vom Throne Babylons zeigen sich alle chaldäischen Könige, wie schon die Mehrzahl ihrer Namen beweist, als besondere Verehrer jener beiden Götter. Die babylonische Priesterschaft, welche je und je es verstanden hatte, Fürsten und Volk in größter Abhängigkeit und Unterwürfigkeit zu halten, und welcher die Chaldäerkönige bei ihrem Emporkommen auf den Thron gewiß wesentliche Mitwirkung zu verdanken hatten, hatte an den Chaldäerkönigen allezeit ergebene, zu allen Opfern bereite Diener ihrer Götter.

III. Neu-Babylonien.

Nur in Einer Eigenschaft läßt sich zwischen "Babyloniern" und "Chaldäern" ein Unterschied mit Bestimmtheit konstatieren. Wir mußten ja schon an den "Söhnen Jakins", dem Heldengeschlechte Merodachbaladans, die ungewöhnliche Thatkraft, den unbeugsamen Mut, die zähe Ausdauer und den unbändigen Freiheits- und Unabhängigkeitssinn dieser Chaldäerfürsten bewundern, alles Eigenschaften, die bei den "babylonischen" Königen im Laufe der Jahrhunderte immer völliger zurücktraten (s. S. 18 ff.). Zu dem angeborenen kriegerischen Sinn war nun außerdem die Kampfesübung der hartnäckigen erbitterten Kämpfe getreten, welche die Chaldäer um ihre Vorherrschaft in Babylonien und ihre Unabhängigkeit gegen die Assyrer auszufechten hatten. Kein Wunder, daß im Reiche der Chaldäer das kriegerische Element weit mehr hervortritt, als dies zur Zeit der "babylonischen" Könige der Fall war. Während wir von größeren Kriegs- und Eroberungszügen der "babylonischen" Könige nichts wissen, sehen wir nun auf einmal die Chaldäer darauf bedacht, die Grenzen ihrer Macht weiter und weiter auszudehnen und mit bewaffneter Hand sich in den Besitz des Erbes zu setzen, das ihnen durch den Untergang des assyrischen Weltreiches zugefallen war. Wie die Propheten Israels und Judas dereinst die herannahenden Heeressäulen der assyrischen Könige geschildert, so ist es jetzt der imposante, Schrecken erweckende Eindruck der chaldäischen Heere, insonderheit Reiterscharen, welcher die Reden der Propheten Judas erfüllt. "Schneller denn die Panther sind ihre Rosse und rascher denn die Wölfe des Abends; ihre Reiter sprengen von ferne daher als flögen sie, wie die Adler herbeieilen zum Fraß" (Hab. 1, 8).

Daß **Nabu-pal-uzur** ("Nebo, beschütze den Sohn") oder Nabopolassar, 625—604 v. Chr., der Gründer des neubabylonischen Reichs, Chaldäer gewesen, daß er das erreichte, was Ukin-zer, Merodachbaladan und andere Chaldäerfürsten in heißem Ringen vergeblich erstrebt, nämlich als unabhängige Könige Babylonien dauernd zu beherrschen, wurde bereits am Schlusse des vorhergehenden Teils eingehender auseinandergesetzt. Seine Regierungszeit liegt, entsprechend der Regierung der ihm gleichzeitigen und wahrscheinlich als Oberherrn über ihm stehenden letzten assyrischen Könige Asur-etil-ilani und Sin-sar-iskun, so gut wie völlig im Dunkeln. Das Hauptereignis seiner letzten Regierungsjahre war die Zerstörung Ninedes und der Zusammenbruch des assyrischen Reiches 606 v. Chr. Inwieweit Nabopolassar selbst bei diesem Ereignis mitbeteiligt war, ist noch nicht ausgemacht. Sicher ist nur, daß, während das eigentliche Assyrien mit seinem dereinstigen Länderbesitz im Norden und Nordwesten an die Meder fiel, alle übrigen Provinzen des assyrischen Reiches eine Beute der Chaldäer wurden, dies freilich nicht ohne vorherigen Kampf mit Ägypten, welches ebenfalls Anspruch auf die Länder der Mittelmeerküste bis hinauf an das Euphratufer erhob. Dieser Entscheidungskampf zwischen Babylonien und Ägypten bildet das zweite Hauptereignis in der Regierungszeit Nabopolassars.

Psammetichs Sohn und Nachfolger Necho II. (609 bis 595) war es, der sich alsbald nach seiner Thronbesteigung (609) zu einem Angriff auf Syrien rüstete. Er rückte im Jahr 608 über die ägyptische Grenze und zog entweder in der Ebene am mittelländischen Meere gegen Norden, oder führte sein Heer zu Schiff an die syrische Küste, wo ihm bei Megiddo in der Ebene Jesreel der König Josia von Juda entgegentrat. Trotzdem daß Necho ihm sagen ließ, er habe nichts mit ihm zu thun, wollte dennoch Josia den Durchzug nicht gestatten: er wurde geschlagen und töblich verwundet. Der Sieger drängte nun vorwärts bis zum Euphrat und unterwarf das ganze Land zwischen diesem Fluß und dem Mittelmeer. Auf seiner Rückkehr nahm er Joahas, den dritten Sohn Josias, welchen das Volk zum Könige eingesetzt hatte, nach nur dreimonatlicher Regierung gefangen, und erhob seinen älteren Bruder Jojakim auf den Thron.

Wohl drei Jahre lang blieb Necho im Besitze der eroberten Länder. Da sandte im Jahr 605, dem vierten Jahre Jojakims (s. Jer. 46, 2), nachdem Nineve gefallen war, der schon erkrankte Nabopolassar seinen Sohn Nebukadnezar gegen den ägyptischen König. Bei Karkemisch, auf dem rechten Euphratufer stand das ägyptische Heer, um die neuen Besitzungen zu verteidigen. Hier kam es zur Entscheidungsschlacht zwischen den beiden Rivalen um die Vorherrschaft Vorderasiens. Die Ägypter erlitten eine gewaltige Niederlage, und wagten nicht mehr Stand zu halten. Nebukadnezar verfolgte sie auf ihrem Rückzug nach Syrien und wollte schon „das anfängliche Gebiet wiederum unter Botmäßigkeit bringen" (Berossos), nach den Grenzen Ägyptens vordringen — da ereilte ihn die Nachricht von dem Tode seines Vaters. Um den Ausbruch von Thronstreitigkeiten zu hindern, vertraute er die Wegführung der jüdischen, phönikischen, syrischen und ägyptischen Gefangenen und Beutestücke einigen seiner Freunde an und kehrte selbst mit einer kleinen Reiterschar durch die syrisch-arabische Wüste nach Babylon zurück, während das Heer auf dem gewöhnlichen Wege den Rückmarsch antrat.

Leider haben wir von Nabopolassar selbst gar keine Nachrichten; sein Name ist uns hauptsächlich aus den Inschriften seines Sohnes bekannt. Nach dem Berichte Herodots hatte er eine Ägypterin, Namens Nitokris, zur Gemahlin, welche in Babylon selbst verschiedene Bauten ausgeführt haben soll. Bis jetzt haben die Inschriften solches nicht bestätigt. Die Backsteine alle, welche man seither in den ihr zugeschriebenen Mauern und Bauten aufgefunden hat, tragen den Namen Nebukadnezars.

Auf Nabopolassar folgte sein Sohn **Nabu-kuburri-uzur** (vgl. Jer. 49, 28 Nebukobr'ozor) oder Nebukadnezar („Nebo, schütze die Grenze!"), 604—561 v. Chr.

Nebukadnezars Furcht, es möchte ihm der Thron Babylons streitig gemacht werden, war unbegründet gewesen. Die Priesterschaft hatte einstweilen einen aus ihrer Mitte als provisorischen Regenten eingesetzt, und als er nun selbst in der Hauptstadt erschien, wurde er allgemein als Thronerbe anerkannt. Er scheint die ersten Jahre in ziemlicher Ruhe regiert zu haben. Wohl fehlte es nicht an Gärungen da und dort, wie z. B. Jojakim, der König von Juda, nachdem er drei Jahre (605—603?) Tribut gezahlt hatte, abtrünnig wurde; aber diese Aufstände wurden gewiß schnell mehr oder minder nachdrucksvoll unterdrückt (vgl. 2 Kön. 24, 1 f.). Aber bald nahmen die Verhältnisse im Westland, sonderlich wohl durch die Haltung der Inselstadt Tyrus und Ägyptens, einen bedrohlicheren Charakter an, wodurch Nebukadnezar zu energischem Einschreiten gezwungen war. So sehen wir denn den Chaldäerkönig in seinem 8. Regierungsjahr, 598, zunächst gegen Jerusalem ziehen. Dort hatte das Volk nach Jojakims Tod seinen 18jährigen Sohn Jojachin (Jechonja) auf den Thron erhoben. Er saß erst 3 Monate auf ihm, als er sich genötigt sah, die Thore Jerusalems dem babylonischen Heer, das von Nebukadnezar selbst geführt wurde, zu öffnen. Er wurde mit seiner Mutter und seinen Frauen, dazu den vornehmsten Beamten des Landes nach Babylon in die Gefangenschaft geschleppt und eine große Anzahl der Bewohner Jerusalems, Fürsten und Machthaber, Krieger und Eisenarbeiter (Schlosser und Schmiede), im ganzen 10023 Köpfe, wurden nebst dem ganzen Tempel- und Palastschatz ebendahin abgeführt. An seiner Statt setzte Nebukadnezar den Bruder Jojakims, Zedekia, als König ein. Acht Jahre lang blieb dieser dem Könige von Babylon unterthan. Als aber nach dem Tode von Nechos II. Sohn und Nachfolger Psammetich II. (594—589) der junge und unternehmungslustige Pharao Hophra (Apries) den ägyptischen Thron bestieg, da glaubte Zedekia Zeit und Gelegenheit günstig, seine Unabhängigkeit zu erlangen (Ez. 17, 15), und ließ sich trotz der verständigen und wohlgemeinten Abmahnung des Propheten Jeremia in Unterhandlung mit dem Ägypter ein. Als Nebukadnezar dies erfuhr, zog er — 589 v. Chr. — rasch mit seinem ganzen Heer heran und gab seinem Feldherrn Nebusaradan den Befehl, Jerusalem zu belagern. Nun rückte zwar (vergl. Jer. 37, 5—7) Pharao Hophra mit seinen Streitkräften über die ägyptische Grenze, um seinem Bundesgenossen zu Hilfe zu kommen, und nötigte die Chaldäer, die Belagerung Jerusalems vorübergehend aufzuheben und diesem neuen Feind entgegen zu ziehen. Aber dies war auch alles; nach der Angabe des Josephus wurden die Ägypter völlig geschlagen, während es nach Jer. 37, 7 scheint, daß sie aus Angst vor den Chaldäern überhaupt keine Schlacht wagten, sondern eiligst wieder heimzogen. Das babylonische Heer legte sich darauf von neuem vor Jerusalem und anderthalb Jahre nach dem Beginn dieser zweiten Einschließung zwang der Hunger nach tapferster Gegenwehr die Einwohner zur Übergabe (Juli 586). Nebukadnezar selbst hatte sein Standquartier zu Ribla in Cölesyrien. Zedekia, welcher beim Eindringen der Babylonier in seine Hauptstadt sich durchzuschlagen suchte und auch wirklich das freie Feld gewann, wurde gefangen und mit allen den Seinigen nach Ribla geführt, wo der König von Babylon seine Kinder vor seinen Augen töten, dann aber ihn selbst blenden ließ und als Gefangenen nach Babylon sandte, wo er später im Kerker endete. Jerusalem selbst wurde samt dem Tempel von Nebusaraban verbrannt, die Mauer niedergerissen, und auch noch der Rest des Volkes und Heeres gefangen genommen. Über die wenigen Zurückgelassenen wurde ein Jude, Gedalja, Statthalter, mit dem Sitze in Mizpa, wo auch eine babylonische Besatzung zurückblieb. Mit Gedaljas Ermordung durch die Juden wurde auch noch diese letzte Spur des einstigen Reiches Juda getilgt.

Weit weniger glücklich als gegen Jerusalem war Nebukadnezar gegen die Inselstadt Tyrus, die schon von Salmanasser IV., Asurbanipal u. a. vergeblich belagerte Stadt. Dreizehn Jahre, 585—573 (vgl. Ez. 26, 1 ff. einer=, 29, 17 f. andererseits) blokierte der Chaldäerkönig vom Land aus die Stadt, aber seine Anstrengungen blieben, Aller Erwartungen, auch denen Ezechiels (Ez. 29, 18), entgegen, erfolglos. Immerhin scheint es, daß sich die Tyrer schließlich freiwillig der Oberhoheit Babyloniens fügten, da von mehreren der auf Ithobal folgenden Könige ausdrücklich berichtet wird, daß die Tyrer sie aus Babel erhalten hätten.

Erfolgreicher waren Nebukadnezars Unternehmungen gegen Ägypten, wenngleich Genaueres über dieselben noch nicht bekannt ist. Eine ägyptische Inschrift lehrt, daß im Jahr 572 Nebukadnezar in Ägypten einfiel, wo damals noch Hophra regierte, und bis nach Syene und den Grenzen Äthiopiens vordrang. Hophra wurde geschlagen und abgesetzt und an seiner Statt ein General Amasis auf den Thron erhoben, der das Land als Vasall des Königs von

Babylon regierte. Nach einem kürzlich aufgefundenen Fragment einer historischen Inschrift Nebukadnezars muß schon bald, nur 4 Jahre später, jener Amasis sich ebenfalls empört haben, was Nebukadnezar zwang, „in seinem 37. Jahre" ein Heer nach Ägypten zu senden, um diesen Aufstand zu unterdrücken (569/568).

Die Angaben des Megasthenes, eines Zeitgenossen des Seleukus Nikator, daß Nebukadnezar von Ägypten aus auch Nordafrika erobert, von dort über die Meerenge von Gibraltar nach Spanien übergesetzt sei und die Iberier unterworfen habe, dann durch Europa und Kleinasien wieder heimgezogen sei und seine iberischen Gefangenen am rechten Ufer des schwarzen Meeres angesiedelt habe — das Alles mag getrost in das Reich der Fabel verwiesen werden. Dagegen sei noch das historische Faktum verzeichnet, daß, als im Jahre 590 zwischen den Medern und Lydern Krieg ausbrach und am 28. Mai 585 während einer Schlacht eine totale Sonnenfinsternis eintrat und dem Kampfe ein Ende machte, Nebukadnezar im Verein mit dem Beherrscher Ciliciens einen Friedensschluß vermittelte, welcher den Halys als die Grenzlinie beider Reiche festsetzte.

So weit kennen wir den Verlauf der äußeren Geschichte Nebukadnezars aus den Angaben des Alten Testaments und der griechischen Schriftsteller, hauptsächlich Berossos, wie uns dessen Bericht teils bei Josephus, teils in der armenischen Chronik des Eusebius erhalten ist. Welche Kriege er sonst geführt, oder welche anderen wichtigen Ereignisse in seine Regierungszeit fielen, läßt sich nicht sagen, bis längere historische Texte von ihm selbst oder seinen Nachfolgern gefunden werden. Es sei nur noch bemerkt, daß Nebukadnezar bei seinen Eroberungen den alten Brauch der Assyrer beibehielt, die Bewohner eroberter Städte und

Länder zu verpflanzen. Er verschaffte sich auf diese Weise zugleich die benötigten riesigen Arbeitskräfte für die Ausführung seiner gewaltigen Bauten.

Über diese seine Bauten nun berichtet er uns selbst in seinen Thoncylindern und anderen Inschriften ausführlichst. Die Leser würden es uns jedoch wenig danken, wollten wir etwa die große, 620 Zeilen lange Inschrift auf einem schwarzen Basaltblock (von 1 m Höhe und 10 cm Dicke) hier wörtlich wiedergeben. Wir beschränken uns deshalb auf das Wichtigste.

Ein Werk, welches seinen Namen im ganzen Altertum berühmt machte und unter die Wunderwerke der Welt gezählt wurde, waren die hängenden Gärten in Babylon, deren Ruinen Rassam in dem nördlichsten Trümmerhügel Babylons, genannt Babil, neuerdings sicher gefunden zu haben glaubt: er schließt dies aus den dort gefundenen ausgedehnten Überresten hydraulischer Werke, mehreren Brunnen und Wasserleitungen, die augenscheinlich mit dem Euphrat in Verbindung standen. Diese Gärten bestanden in einem terrassenförmigen Bau, auf welchem prächtige Bäume und Sträucher gepflanzt waren. Ein großes Wasserwerk führte ihnen die nötige Wassermenge zu, wodurch die Pflanzen getränkt und bewässert werden konnten. Doch nicht allein zu diesem Zweck, sondern auch um Springbrunnen zu speisen, sollten jene Wasserwerke dienen. Es wird erzählt, daß der König diesen Riesenbau aus Liebe zu seiner Gemahlin, der medischen Prinzessin Amytis, ausgeführt habe, welche in der Tiefebene Babyloniens einen Anblick zu haben wünschte, welcher den Bergen und den Parkanlagen ihrer Heimat ähnlich sei. Er wollte ihr wenigstens einigen Ersatz der letzteren bieten.. Nach dem keilschriftlichen Bericht war dieser terrassenförmige Bau, auf dessen höchster

III. Neu-Babylonien.

Spitze Nebukadnezars neuer Palast sich erhob, vor der Nordwestecke der Mauer Imgur-Bel aufgeführt und binnen 15 Tagen aus der Erde gezaubert worden. Auch Berossos (bei Josephus) erwähnt diese unglaublich kurze Frist, noch wunderbarer als der Bau selbst!

Das zweite war ein großer, prachtvoller Palast, welchen er an die Residenz seines Vaters und seiner königlichen Vorfahren anfügte. Er lag hart am Euphratufer nördlich von E-sagila auf dem nämlichen weiten „Babelsplatz", auf welchem E-sagila erbaut war. Einige Gelehrte, wie Oppert, haben längst geglaubt, daß sich seine Ruinen in dem Hügel befinden, welchen die Araber El Kasr (der Palast) nennen, und Rassam, welcher dort Zimmer und Korridore des königlichen Palastes wiederfand, ist dieser Ansicht aus voller Überzeugung beigetreten.

Hochberühmt und angestaunt waren auch die Umfassungs- und Befestigungsmauern Babylons, deren Bau bezw. Neubau Nabopolassar anfing und Nebukadnezar vollendete. Die große äußere Mauer, 300' hoch, 80' breit und von einem breiten Wassergraben umgeben, umschloß Babylon auf der ganzen Ostseite; die innere Mauer, Babylons älteste Befestigungsanlage, welche neu gebaut wurde, bestand aus einem hohen Wall, genannt Nimitti-Bel („Gründung Bels"), dahinter einem tiefen Graben, und jenseits desselben der eigentlichen Mauer namens Imgur-Bel („Bel hat sich erbarmt"). Beide Befestigungsanlagen waren von einer im wahren Sinne des Wortes unermeßlichen Ausdehnung und Massenhaftigkeit, und machten Babylon zu einer nach menschlichem Dafürhalten uneinnehmbaren Festung. Die sogen. medische Mauer, welche, 100' hoch und 20' breit, oberhalb des nördlichsten Kanals des „Isthmus" vom Euphrat zum Tigris (von unterhalb des heutigen Felubscha bis oberhalb Bagdads) geführt war und die erste Verteidigungslinie gegen einen von Norden her kommenden Feind bilden sollte, geht ebenfalls auf Nebukadnezar zurück.

Wie für die Verteidigung, so sorgte Nebukadnezar in durchgreifender Weise auch für die Bewässerung seines Landes: die verfallenen Kanäle, so z. B. der Ostkanal Babylons, Libil-chegallu, wurden wiederhergestellt, andere Kanäle, größere und kleinere, neu angelegt. Bei Sippar ließ Nebukadnezar ein großes Bassin, dem Mörissee ähnlich, von über 10 Meilen im Umfang, zur Aufnahme und Verteilung des Überschwemmungswassers graben, und im Süden die Meeresküste zum Schutz gegen die Sturmfluten befestigen. Auch der große, für Getreideschiffe fahrbare „Königskanal" Nahar-malka, welcher den Euphrat und Tigris verband, wird von Berossos auf Nebukadnezar zurückgeführt, und ebenso ist sein Werk der von den heutigen Arabern „Kerck Saïdeh" genannte Kanal, welcher von Hit, 1° nördlich von Babylon am Euphrat gelegen, ausging, das Wasser des Flusses an der Grenze der syrisch-arabischen Wüste bis in den persischen Golf führte und so den Anbau eines großen sonst unfruchtbaren Streifen Landes ermöglichte.

In umfassendster Weise ließ sich aber Nebukadnezar vor allem die Tempel seines ganzen Landes angelegen sein, und gerade diese seine Fürsorge für die Tempel, ihren Neubau und ihre Ausschmückung war es, welche in wirksamster Weise den früheren Gegensatz zwischen Chaldäern und Babyloniern versöhnte. In den Tempelruinen fast aller bedeutenderen Städte des Landes, in Sippar, Kutha, Larsam u. s. w., finden sich Backsteine mit dem Namen Nebukadnezars. Insonderheit waren es natürlich die beiden großen Tempel Babylon-Borsippas, die Tempel Bel-Merodachs und Nebos, E-sagila und E-zida, welchen der König

III. Neu-Babylonien.

fortdauernd seine höchste Gunst zuwendete. Beide baute er neu und stattete sie mit verschwenderischer Pracht aus. „Sonnengleich strahlend" machte er das Allerheiligste Merodachs: die Wände aus gediegenem Gold und über ihnen als Bedachung die schönsten Libanonzedern, mit Gold überzogen und an den unteren Flächen mit funkelnden Juwelen besetzt! Auch der an den Nebotempel in Borsippa anstoßende Tempelturm der „sieben Sphären Himmels und der Erde" ist so, wie er S. 57 f. geschildert wurde, das Werk Nebukadnezars. Bis zu Nebukadnezars Zeit war der „von einem früheren König" gebaute Turm unvollendet geblieben und „seit fernen Tagen" durch Unwetter und Regengüsse zu einer Ruine geworden: erst Nebukadnezar baute diesen Turm, an welchen sich hoher Wahrscheinlichkeit nach die biblische Erzählung vom Turmbau zu Babel geknüpft hat, von Grund aus neu und setzte seine Spitze auf. Er selbst berichtet uns dies auf den in den Ecken des dritten Stockwerks gefundenen Thoncylindern. Und die Aufschrift einer von Rassam unweit der Ruine Birs Nimrud gefundenen mächtigen Bronzeschwelle, deren Metallwert noch jetzt 84 Pfund Sterling beträgt, besagt, daß Nebukadnezar den Tempel E-zida zu Borsippa neu gebaut habe „zu Ehren des Gottes Nebo, welcher seine Tage lang gemacht (oder verlängert)" habe.

Von Sanherib dem Erdboden gleich gemacht, von Asarhaddon wieder zu bauen begonnen, unter Asurbanipal abermals hart mitgenommen, wurde Babylon von Nebukadnezar in solchem Umfange neu gebaut, vergrößert und verschönert, daß es geradezu als Schöpfung Nebukadnezars gelten kann, und es begreift sich, wenn dem König Nebukadnezar, herabblickend etwa von der Terrasse seines neuen Königspalastes auf die prächtige Stadt, den breiten Spiegel des Euphrat, das Wogen der Menschen auf der von ihm über den

Strom gebauten Brücke, die Worte in den Mund gelegt werden: „Ist das nicht die große Babel, die ich erbaut habe zur Königswohnung durch die Stärke meiner Macht und zu Ehren meiner Herrlichkeit?" (Dan. 4, 27.)

So stellt sich uns Nebukadnezar dar als der recht eigentliche Begründer des neubabylonischen Reiches, als unerschrockener Kriegsmann, als unermüdlicher Baumeister und als weiser Versorger seines Volkes zugleich, und wir dürfen getrost sagen, daß, wie Hammurabi, so auch Nebukadnezar den hervorragendsten Fürsten des Orients beigezählt werden darf. Nach gewöhnlicher Annahme würde der Kopf Nebukadnezars, allerdings mit stark ausgeprägtem griechischem Typus, auf einem geschnittenen Stein des königlichen Museums zu Berlin zu sehen sein, „das Bild eines nachdrücklichen, ja drohenden Willens, einer festen, selbstbewußten Kraft". Indes scheint die Umschrift des Kopfes jene Annahme nicht zwingend zu fordern.

Fig. 25. Cammeo Nebukadnezars.

(Die Umschrift lautet: „Merodach, seinem Herrn, hat Nebukadnezar, König von Babylon, zu seinem Leben dieses geschenkt".)

Von der im 4. Kapitel des Buches Daniel erzählten Geisteskrankheit Nebukadnezars wissen die keilschriftlichen Berichte nichts. Aber merkwürdig ist, daß uns Abydenus (nach Berossos) von einer chaldäischen Überlieferung Kunde giebt, welche, obwohl sie von der biblischen Erzählung in allen Hauptsachen abweicht, dennoch als Parallele deutlich erkennbar ist. Diese Überlieferung besagt, Nebukadnezar sei auf die Königsburg gestiegen und habe, von einem Gotte begeistert, ausgerufen und gesagt: „Ich hier, Nabukodrosor, kündige euch den Eintritt des unabwendbaren Unheils an.

III. Neu-Babylonien.

kommen wird Perses, das persische Maultier, der eure Gottheiten zu Verbündeten haben wird: er wird aber die Knechtschaft bringen . . . . O möchte doch, bevor die Mitbürger zu Grunde gehen, eine Charybdis oder das Meer ihn aufnehmen und gänzlich vernichten, oder er, anders wohin sich wendend, durch die Einöde gejagt werden, wo weder Städte noch die Fußspur eines Menschen angetroffen werden, wohl aber wilde Tiere weiden und Vögel umherschweifen, während er allein in Felsklüften und Schluchten umherirrt. Mir aber möge, ehe denn er dieses sich in den Sinn kommen läßt, ein besseres Ende zu teil werden". Nachdem er diese Weissagung gethan, sei er plötzlich verschwunden.

In hohem Alter, nach 43jähriger Regierung, starb Nebukadnezar, von einer Krankheit befallen, im Jahre 561 zu Babylon. Ihm folgte sein Sohn Evil-Merodach d. i. Amel-Marduk ("Mann, Diener Merodachs") 561 bis 559 v. Chr., der Illuarudamos des ptolemäischen Kanons. Es giebt Kontrakttafeln, die aus seiner Regierungszeit datiert sind, aber von ihm selbst besitzen wir keine unmittelbare Nachricht. Nach Berossos regierte er „ungerecht und schwelgerisch" und wurde ebendeshalb schon nach zwei Jahren das Opfer einer Verschwörung, an deren Spitze sein Schwager Neriglissar (Schwiegersohn Nebukadnezars) stand. Aus dem Alten Testament erfahren wir, daß er den gefangenen König Jojachin von Jerusalem, nachdem er 35 Jahre lang im Kerker geschmachtet, aus dem Gewahrsam entließ, freundlich mit ihm redete, ihn an seine Tafel zog und zum ersten unter den in Babylon gefangen gehaltenen Königen machte (2 Kön. Kap. 25 Schluß).

An Evil-Merodachs Stelle trat der ebengenannte Nergalsar-uzur, Neriglissar („Nergal, schütze den König!"), 559 bis 556. Ob er mit dem Jer. 39, 3. 13 genannten Rabmag ober Obermagier Nergalsarezer Eins ist, kann dahingestellt bleiben. Möglich scheint es. Er selbst nennt sich auf einem in Cambridge aufbewahrten Thoncylinder „Sohn des Bel-sum-iskun, Königs von Babylon"; doch wird diese letztere Persönlichkeit anderwärts und gewiß richtiger nur als Magnat bezeichnet. Er baute an den Tempeln E-sagila und E-zida und stellte an den vier Thoren des erstgenannten Heiligtums je zwei gewaltige bronzene Schlangen und silberne Stierbilder auf. Auch den Quaianlagen am Euphrat wendete er seine Thätigkeit zu.

Der Sohn, welchen er hinterließ, Labasi-Marduk, Labosoarchad, war noch ein Knabe und soll nach Berossos zudem „eine bösartige Natur" an den Tag gelegt haben. Darum verschworen sich die Großen des Hofes, brachten Labosoarchad nach neunmonatlicher Regierung ums Leben (eine Kontrakttafel ist vom 14. Ijjar seines Regierungsanfangs datiert) und setzten einen aus ihrer Mitte, nämlich **Nabu-na'id**, Nabonid („Nebo ist erhaben") — der Labynetos des Herodot und Nabonetos des Berossos —, den Sohn des „hochweisen, gottesfürchtigen" Nabu-balatsu-ikbi, eines „babylonischen" Magnaten, auf den Thron. Er hatte ihn inne von 555 bis zum Sturze des Reiches 538 und suchte das Heil Babyloniens, wie in der Instandhaltung und Erweiterung der Befestigungen des Landes und seiner Hauptstadt, so vor allem in der Wiederbelebung aller alten Kulte und der Neugründung der ältesten Landesheiligtümer, von Agane und Sippar bis hinab nach Ur. Dem letzteren Streben, mit welchem das Suchen nach alten Urkunden seiner Vorfahren verbunden war, verdanken wir einzelne äußerst wertvolle Nachrichten für die ältere und älteste babylonische Geschichte und Chronologie (vgl. oben S. 72 f., 85, 92). Ihm selbst sollte es, wie es scheint, verhängnisvoll werden, insofern er sich dadurch die

III. Neu-Babylonien.

Gegnerschaft der in ihren Interessen sich gefährdet glaubenden Priesterschaft Merodachs und Nebos zuzog, und dies gerade in einer Zeit, wo vom Osten her in der Person des jungen thatenfrohen Perserkönigs **Cyrus** und in der durch ihn von Sieg zu Sieg geführten neuerstandenen jugendkräftigen persischen Macht für das alternde chaldäische Reich ein bis dahin nicht gekannter Mitbewerber um die Herrschaft über Vorderasien aufstand, und es für jedermann klar war, daß das stetig sich ausdehnende persische Reich, welchem schon im fünften Jahre Nabonids Medien zu einer leichten Beute geworden war, in Bälde auch mit den Chaldäern in den großen Entscheidungskampf eintreten werde.

Ursprünglich König von Anschan, einer Stadt und Landschaft im Gebirge östlich von Susa, hatte Cyrus, der „Sohn des Kambyses, Enkel des Cyrus, Urenkel des Sispis", das Gebiet seiner königlichen Vorfahren, wie es scheint, dadurch erweitert, daß er seine Herrschaft über das eigentliche Persien, wo eine Nebenlinie regierte, ausdehnte, und, sobald ihm dies gelungen war, auch Medien unter persische Herrschaft zu bringen trachtete. Das letztere gelang ihm im Jahre 549 durch Besiegung des Asthages und Einnahme und Plünderung Ekbatanas. Aus einem kleinen Fürsten über verhältnismäßig arme Provinzen wurde Cyrus hierdurch mit Einem Schlage der Herrscher eines bedeutenden Reiches, der Befehlshaber eines mächtigen Heeres und Erbe der unermeßlichen Schätze, welche acht Jahrzehnte zuvor durch den Fall Ninevehs in den Besitz der Meder gekommen waren.

Nach den Berichten der klassischen Schriftsteller, obenan Herodots, war der Hergang der Unterwerfung Babyloniens durch Cyrus der folgende.

Schon im ersten Jahre der Regierung Nabonids waren

zu ihm nach Babylon Gesandte des Königs Krösus von Lydien gekommen, welcher ebenfalls in Sorge war wegen der neu erstandenen arischen Macht, und dem babylonischen König sowie dem Pharao von Ägypten ein Schutz- und Trutzbündnis gegen den persischen Monarchen antrug. Er hoffte auf diese Weise dem gemeinschaftlichen Feind mit Erfolg entgegentreten zu können. Nabonid ging auf die Vorschläge des Lydiers ein, und es mag wohl bald nachher, wie Herodot berichtet, der Bund zwischen den Dreien zustande gekommen sein. Wie es scheint, begann nun Krösus den Krieg alsbald, ohne seine Verbündeten um Hilfe anzusprechen, wurde von Cyrus geschlagen und seine Hauptstadt Sardes eingenommen. Das Alles war so schnell gegangen, daß Nabonid, auch wenn er dazu geneigt gewesen wäre, seinem Bundesgenossen nicht hätte Hilfe bringen können. Cyrus wendete sich nun aber nicht alsbald gegen seinen nächsten Gegner Nabonid, sondern wollte als kluger Fürst zuerst seine Herrschaft über die neuerworbenen Länder befestigen. Dies verschaffte Nabonid noch für eine Reihe von Jahren Zeit zum Ausbau seiner Befestigungen.

Endlich im Jahre 539 kam die Nachricht, daß der Perserkönig seine Hauptstadt Ekbatana verlassen habe, und seinen Marsch gegen Babylonien richte. Aber nochmals gab es einen Aufschub. Nach Herodots Bericht ertrank eines der heiligen weißen Rosse, welche den Wagen des Ormuzd zogen, beim Übergang über den Diyala. Cyrus ergrimmte über den Fluß und schwur, er wolle ihn so klein machen, daß ein Weib ihn durchwaten könne, ohne sich die Knie zu netzen. Er ließ ihn nun in eine große Anzahl Kanäle verteilen, und darüber ging der ganze Sommer hin. Erst im nächsten Frühjahr überschritt Cyrus den Tigris und erschien unerwartet vor der babylonischen Hauptstadt.

III. Neu-Babylonien.

Während Belsazar den Oberbefehl in der Stadt führte, stellte sich Nabonid dem Eindringling entgegen, wurde aber geschlagen. Ein Teil seines Heeres flüchtete sich in die Hauptstadt, ein anderer unter dem Oberbefehl Nabonids nach Borsippa. Mit allem Ernst betrieb nun Cyrus die Belagerung der Hauptstadt. Allein diese war so fest und besaß so viele Vorräte, daß an eine rasche Eroberung nicht zu denken war, und Cyrus zu zweifeln anfing, ob ihm dieselbe je gelingen werde. Nur Ein Mittel schien ihn zum Ziele führen zu können, und dieses wollte er nun versuchen. Er führte die Hauptmasse seines Heeres von der Stadt zurück und ließ nur einzelne Beobachtungsposten vor derselben stehen. Sodann gab er Befehl, Kanäle zu graben, durch welche das Wasser des Euphrat abgeleitet werden konnte, oder er leitete, nach einem andern Bericht, den Fluß in das große Wasserbecken bei Sippara, und machte so den Euphrat durchwatbar. Auf solche Weise war es möglich, unter den Mauern der Stadt in dieselbe durch die Öffnungen einzudringen, durch welche der Strom in sie ein- und aus ihr herausfloß. Bald waren jene Kanäle soweit vollendet, daß man einen Versuch machen konnte; Cyrus wartete aber, bis er die Babylonier samt dem leichtsinnigen Mitregenten, die in ihrer festen Stadt der Feinde spotten zu können glaubten, bei einem großen Feste sorglos schwelgend wußte. Jetzt erst — es war im Jahr 538 v. Chr. — wurden die letzten Dämme zwischen dem Strom und den Kanälen durchstochen. Alles ging nach Wunsch: die Babylonier ließen sich durch die Meder und Perser in ihrem Feste nicht stören, das noch glänzender und mit größerer Unmäßigkeit gefeiert wurde als sonst. Alle Ordnung, alle regelrechte Bewachung innerhalb der Stadt war gewichen. Die Nacht brach an, das Wasser des Euphrat begann zu sinken, und bald konnten die Perser unter der Stadtmauer durch das Strombett eindringen. Wäre nun in der belagerten Stadt alles in gehöriger Ordnung gewesen, so hätte ihnen alles das noch nicht viel geholfen, sie wären zwischen den beiden Ufermauern wie in einer Falle gesteckt, aus welcher sie niemand hätte retten können. Aber sie fanden die bronzenen Durchgangsthore vom Fluß in die Stadt geöffnet und niemand dabei auf der Wache. So tauchten plötzlich überall in der Stadt persische Soldaten auf; wer sich ihnen entgegenstellte, wurde niedergemacht, und mit den Flüchtlingen drangen auch die Feinde in den königlichen Palast, wo der junge Belsazar in seinem Festsaal den Tod fand. Als der Morgen anbrach, war Cyrus Herr der Stadt. Nachdem er den Befehl gegeben, die äußeren Umwallungen wenigstens teilweise niederzureißen, zog er mit seinem Heer gegen Nabonid in Borsippa. Dieser hielt längeren Widerstand für unmöglich und ergab sich. Cyrus behandelte ihn freundlich, und übergab ihm, wie Abydenus sagt, die Statthalterschaft über die Provinz Karamanien.

Nach einer Thontafel, welche das Britische Museum zu Ende des Jahres 1879 erwarb, gestaltet sich allerdings der Verlauf der Schlußkatastrophe des babylonischen Reichs wesentlich anders. Diese Tafel berichtet, soweit sie uns erhalten ist, daß die Einnahme und Plünderung Ekbatanas im 6. Jahr Nabu=na'ids stattfand: Ischtuvegu (d. i. Asthages), anderwärts „König der Umman=Manda", d. i. der nordischen (skythischen) Horden, genannt, also nicht eigentlicher „König der Meder", zog mit seinem Heer gegen Cyrus, den „König von Anschan", aber das Heer empörte sich wider seinen Führer, nahm ihn gefangen und lieferte ihn an Cyrus aus, worauf dieser in die Hauptstadt Mediens einzog und Silber,

III. Neu-Babylonien.

Gold, Habe und Besitz der Landschaft Ekbatana nach An-schan fortschleppte. Während seines 7.—11. Jahres war der König von Babylon „in der Stadt Tema", während „der Sohn des Königs, die Großen und das Heer" im Lande Akkad standen. Die Chronik Nabu-na'ids bemerkt dazu: „Der König kam zum Nisan nicht nach Babylon, Nebo kam nicht nach Babylon, Bel wurde nicht (in feier-licher Prozession) ausgetragen, das Neujahrsfest war ab-geschafft." Der „Sohn des Königs", welchem wir hier die Heeresleitung von seinem Vater übertragen sehen, ist uns dem Namen nach bekannt aus vier in den Ecken des Nannar-Tempels zu Ur gefundenen Thoncylindern, auf welchen Nabu-na'id berichtet, daß er den Tempelturm, welchen der König Ur-Gur und dessen Sohn Dungi (S. 78 f.) gebaut hatten und der ganz zerfallen war, neu gebaut habe. Der Schluß dieser Cylinder-Inschriften enthält ein Gebet des babylonischen Königs an den Mondgott und dieses endet mit den Worten: „Mich aber, Nabu-na'id, König von Ba-bylon, befreie von Sünden wider deine hehre Gottheit und schenke mir Leben ferner Tage zum Geschenk! Und was Bel-šar-uzur, meinen ersten Sohn, den Sproß meines Herzens, betrifft, so laß die Furcht deiner hehren Gottheit in seinem Herzen wohnen, daß er nicht willige in Sünden! Mit Überfluß an Leben werde er gesättigt." Daß dieser Bel-šar-uzur („Bel, schirme den König!") kein anderer ist, als der Belsazar des Buches Daniel, bedarf keiner weiteren Hervorhebung. Am 5. Nisan des 9. Jahres Nabu-na'ids starb die Mutter des Königs in Dur-karašu am Euphrat oberhalb Sippars, beweint von Belsazar und seiner Um-gebung drei Tage lang, während die eigentliche Totenklage im ganzen Lande Akkad erst im Monat Sivan stattfand. Im Nisan ebendieses Jahres sammelte Cyrus, „König von

Persien", sein Heer und überschritt (?) unterhalb Arbelas den Tigris, um darauf im Ijjar gegen ein allem Anschein nach in Mesopotamien gelegenes Land zu ziehen, dessen König getötet wird und dessen Hauptstadt persische Besatzung erhält. Nabu-na'id seinerseits aber fuhr fort, die Götter der Städte Akkads, Erech, Marad, Kis, Chursag-kalama u. a. m. (nur die von Borsippa, Kutha und Sippar waren ausgenommen), nach Babylon hinein zu schaffen, und diese Götterzufuhr hielt an „bis Ende Elul des 17. Jahres", also bis zu der Zeit, da Cyrus bereits in Babylonien stand, ja Babylon bereits eingenommen hatte. Im 17. Jahr (538) lieferte Cyrus dem Heere Akkads bei Opis eine Schlacht. Das babylonische Heer hielt nicht Stand, am 14. Tammuz wurde Sippar ohne Schwertstreich genommen und Nabu-na'id flüchtete. Am 16. des nämlichen Monats zog Ugbaru oder Gubaru (Gobryas), der „Statthalter vom Lande Gutium", mit dem Heere des Cyrus ohne Kampf in Babylon ein. Nabu-na'id wurde in Babylon gefangen. E-sagila blieb unberührt von den feindlichen Soldaten bis Ende Tischri. Am 3. Marchesvan hielt Cyrus selbst seinen Einzug in Babylon, verfuhr gnädig mit der Stadt und setzte Gubaru zum Statthalter ein. Eine der letzten und vielleicht gerade eine der wichtigsten Notizen der in Rede stehenden Thontafel ist leider so schlecht erhalten, daß es unstatthaft scheint, zunächst weitere Schlußfolgerungen aus ihr zu ziehen. Sie beginnt mit den Worten: „in der Nacht des 11. Marchesvan Gubaru" . ., worauf dann unmittelbar der Tod (oder die Ermordung?) des Sohnes (?) des Königs berichtet zu sein scheint. „Vom 28. Adar bis zum 3. Nisan fand Totenklage statt im Lande Akkad."

Noch erwähnen wir einen babylonischen Thoncylinder, auf welchem Cyrus selbst, d. h. ein babylonischer Schreiber,

III. Neu-Babylonien.

welcher wahrscheinlich ein Priester Merodachs war, in Cyrus' Namen und teilweise augenscheinlich nach dessen persönlicher Angabe über die Einnahme Babylons berichtet. Soweit der besonders im Anfang sehr verstümmelte Text erkennen läßt, wird das Ereignis folgendermaßen begründet. Ganz Babylonien litt schwer unter Nabu=na'ids despotischem Regiment. Ur und die übrigen babylonischen Städte hatten auf des Königs Befehl wider Recht und Sitte ihre Gottheiten nach Babylon bringen müssen, wodurch die Städte samt ihren Bewohnern aufs schwerste geschädigt wurden. Babylonien und sein Volk glich einem Trümmer=, einem Leichenfeld. Vor allem aber war es die Hauptstadt selbst, welche unter Nabonids unwürdiger, aufreibender Knechtschaft ohne Ruh und Rast seufzte. Voll grimmigen Zornes kehrte sich darum Merodach, der Stadtgott Babylons, gegen den Herrscher seines Landes, welcher dadurch, daß er alle babylonischen Gottheiten in Babylon zusammengebracht hatte, desgleichen durch Abschaffung der täglichen Opfer seiner, des Herrn und Königs der Götter, Verehrung schweren Abbruch gethan, ja E=sagila geschändet hatte. Täglich sann Nabu=na'id auf Böses wider Merodachs Stadt Babel. Während aber alle übrigen Götter zornerfüllt Babel den Rücken kehrten, erbarmte sich Merodach der Wehklage seiner Stadt und kehrte sich mitleidsvoll zu den Städten Sumers und Akkads und deren Bewohnern. Alle Länder insgesamt durchmusterte er und hielt Umschau, suchte nach einem gerechten Fürsten, holte sich einen Regenten nach seines Herzens Wunsch. Cyrus, den König der Stadt Anschan, berief er, zur Herrschaft über alle Welt that er kund seinen Namen. Ihn, der sich in der Regierung des Landes Kuti, der Völkerhorden des Nordens wie überhaupt aller ihm unterworfenen Menschen als gerechter Fürst bewährt, ihn hieß Merodach nach seiner Stadt Babylon ziehen, den Weg nehmen. Wie ein Freund und Genosse ging er ihm zur Seite, und, umgeben von seinen gewappneten Truppen, zahllos gleich den Wassern des Stroms, ließ er ihn **ohne Kampf und Schlacht in Babylon einziehen.** Seine Stadt Babylon verschonte er mit Bösem; Nabu-na'id, der ihn nicht fürchtete, überantwortete er seiner Hand. Die Bewohner Babyloniens insgesamt, ganz Sumer und Akkad, die Großen und Machthaber, beugten sich vor Cyrus und küßten seine Füße. Sie freuten sich, daß er König geworden, es war heiter ihr Antlitz. Den Herrn, der unter Merodachs Beistand die Toten lebendig machte und in Fürsorge und Umsicht allen wohlthat, segneten sie freudig und hatten Acht auf seinen Namen. Von der Zeit an — heißt es dann weiter, indem Cyrus selbst von sich redet — „da ich in Babylon huldreich Einzug hielt, unter Frohlocken und Jauchzen im Palast der Könige meinen Herrschaftssitz aufschlug, gewann mir Merodach, der große Herr, das großmütige Herz der Bewohner Babylons, während ich täglich seiner Furcht mich befleißige. Meine zahlreichen Truppen wandeln in Babel umher friedreich."

Cyrus verstand es in der That meisterhaft, sich die Zuneigung der Bewohner Gesamtbabyloniens und insbesondere der Priesterschaft Babylons in ebendem Grade zu erwerben, als Nabu-na'id ihre Unzufriedenheit und infolge davon ihre Gleichgültigkeit gegenüber der durch die Perser drohenden Gefahr erregt hatte. Denn nicht genug, daß er Babylon und die übrigen Städte verschonte und ihre Einwohner in mildester Weise regierte — er kam auch ihren Wünschen in jeder Weise entgegen. Noch im Jahre der Einnahme Babylons ließ er während der Monate Kislev bis Adar die von Nabu-na'id nach der Hauptstadt gebrachten

Gottheiten Akkads in ihre Städte zurückkehren, und ebenso ließ er allen übrigen Städten Babyloniens ihre Götter zurückgeben. Auch dem Stolz der Bewohner der Hauptstadt wurde, wo es not that, geschmeichelt, und wie sich Cyrus selbst den „von Bel und Nebo geliebten Regenten, von ihnen erwählt zu ihrer Herzensfreude" nennt, so stand er nicht an, sich mit seinem Sohn Kambyses offen als einen eifrigen Verehrer Merodachs und Nebos zu bekennen und ließ es an reichlichen Opfern nicht fehlen.

Und die klug berechnete Fürsorge des Perserkönigs für die Ruhe und das Wohlergehen seiner neuen Unterthanen beschränkte sich nicht allein auf Babylonien, sondern erstreckte sich auch auf die benachbarten Länder und Städte: Asur, die altehrwürdige Hauptstadt Assyriens, desgleichen Susa, Agane, Eschnunak, Zamban, Me-Turnu, Dur-ilu, „bis an die Grenzen des Landes Kuti die Städte jenseits des Tigris, welche seit lange verfallen waren", stellte er wieder her, indem er die Bevölkerungen zu ihren Wohnungen versammelte und ihre Kulte erneuerte. In die weiten Länder vom Zab bis zum Euläus kehrte durch Cyrus wenigstens zeitweise das Leben zurück.

Daß dem chaldäischen Reich so wenig wie einst dem assyrischen auch nur von einem der ihm unterworfenen Länder irgendwelche Hilfe gegen den fremden Eroberer gebracht wurde, ist ebenso selbstverständlich, wie daß die vorderasiatischen Staaten sich beeilten, dem neuen Herrscher zu huldigen. „Alle Könige vom oberen bis zum unteren Meer, sowohl die in Throngemächern als die in Zelten wohnenden Fürsten des Westlandes" beugten sich in Babylon, Tribut darbringend, vor dem neuen König Cyrus, dem „König des Alls, dem großen König, dem mächtigen König, König von Babylon, König von Sumer und Akkad, König der vier Weltgegenden."

III. Neu-Babylonien.

Nicht neunzig Jahre hatte das chaldäische Weltreich, wenn man es so überhaupt nennen darf, bestanden. Es hat nur einen einzigen Herrscher gehabt, welcher wahrhaft Großes geleistet und den Namen der Chaldäer unsterblich gemacht hat, Nebukadnezar, aber selbst dessen auswärtige Erfolge waren zum größten Teil nur eine reife Frucht der assyrischen Staatskunst. An schöpferischen Gedanken, welche der erschöpften, alternden Staatenbildung des Euphrat- und Tigrisgebiets neue Bahnen lebensvoller Entwicklung hätten weisen können, gebrach es den neubabylonischen Königen vollständig, und so mußten denn alle die riesigen Befestigungsbauten Nebukadnezars und alle die in rastlosem Eifer aufgeführten Tempelneubauten Nabu-na'ibs in ein Nichts versinken vor dem von Osten her wehenden Windhauch voll frischester Kraft und jung pulsierenden Lebens, welcher den Anbruch eines neuen Tages der Völkergeschichte verkündete.

Noch blieb Babylon bestehen, ja es fuhr noch längere Zeit fort, eine Hauptstadt des neuen Reiches und ein bedeutender Handelsplatz zu sein, und auch alle übrigen großen Städte Babyloniens, wie Erech, Larsam, Nippur bestanden fort bis lange nach der Perser- und Seleucidenzeit, zum Teil bis in das erste christliche Jahrhundert. Dennoch bedeutete Cyrus' Sieg wie für Babylonien so auch für Babylon den Anfang vom Ende. Schon Darius sah sich im Jahr 488 genötigt, die Mauern und Türme und sonstigen Befestigungen Babylons zu schleifen, um jede Hoffnung der Babylonier oder Chaldäer (der Unterschied beider Nationalitäten war in der persischen Zeit völlig verwischt) auf Wiedergewinnung ihrer früheren Selbständigkeit zu begraben, und Xerxes legte sogar Hand an den Tempel Merodachs, führte dessen Schätze samt der goldenen Bildsäule Bels weg und

III. Neu-Babylonien.

ließ die Stadt plündern. Von da ab machte ihr Verfall reißende Fortschritte. Alexander der Große, der die vorteilhafte Lage der Stadt alsbald erkannte, wollte sie aus ihren Trümmern wieder emporheben, aber sein frühzeitiger Tod vereitelte seine Pläne. Als dann späterhin die Seleuciden Seleucia, dann die Parther Ktesiphon und endlich die Chalifen Bagdad gründeten, war Babylons Untergang für immer besiegelt: es zerfiel mehr und mehr und war schon zu Plinius' Zeit eine öde, verlassene Stätte. „Babel, das schönste unter den Königreichen, die herrliche Pracht der Chaldäer, es war umgekehrt worden von Gott wie Sodom und Gomorra." Indes wir schließen nicht mit einem Worte wie diesem jesaianischen, welches Babylon und seine Ruinen schildert als eine Stätte des Schreckens und Grausens, sondern angesichts des aus den babylonischen Trümmerstätten auch in den letzten Jahren wieder für uns aufgegangenen Lichtes, welches die Geschichte jener alten Völker und Reiche vor unserem geistigen Auge immer lebensvoller erstehen läßt, gedenken wir lieber des ezechielischen Bildes (Kap. 37) von dem weiten Feld voll verdorrter Gebeine, auf welchem es plötzlich rauscht und sich regt, und was für immer in das Grab der Vergangenheit versunken, unwiederbringlich dahin schien, durch Gottes Odem zu neuem Leben erweckt wird.

Inhalts-Übersicht.

	Seite
Einleitung.	1
Erster Teil. Alt-Babylonien	11
1. Land und Leute	11
2. Religion.	23
3. Künste und Wissenschaften	53
4. Geschichte	72
Zweiter Teil. Assyrien	95
1. Land und Leute	95
2. Religion	106
3. Regierungsform und Hof	110
4. Künste und Wissenschaften	120
5. Geschichte	142
Dritter Teil. Neu-Babylonien oder Chaldäa	237

Übersicht
über die
Könige von Babylonien und Assyrien
von Hammurabi bis zum Ende beider Reiche.*)

Babylonien.

I. (Dynastie von Babylon: 11 Könige mit 305 Jahren)

Sumu-abi	(15 J.)	c. 2399—2384.
Sumula-ilu	(35 J.)	c. 2384—2349.
Zabum	(14 J.)	c. 2349—2335.
Abil-Sin	(18 J.)	c. 2335—2317.
Sin-muballit	(30 J.)	c. 2317—2287.
Hammu-rabi	(55 J.)	c. 2287—2232.
Samsu-iluna	(35 J.)	c. 2232—2197.
Ebisum	(25 J.)	c. 2197—2172.
Ammi-ditana	(25 J.)	c. 2172—2147.
Ammi-saduga	(22 J.)	c. 2147—2125.
Samsu-ditana	(31 J.)	c. 2125—2094.

II. (Dynastie von Urn-Ḫaṣṣ: 11 Könige mit 369 Jahren)

Iluma-ilu	(60 J.)	c. 2094—2034.
Itti-ili-nibi	(55 J.)	c. 2034—1979.
Damti-ilišu	(36 J.)	c. 1979—1943.
Iš-ki-bal	(15 J.)	c. 1943—1928.
Sussi, des Vorigen Bruder	(27 J.)	c. 1928—1901.
Gul-ki-šar	(55 J.)	c. 1901—1846.
Kirgal-daramaš	(50 J.)	c. 1846—1796.
A-dara-kalama	(28 J.)	c. 1796—1768.
A-kur-ul-ana	(26 J.)	c. 1768—1742.
Melam-matate	(7 J.)	c. 1742—1735.
Ea-gamil	(9 J.)	c. 1735—1726.

III. (Dynastie von ..: 36 Könige mit 576 Jahren 9 Monaten.)

Gandis	(16 J.)	c. 1726—1710.
Agum-ši	(22 J.)	c. 1710—1688.
Ai(?)guiaši	(22 J.)	c. 1688—1666.
Uš(??)ši	(8 J.)	c. 1666—1658.
Abi-rattaš		
Arzi-u-maš		
. . . .		
. . . .		(Gaddaš?)
. . . .		Agum (kak-rime)?
*₁ Karaindaš		c. 1480
. . . . . . -Sin		
Kara-ḫarbe		
Kurigalzu I.		
*₂ **Burnapurias**		c. 1415—1405 (?)
*₃ Karaḫarbas		c. 1405—1401. —
*₄ Razibugas		c. 1400. —
*₅ Kurigalzu II., jüngster Sohn des Burnapurias		c. 1400—1370
Sagarakti-purias, Sohn des Kudur-Bel		um 1350
*₆ Nazi-marabbas		c. 1340
. . . . ju		
. . . .	(22 J.)	c. 1314—1292.
. . . .	(26 J.)	c. 1292—1266.
. . . .	(17 J.)	c. 1266—1249.
Kar[a-purias?]	(2 J.)	c. 1249—1247.
Iz-am-me(?)......ti	(6 J.)	c. 1247—1241.
Zagarat[ti.....]	(13 J.)	c. 1241—1228.
Bi-be	(9 J.)	c. 1228—1219.
Bel-šum-ibbina	(1½ J.)	c. 1219—1218.
Kara-ḫarbe	(1½ J.)	c. 1218—1217.
*₆ Ramman-šum-ibbina	(6 J.)	c. 1216—1210.
*₇ Ramman-šum-uzur	(30 J.)	c. 1210—1181.
Meli-sichu	(15 J.)	c. 1181—1167.
*₈ Marduk-bal-ibbina I.	(13 J.)	c. 1167—1154.
*₈ Zamama-šum-ibbina	(1 J.)	c. 1153.
Bel-ibbina	(3 J.)	c. 1152—1150.

Assyrien.

(Assyrisches Reich)

Bêlu-Dagan	c. 1840.
Samši-Ramman	um 1821.
Samsi-Ramman, Sohn des Igur(?)-kaplapu	
Challu	
Irisum	

Errichtung des assyr. Königtums (ältester König in assyr. Erinnerung: Bel-kaptapu, noch älter als der König Sulili).

ein König von Assur, eingesetzt von seinem Vater, „König von Babylon"?

*₁ Assur-bel-nisesu	c. 1480
*₂ Buzur-Assur	c. 1440.
Assur-nadin-ache I.	c. 1420.
*₃/₆ Assur-uballit	c. 1410—1380.
Bel-nirari	c. 1380.
Pudi-ilu	c. 1360.
*₆ Ramman-nirari I.	c. 1345.
Sulman-ašared I.	c. 1330.
Tukulti-Adarl.	um 1302 (oder 1289).
*₇ Bel-kudur-uzur	c. 1210.
Adar-pal-esara, wahrscheinlich des Vorigen Sohn	c. 1205.
*₈ Assur-dan I.	c. 1200—1150. (jedenfalls 1180).

Dynastie			Babylonische Könige	Dauer	Zeit		Assyrische Könige	Zeit
Dynastie von Pase: 11 Könige (die ersten 8?) mit 73½ (?) Jahren.	IV.		Marduk	(17 J.)	c. 1149—1132.			
			. . . .	(6 J.)	c. 1132—1126.			
			. . . .					
			. . . .				Mutakkil-Nusku	c. 1150—1140,
		$*_8$	Nabu-kudur-uzur I.		c. 1120.	$*_9$	Asur-res-isi	c. 1140—1120,
		$\dagger_1$	**Marduk-nadin-ache**		1115—1106 (?)	$\dagger_1$	**Tukulti-pal-esara I.**	c. 1120—1100,
		$\dagger_2$	Marduk-sapik-zer-mati		c. 1100. —		Samsi-Ramman I.	beide des Vorigen Söhne, Reihenfolge unsicher, c. 1080
		$\dagger_2$	Ramman-bal-iddina	(?22 J.)	c. 1096—1074.	$\dagger_2$	Asur-bel-kala	
			Marduk	(1½ J.)	c. 1074—1072.			
			Marduk-zer	(13 J.)	c. 1072—1059.			
			Nabu-sum	(9 J.)	c. 1059—1050. —		Asur . . . . (Salm. Mo. Rev. 37)	
Dynastie des Meerlands: 3 K. mit 18 J. 5 M.	V.		Simmas-sichu	(18 J.)	c. 1050—1032. —		Asur-irbi (oder chirbe)	
			Ea-mukin-zer	(5 M.)	c. 1032. —			
			Kassu-nadin-achi	(3 J.)	c. 1031—1029.			
Dynastie des Hauses Bazi: 3 K. mit 20¼ J.	VI.		E-ulbar-sakin-sum	(17 J.)	c. 1028—1012.			
			Adar-kudurri-uzur	(3 J.)	c. 1012—1009.			
			. . . . -Sukamuna	(3 M.)	c. 1009.			
Ein Elamit.	VII.		. . . .	(6 J.)	c. 1009—1004.			
Dynastie von Babylon: 21 Könige.	VIII.		Nabu-mukin-bal (?)	(36 J.)	c. 1004—968.		Erba-Ramman	
			. . . .	(8 M. 12 T.)	c. 968.		Asur-nadin-ache II.	
			. . . .		Erba-Marduk (der Ahn Merodachbaladans II.)?			
			. . . .		Sibir			
			. . . .					
			. . . .				Tukulti-pal-esara II.,	
			. . . .				Asur-dan II.	c. 930—911,
		$\dagger_3$	Samas-mudammik		c. 910.	$\dagger_{3\,4}$	Ramman-nirari II.	911—890,
		$\dagger_4$	Nabu-sum-iskun		c. 900.		Tukulti-Adar II.	890—884,
		$\dagger_4$	. . . . (Lücke?)					
		$\dagger_{5\,6}$	Nabu-bal-iddina	(wenigstens 31 J.)	um 879 und bis 853,	$\dagger_5$	Asur-nazir-pal	884—860,
		$\dagger_6$	Marduk-sum-iddina	(wenigstens 11 J.)	von 852/51 an	$\dagger_6$	Sulman-asared II.	860—824,
		$\dagger_7$	Marduk-balatsu-ikbi		um 812	$\dagger_7$	Samsi-Ramman II.	824—811,
		$\dagger_8$	Bau-ach-iddina			$\dagger_8$	Ramman-nirari III.	811—782.
		$\dagger_8$	. . . .				Sulman-asared III.	782—772.
			. . . .				Asur-dan III.	772—754.
			Nabu-sum-iskun		—747.	$\dagger_9$	Asur-nirari	754—745.
		$\dagger_9$ $+_1$	**Nabu-nazir**	[14 J.]	747—733,	$+_{1\,2\,3\,4}$ $=_1$	Tukulti-pal-esara III.	745—727.
		$+_2$	Nabu-nadin-zer	(2 J.)	733—731,			
		$+_3$	Nabu-sum-ukin	(1 M. 12 T.)	731.			
Dyn. Sasi.	IX.	$+_4$	Ukin-zer	(3 J.)	731—729.			
		$=_1$	Pulu	(2 J.)	729—727.			
Dyn. Ti-nu.		$=_2$	Ulula'a	(5 J.)	727—722.	$=_2$	Sulman-asared IV.	727—722.
Dyn. Meerland.		$+_5$	Marduk-bal-iddina II.	(12 J.)	721—710.	$+_5$ $=_3$	Sarru-kenu	722—705,
		$=_3$	Sarru-kenu	(5 J.)	709—705,	$=_4$ $+_6$	Sin-ache-erba	705—681,
Dyn. Cha-bi-gal		$=_4$	Sin-ache-erba (oder Interregnum)	(2 J.)	705—703. —			
		$+_6$	Marduk-zakir-sum	(1 M.)	703.			
Cha-bi.		$+_6$	Marduk-bal-iddina II.	(9 M.)	703—702. —			
Dyn. v. Babylon.		$+_6$	Bel-ibni	(3 J.)	702—700.			
Dyn. Cha-bi-gal.		$+_6$	Asur-nadin-sum, Sohn Sanheribs	(6 J.)	700—694. —			
		$+_6$	Nergal-sezib (Suzub)	(1 J.)	694—693.			
Dyn. v. Babylon.		$+_6$	Musezib-Marduk (Suzub)	(4 J.)	692—689.			
		$=_4$	Sin-ache-erba (oder Interregnum)	(8 J.)	689—681,			
		$=_5$	Asur-ach-iddina	[13 J.]	681—669,	$=_5$	Asur-ach-iddina	680—669,
		$+_7$	Samas-sum-ukin		669—647.	$+_7$ $=_6$	Asur-bani-pal	669—625,
		$=_6$	Kandal, des Vorigen Bruder		647—625.		Asur-etil-ilani-ukini	625
							Sin-sar-iskun	
							Zerstörung Ninives	c. 606.
Neubabylonisches Reich.			Nabu-pal-uzur		625—604,			
			Nabu-kudurri-uzur II.		604—561,			
			Amel-Marduk		561—559.			
			Nergal-sar-uzur		559—556,			
			Labasi-Marduk		556—555.			
			Nabu-naïd		555—538.			
			Einnahme Babylons durch Cyrus		538.			

*) Kommata hinter den Jahreszahlen (bezw. hinter den Namen) besagen, daß direkter Übergang des Thrones vom Vater auf den Sohn bezeugt ist; Punkt und Gedankenstrich besagt, daß für den Nachfolger des Königs ein anderer als Vater ausdrücklich genannt wird. — Die Zeichen $*_1$ u. s. w. links neben den einzelnen Namen weisen darauf hin, daß die Könige, denen das nämliche Zeichen beigesetzt ist, als Zeitgenossen inschriftlich beglaubigt sind. — Die Königsnamen, welche seitwärts ausgerückt sind (rechts von der babylonischen, links von der assyrischen Königsreihe), sind bislang noch nicht sicher einzuordnen. — Ist von einem König gesagt, daß er „um“ das und das Jahr regiert habe, so ist das betr. Jahr als eines seiner Regierungsjahre sicher bezeugt.

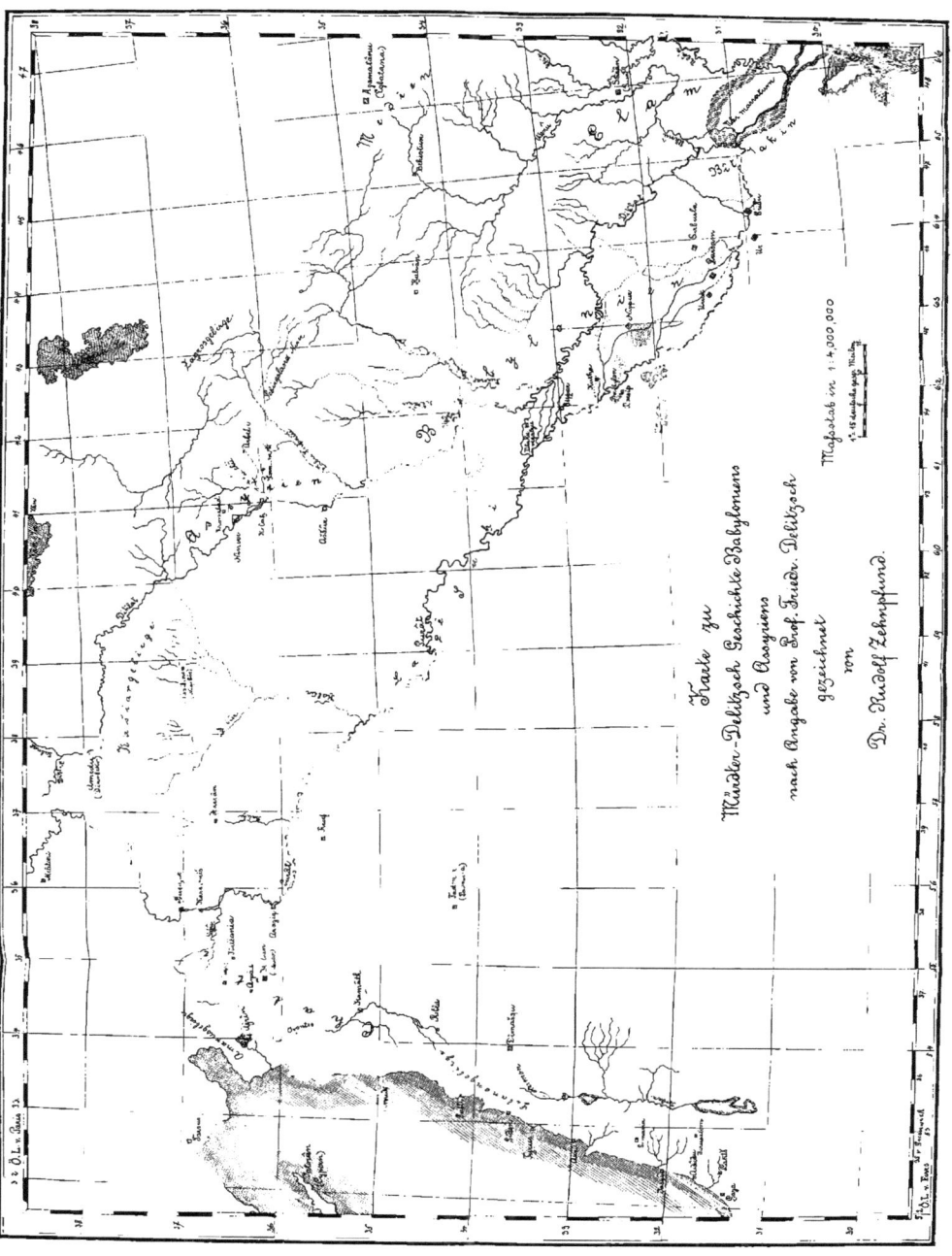